LEO THÖNNISSEN

Grundfragen des Verlöbnisrechts

NEUE KÖLNER RECHTSWISSENSCHAFTLICHE ABHANDLUNGEN

HERAUSGEGEBEN VON
DER RECHTSWISSENSCHAFTLICHEN FAKULTÄT
DER UNIVERSITÄT ZU KÖLN

HEFT 33

Berlin 1964

WALTER DE GRUYTER & CO.
vormals G. J. Göschen'sche Verlagshandlung · J. Guttentag, Verlagsbuchhandlung
Georg Reimer · Karl J. Trübner · Veit & Comp.

Grundfragen des Verlöbnisrechts

Von

Dr. Leo Thönnissen

Aachen

Berlin 1964

WALTER DE GRUYTER & CO.

vormals G. J. Göschen'sche Verlagshandlung · J. Guttentag, Verlagsbuchhandlung

Georg Reimer · Karl J. Trübner · Veit & Comp.

Archiv-Nr. 27 08 64 3

Satz und Druck: Saladruck, Berlin 65

INHALTSVERZEICHNIS

ABKÜRZUNGS- UND SCHRIFTTUMSVERZEICHNIS

Achilles-Greiff	Mehrere Bearbeiter: BGB, herausgegeben von A. Achilles (ohne ausgeschriebenen Vornamen) und M. Greiff (ohne ausgeschriebenen Vornamen), 20. Aufl., Berlin 1958
AcP	Archiv für die civilistische Praxis (Band und Seite)
a. E.	am Ende
a. F.	alter Fassung
AktG	Gesetz über Aktiengesellschaften und Kommanditgesellschaften auf Aktien (Aktiengesetz) vom 30. Januar 1937
ArchBürgR	Archiv für Bürgerliches Recht (Band und Seite)
BAG	Entscheidungen des Bundesarbeitsgerichts (Band und Seite)
Baumbach-Lauterbach	Adolf Baumbach: Zivilprozeßordnung, 26. Aufl. von Wolfgang Lauterbach, München und Berlin 1961
Beitzke, Familienrecht, 10. Aufl.	Günther Beitzke: Familienrecht, 10. Aufl., München und Berlin 1962
Beitzke, Familienrecht, 9. Aufl.	Derselbe: Familienrecht, 9. Aufl., München und Berlin 1960
Beitzke, JR	Derselbe: Anfechtung des Verlöbnisses? JR 1947, 141—143
Bergmann	Alexander Bergmann: Internationales Ehe- und Kindschaftsrecht, Band I—III, 3. Aufl., Frankfurt a. M. (ohne Jahr)
Bericht	Bericht der Reichstags-Kommission über den Entwurf eines Bürgerlichen Gesetzbuchs und Einführungsgesetzes, Berlin 1896
BGB	Bürgerliches Gesetzbuch vom 18. August 1896
BGB-RGRK	Mehrere Bearbeiter: Das Bürgerliche Gesetzbuch, herausgegeben von Reichsgerichtsräten und Bundesrichtern, 10. und 11. Aufl., II. Band, 2. Teil, Einzelne Schuldverhältnisse, Berlin 1960 IV. Band, 1. Teil, Familienrecht, Berlin 1960

BGHSt	Entscheidungen des Bundesgerichtshofes in Strafsachen (Band und Seite)
BGHZ	Entscheidungen des Bundesgerichtshofes in Zivilsachen (Band und Seite)
Bl. f. RA	Blätter für Rechtsanwendung (Band und Seite)
v. Blume	v. Blume (ohne Vornamen): Anmerkung zum Urteil des Oberlandesgerichts Kassel vom 10. 1. 1921 — 1 U 245/20 — JW 1921, 1253 Nr. 10, JW 1921, 1253 — 1254
Boehmer, JZ	Gustav Boehmer: Besprechung von: Heinrich Lehmann, Deutsches Familenrecht, 3. Aufl., Berlin 1960, JZ 1961, 267 — 268
Boehmer, MDR	Derselbe: Zum Problem der „Teilmündigkeit" Minderjähriger — Bemerkungen zu dem Urt. des IV ZS des BGH v. 5. 12. 1958, MDR 1959, 383, MDR 1959, 705—707
Brockhaus	Der große Brockhaus, 16. Aufl., III. Band, Wiesbaden 1953
Brunn	Walter Brunn: Das neue Eherecht der Sowjetzone, FamRZ 1956, 3—5
Bruns	H.-J. Bruns (ohne ausgeschriebenen Vornamen): Das Verlöbnis des Heiratsschwindlers im Zivil-, Straf- und Prozeßrecht, MDR 1953, 458—460
Bunsen	Friedrich Bunsen: Einführung in das Bürgerliche Gesetzbuch für das Deutsche Reich, III. Band, Familienrecht — Erbrecht — Sachregister, Rostock 1898
CIC	Codex Iuris Canonici vom 27. Mai 1917
Cosack	Konrad Cosack, Heinrich Mitteis: Lehrbuch des Bürgerlichen Rechts, II. Band, 2. Abteilung, Gemeinschaftsrecht, Familienrecht, Erbrecht, 7. und 8. Aufl., von Konrad Cosack, Jena 1924
Cramer	August Cramer: Das Verlöbnis nach dem B. G. B., Erlanger Diss. jur., Würzburg 1902
Crome	Carl Crome: System des Deutschen Bürgerlichen Rechts, IV. Band, Immaterialgüterrechte — Familienrecht, Tübingen 1908
D.	Denkschrift zum Entwurf eines Bürgerlichen Gesetzbuchs nebst drei Anlagen, 4. Aufl., Berlin 1896

Dahm	Georg Dahm: Deutsches Recht, Stuttgart und Köln 1951
Dernburg	Heinrich Dernburg: Das Bürgerliche Recht des Deutschen Reichs und Preußens, IV. Band, Deutsches Familienrecht, 4. Aufl., Halle a. S. 1908
Dietz	Rolf Dietz: Deutsches Personen-, Familien- und Erbrecht, I. Band, Berlin 1943
Dig.	Iustiniani Digesta, herausgegeben von Theodor Mommsen und Paul Krueger in Corpus Iuris Civilis, I. Band, 15. Aufl., Berlin 1928
Dittenberger	Heinrich Dittenberger: Das Verlöbnisrecht im Bürgerlichen Gesetzbuch für das Deutsche Reich, Halle a. S. 1901
DJZ	Deutsche Juristen-Zeitung (Jahr und Seite, ab 1904 Jahr und Spalte)
Dniestrzanski	Stanislaus Dniestrzanski: Zur Lehre vom Verlöbnis, GrünhutsZ 33 (1906), 87—211
DogmJ	Iherings Jahrbücher für die Dogmatik des heutigen römischen und deutschen Privatrechts (Band und Seite)
Donig	Arthur Donig: Begriff, Voraussetzung und Wirkung des Verlöbnisses nach dem BGB, Rostocker Diss. jur., Berlin 1905
DR	Deutsches Recht (Jahr und Seite)
DStR	Deutsches Strafrecht (Jahr und Seite)
DtRWiss	Deutsche Rechtswissenschaft (Jahr und Seite)
E I	Entwurf eines bürgerlichen Gesetzbuches für das Deutsche Reich, Erste Lesung, Berlin und Leipzig 1888
E II	Entwurf eines Bürgerlichen Gesetzbuchs für das Deutsche Reich, Zweite Lesung, Berlin 1895
E III	Entwurf eines Bürgerlichen Gesetzbuchs, dem Reichstage vorgelegt, 4. Aufl., Berlin 1896
Ebers	Godehard Jos. Ebers: Grundriß des katholischen Kirchenrechts, Wien 1950
Eccius	Eccius (ohne Vornamen): Besprechung von: F. Endemann, Lehrbuch des Bürgerlichen Rechts, 8. und 9. Aufl., II. Band, 2. Abteilung, Familienrecht, Berlin 1908, Gruchot 52 (1908), 716—718
EheG	Ehegesetz vom 20. Februar 1946

Eichmann-Mörsdorf	Eduard Eichmann: Lehrbuch des Kirchenrechts auf Grund des Codex Iuris Canonici, II. Band, Sachenrecht, 9. Aufl. von Klaus Mörsdorf, München-Paderborn-Wien 1958
Eltzbacher	Paul Eltzbacher: Die Handlungsfähigkeit nach deutschem bürgerlichen Recht, I. Band, Das rechtswirksame Verhalten, Berlin 1903
Endemann	F. Endemann (ohne ausgeschriebenen Vornamen): Lehrbuch des Bürgerlichen Rechts, 8. und 9. Aufl., II. Band, 2. Abteilung, Familienrecht, Berlin 1908
Engel	Engel (ohne Vornamen): Verlöbnisse zwischen Dirnen und Zuhältern und ihre Bedeutung für das Recht der Zeugnisverweigerung, Recht 1901, 534—535, 560
Engelmann, A.	A. Engelmann (ohne ausgeschriebenen Vornamen): Das alte und das neue bürgerliche Recht Deutschlands mit Einschluß des Handelsrechts, Berlin 1899
Enneccerus-Lehmann	Ludwig Enneccerus, Theodor Kipp, Martin Wolff: Lehrbuch des Bürgerlichen Rechts, II. Band, Recht der Schuldverhältnisse, 15. Aufl. von Heinrich Lehmann, Tübingen 1958
Enneccerus-Nipperdey	Ludwig Enneccerus, Theodor Kipp, Martin Wolff: Lehrbuch des Bürgerlichen Rechts, I. Band, Allgemeiner Teil des Bürgerlichen Rechts, 15. Aufl. von Hans Carl Nipperdey, 1. und 2. Halbband, Tübingen 1959/1960
Enneccerus-Wolff	Ludwig Enneccerus, Theodor Kipp, Martin Wolff: Lehrbuch des Bürgerlichen Rechts, IV. Band, Das Familienrecht, 7. Aufl. von Theodor Kipp und Martin Wolff, Marburg 1931
Erman-Bearbeiter	Mehrere Bearbeiter: Handkommentar zum Bürgerlichen Gesetzbuch, herausgegeben von Walter Erman, 2. Aufl., Münster (Westf.) 1958
FamRZ	Ehe und Familie im privaten und öffentlichen Recht (Jahr und Seite)
Forsthoff	Ernst Forsthoff: Lehrbuch des Verwaltungsrechts, I. Band, Allgemeiner Teil, 8. Aufl., München und Berlin 1961
Fraenkel	Arnold Fraenkel: Das Familienrecht des Bürgerlichen Gesetzbuchs für das Deutsche Reich unter Ausschluß des Vormundschaftsrechts, Hannover 1898
Frohnhausen	Paul Frohnhausen: Der Verlöbnisbruch nach dem Bürgerlichen Gesetzbuch, Leipziger Diss. jur., Halberstadt 1906

Fuchs	Ernst Fuchs: Zur Bekämpfung der strafrechtlichen Begriffsjurisprudenz, LZ 1928, 17—37
GA	Archiv für Strafrecht und Strafprozeß, begründet von Goltdammer (ohne Vornamen) (Band und Seite)
García Cantero	Gabriel García Cantero: El vinculo de matrimonio civil en el derecho español (Das Band der Zivilehe im spanischen Recht), Rom-Madrid 1959
Gareis	Karl Gareis: Der Allgemeine Theil des Bürgerlichen Gesetzbuchs, Berlin 1900
Geier	Geier (ohne Vornamen): Anmerkung zum Urteil des Bundesgerichtshofes vom 21.10.1952 — 1 StR 388/52 — BGHSt 3, 215, LM § 52 StGB Nr. 4
GenG	Gesetz, betreffend die Erwerbs- und Wirtschaftsgenossenschaften vom 1. Mai 1889
Gfrörer	Gfrörer (ohne Vornamen): Das Recht der Familie im Dritten Reich, DR 1934, 151—154
GG	Grundgesetz für die Bundesrepublik Deutschland vom 23. Mai 1949
Glaser	S. Glaser (ohne ausgeschriebenen Vornamen): Die rechtliche Natur des Verlöbnisses nach dem Bürgerlichen Gesetzbuch, Halle a. S. 1904
GmbHG	Gesetz, betreffend die Gesellschaften mit beschränkter Haftung vom 20. April 1892
Goldmann	Goldmann (ohne Vornamen): Zur Rechtsnatur des Verlöbnisses, DJZ 1901, 432—433.
Goldmann-Lilienthal-Sternberg	E. Goldmann, L. Lilienthal, L. Sternberg (sämtlich ohne ausgeschriebenen Vornamen): Das Bürgerliche Gesetzbuch, III. Band, Familienrecht, Berlin 1921
Grisebach	Grisebach (ohne Vornamen): Verlöbnis nach Strafrecht und Zivilrecht, DJZ 1925, 1644—1646
Gruchot	Beiträge zur Erläuterung des Deutschen Rechts, begründet von J. A. Gruchot (ohne ausgeschriebenen Vornamen) (Band und Seite)
GrünhutsZ	Zeitschrift für das Privat- und öffentliche Recht der Gegenwart, herausgegeben von C. S. Grünhut (ohne ausgeschriebenen Vornamen) (Band und Seite)
Habicht	Hermann Habicht: Die Einwirkung des Bürgerlichen Gesetzbuchs auf zuvor entstandene Rechtsverhältnisse, 3. Aufl., Jena 1901

Haff	Karl Haff: Institutionen des deutschen Privatrechts, II. Band, Familienrecht, 2. Aufl., Stuttgart 1947
HansGZ (Beibl.)	Hanseatische Gerichtszeitung, Beiblatt: Civilrechtliche Fälle (Jahr und Seite)
Hanstein	Honorius Hanstein: Kanonisches Eherecht, 2. Aufl., Paderborn 1948
Hellmann	Hellmann (ohne Vornamen): Das Verlöbnis nach dem Bürgerlichen Gesetzbuche, DJZ 1901, 217—221
Hellwig	Konrad Hellwig: Klagrecht und Klagmöglichkeit, Leipzig 1905
Henle	Rudolf Henle: Nicht-Ehe, Stuttgart 1915
Heusler	Andreas Heusler: Institutionen des Privatrechts, II. Band, Leipzig 1886
HGB	Handelsgesetzbuch vom 10 Mai 1897
HRR	Höchstrichterliche Rechtsprechung (Jahr und Nummer)
Holböck	Carl Holböck: Handbuch des Kirchenrechts, II. Band, 3., 4. und 5. Buch des kirchlichen Gesetzbuchs, Innsbruck und Wien 1951
i. e.	id est
Jacobi	Leonhard Jacobi: Das persönliche Eherecht des Bürgerlichen Gesetzbuches für das Deutsche Reich, 2. Aufl., Berlin 1899
JGG	Jugendgerichtsgesetz vom 4. August 1953
Jone	Heribert Jone: Gesetzbuch der lateinischen Kirche, 2.Aufl., II. Band, Sachenrecht, Paderborn 1952
Jörs-Kunkel	Paul Jörs: Römisches Privatrecht, 3. Aufl. von Wolfgang Kunkel, Berlin-Göttingen-Heidelberg 1949
Josef	Eugen Josef: Bedingte Verlöbnisse, KGBl 1913, 105—107
JR	Juristische Rundschau (Jahr und Seite)
Junghanns	Rudolf Junghanns: Die beschränkte Geschäftsfähigkeit im Verlöbnisrecht des BGB, SächsA 1919, 177—181
JW	Juristische Wochenschrift (Jahr und Seite)
JZ	Juristenzeitung (Jahr und Seite)

KGBl	Blätter für Rechtspflege im Bezirk des Kammergerichts (Jahr und Seite)
Kleinknecht-Müller	Theodor Kleinknecht, Hermann Müller: Kommentar zur Strafprozeßordnung und zum Gerichtsverfassungsgesetz, 4. Aufl., Darmstadt-Nürnberg-Düsseldorf-Berlin 1958
Kohler	Josef Kohler: Lehrbuch des Bürgerlichen Rechts, III. Band, 1. Teil, Familienrecht, Berlin 1915
Kohlrausch-Lange	Kohlrausch (ohne Vornamen): Strafgesetzbuch, 43. Aufl. von Richard Lange, Berlin 1961
Krückmann	Paul Krückmann: Institutionen des Bürgerlichen Gesetzbuches, 5. Aufl., Berlin 1929
Krüger-Breetzke-Nowack	Hildegard Krüger, Ernst Breetzke, Kuno Nowack: Gleichberechtigungsgesetz, München und Berlin 1958
Kuhlenbeck	Ludwig Kuhlenbeck: Das Bürgerliche Gesetzbuch für das Deutsche Reich nebst dem Einführungsgesetze, II. Band, Berlin 1903
Landsberg	Ernst Landsberg: Das Recht des Bürgerlichen Gesetzbuches vom 18. August 1896, II. Hälfte, Drittes bis fünftes Buch, Berlin 1904
Lau, HansGZ	Lau (ohne Vornamen): Gehört die geschlechtliche Treue zum wesentlichen Inhalt eines Verlöbnisvertrages und ist ein Verlöbnis, welches der Verlobten gewerbsmäßige Unzucht gestattet, nichtig? HansGZ (Beibl.) 1901, 301—303
Lau, Recht	Derselbe: Verlöbnisse zwischen Dirnen und Zuhältern und ihre Bedeutung für das Recht der Zeugnisverweigerung, Recht 1901, 559—560.
Lehmann, Familienrecht, 3. Aufl.	Heinrich Lehmann: Deutsches Familienrecht, 3. Aufl., Berlin 1960
Lehmann, Familienrecht, 1. Aufl.	Derselbe: Familienrecht des Bürgerlichen Gesetzbuches einschließlich Jugendfürsorgerecht, Berlin und Leipzig 1926
Lehmann, Gesellschaftsrecht	Derselbe: Gesellschaftsrecht, 2. Aufl., Berlin und Frankfurt a. M. 1959
LK	Mehrere Bearbeiter: Strafgesetzbuch (Leipziger Kommentar), 8. Aufl., I. Band, Einleitung und §§ 1—152, Berlin 1957
LM	Nachschlagewerk des Bundesgerichtshofs, begründet von Fritz Lindenmaier und Philipp Möhring (Gesetzesstelle und Nummer)

Löwe-Rosenberg	Mehrere Bearbeiter: Die Strafprozeßordnung und das Gerichtsverfassungsgesetz, früher bearbeitet von E. Löwe (ohne ausgeschriebenen Vornamen) und Werner Rosenberg, 20. Aufl., I. Band, Die Strafprozeßordnung, Berlin 1958
l. Sp.	linke Spalte
Luther, Ehemündigkeit	Gerhard Luther: Ehemündigkeit Volljährigkeit Strafmündigkeit, Berlin-Spandau 1961
Luther, FamRZ	Derselbe: Ersatz immaterieller Schäden bei Verlöbnisbruch im internationalen Privatrecht und in Auslandsrechten, FamRZ 1959, 475—478
Luther, RvglHWB	Derselbe: Verlöbnis, RvglHWB VII (1939), 193—216
LZ	Leipziger Zeitschrift für Deutsches Recht (Jahr und Spalte)
m.	Mitte
Manigk	Alfred Manigk: Willenserklärung und Willensgeschäft, Berlin 1907
Matthiaß	Bernhard Matthiaß: Lehrbuch des Deutschen Rechtes, 6. und 7. Aufl., Berlin 1914
Maurach	Reinhart Maurach: Deutsches Strafrecht, Allgemeiner Teil, 2. Aufl., Karlsruhe 1958
MDR	Monatsschrift für Deutsches Recht (Jahr und Seite)
Meisner	J. Meisner (ohne ausgeschriebenen Vornamen): Das Bürgerliche Gesetzbuch für das Deutsche Reich nebst dem Einführungsgesetze, IV. Buch, Familienrecht, Breslau 1905
Mitteis, Familienrecht	Heinrich Mitteis: Bürgerliches Recht, Familienrecht, 4. Aufl., Berlin-Göttingen-Heidelberg 1949
Mitteis, Deutsches Privatrecht	Derselbe: Deutsches Privatrecht, 3. Aufl., München und Berlin 1959
Mitteis, RG-Praxis	Derselbe: Die Ehe in der Rechtsprechung des Reichsgerichtes, RG-Praxis III (1929), 180—215
Mohr	N. Mohr (ohne ausgeschriebenen Vornamen): Das Verlöbnis in seiner juristischen Konstruktion und praktischen Bedeutung nach dem Bürgerlichen Gesetzbuch für das Deutsche Reich, Rostocker Diss. jur., Rostock 1903
Mot. I	Motive zu dem Entwurfe eines Bürgerlichen Gesetzbuches für das Deutsche Reich, I. Band, Allgemeiner Theil, Berlin und Leipzig 1888

Mot. IV	Motive zu dem Entwurfe eines Bürgerlichen Gesetzbuches für das Deutsche Reich, IV. Band, Familienrecht, Berlin und Leipzig 1888
Mot. z. EGBGB	Motive zu dem Entwurf eines Einführungsgesetzes zum Bürgerlichen Gesetzbuche für das Deutsche Reich in: Entwurf eines Einführungsgesetzes zum Bürgerlichen Gesetzbuche für das Deutsche Reich, Erste Lesung, nebst Motiven, Berlin und Leipzig 1888
Müller-Meikel	Gustav Müller, Georg Meikel: Das Bürgerliche Recht in seiner neuen Gestaltung, II. Band, München 1899
Mumm	Mumm (ohne Vornamen): Die Rechte der Verlobten, Bl. f. RA 65 (1900), 160—165, 175—179
Müssener	Hermann Müssener: Das katholische Eherecht in der Seelsorgepraxis, 3. Aufl., Paderborn 1950
Nathan	Leopold Nathan: Die juristische Konstruktion des Verlöbnisses nach dem Bürgerlichen Gesetzbuch, Rostocker Diss. jur., Berlin 1902
Neubecker	Neubecker (ohne Vornamen): Lösung von Familienbeziehungen wegen Tuberkulose, ArchBürgR 31 (1908), 255—286.
Neumann	Hugo Neumann: Handausgabe des Bürgerlichen Gesetzbuchs für das Deutsche Reich, II. Band, IV. bis V. Buch, 6. Aufl., Berlin 1912
n. F.	neuer Fassung
NJW	Neue juristische Wochenschrift (Jahr und Seite)
o.	oben
OLG	Die Rechtsprechung der Oberlandesgerichte auf dem Gebiete des Zivilrechts (Band und Seite)
Opet	Otto Opet, W. von Blume (ohne ausgeschriebenen Vornamen): Das Familienrecht des Bürgerlichen Gesetzbuchs, 1. Abschnitt, Bürgerliche Ehe, von Otto Opet, Berlin 1906
Palandt-Bearbeiter	Mehrere Bearbeiter: Bürgerliches Gesetzbuch, herausgegeben von Otto Palandt, 21. Aufl., München und Berlin 1962
Peters, K.	Karl Peters: Strafprozeß, Karlsruhe 1952
Planck-Unzner	Planck's Kommentar zum Bürgerlichen Gesetzbuch nebst dem Einführungsgesetz, IV. Band, 1. Hälfte, Familienrecht (Erster Abschnitt §§ 1297—1588), 4. Aufl. von K. von Unzner (ohne ausgeschriebenen Vornamen), Berlin und Leipzig 1928

Pöschl	Arnold Pöschl: Kurzgefaßtes Lehrbuch des Katholischen Kirchenrechtes auf Grund des neuen kirchlichen Gesetzbuches, 2. Aufl., Graz und Leipzig 1921
Prot. IV	Protokolle der Kommission für die zweite Lesung des Entwurfs des Bürgerlichen Gesetzbuchs, IV. Band, Familienrecht, Berlin 1897
Recht	Das Recht (Jahr und Seite)
Rehbein	H. Rehbein (ohne ausgeschriebenen Vornamen): Das Bürgerliche Gesetzbuch mit Erläuterungen für das Studium und die Praxis, I. Band, Allgemeiner Teil, Berlin 1899
Reichel	Hans Reichel: Unklagbare Ansprüche, DogmJ 59 (1911), 409—460
RelKErzG	Gesetz über die religiöse Kindererziehung vom 15. Juli 1921
RG-Praxis	Die Reichsgerichtspraxis im deutschen Rechtsleben (Band und Seite)
RGRspr	Rechtsprechung des Deutschen Reichsgerichts in Strafsachen (Band und Seite)
RGSt	Entscheidungen des Reichsgerichts in Strafsachen (Band und Seite)
RGZ	Entscheidungen des Reichsgerichts in Zivilsachen (Band und Seite)
r. Sp.	rechte Spalte
RvglHWB	Rechtsvergleichendes Handwörterbuch für das Zivil- und Handelsrecht des In- und Auslandes (Band und Seite)
SächsA	Sächsisches Archiv für Deutsches Bürgerliches Recht, ab 1906: Sächsisches Archiv für Rechtspflege (Jahr und Seite)
Sasse	Theodor Sasse: Das Verlöbnis im Bürgerlichen Gesetzbuch, Heidelberger Diss. jur., Heidelberg 1906
v. Scanzoni	G. von Scanzoni (ohne ausgeschriebenen Vornamen): Anmerkung zum Urteil des Reichsgerichts vom 4. 11. 1942 — IV 92/42 — RGZ 170, 72, DR 1943, 350—351
Schmidt, A. B.	Mehrere Bearbeiter: Kommentar zum Bürgerlichen Gesetzbuch vom 18. August 1896 nebst dem Einführungsgesetze, IV. Band, Familienrecht, von Arthur B. Schmidt, J. Wilhelm Hedemann, August Fuchs, 1. Abschnitt, Die Bürgerliche Ehe, von Arthur B. Schmidt, München 1907

Schmidt, Eb.	Eberhard Schmidt: Lehrkommentar zur Strafprozeßordnung und zum Gerichtsverfassungsgesetz, II. Band, Erläuterungen zur Strafprozeßordnung und zum Einführungsgesetz zur Strafprozeßordnung, Göttingen 1957
Schnitzerling, StAZ	Schnitzerling (ohne Vornamen): Das Verlöbnis — ein familienrechtlicher Vertrag, StAZ 1961, 185—187
Schnitzerling, ZblJugR	Derselbe: Das Verlöbnis eines Minderjährigen, ZblJugR 1960, 291—294
Schönke-Schröder	Adolf Schönke: Strafgesetzbuch, 10. Aufl. von Horst Schröder, München und Berlin 1961
Schrodt	Walter Schrodt: Ist das Verlöbnis einer Frau, deren Ehemann vermißt ist, rechtswirksam? NJW 1950, 732—733
Schroeder	Albert Schroeder: Verlöbniß und Ehe, Wiesbaden 1897
Schwarz-Dreher	Otto Schwarz: Strafgesetzbuch, 23. Aufl. von Eduard Dreher, München und Berlin 1961
SeuffA	J. A. Seufferts Archiv für Entscheidungen der obersten Gerichte in den deutschen Staaten (Band und Nummer)
Siebert, Das Recht der Familie	Wolfgang Siebert: Das Recht der Familie und die Rechtsstellung des Volksgenossen, 2. Aufl., Berlin-Leipzig-Wien 1942
Siebert, DtRWiss	Derselbe: BGB-System und völkische Ordnung, DtRWiss 1936, 204—262
Simitis	Spiros Simitis: Besprechung von: Gabriel García Cantero, El vinculo de matrimonio civil en el derecho español (Das Band der Zivilehe im spanischen Recht) Rom-Madrid 1959, AcP 159 (1960), 378—384
Soergel-Bearbeiter	Mehrere Bearbeiter: Bürgerliches Gesetzbuch nebst Einführungsgesetz, begründet von Hs. Th. Soergel (ohne ausgeschriebenen Vornamen), III. Band, Sachenrecht, Familien- und Erbrecht, 8. Aufl., Stuttgart und Köln 1955
Spahn	P. Spahn (ohne ausgeschriebenen Vornamen): Verwandtschaft und Vormundschaft nach dem Bürgerlichen Gesetzbuche für das Deutsche Reich, Berlin 1900/1901
Staudinger-Bearbeiter	Mehrere Bearbeiter: J. v. Staudingers Kommentar zum Bürgerlichen Gesetzbuch und dem Einführungsgesetze, I. Band, Allgemeiner Teil, 11. Aufl. von Franz Brändl und Helmut Coing, Berlin 1954,

	II. Band, Recht der Schuldverhältnisse, 1. Teil, §§ 241—432, 9. Aufl. von Alfred Werner, München, Berlin und Leipzig 1930, 4. Teil, §§ 705—822, 11. Aufl. von mehreren Bearbeitern, Berlin 1958/1959/1960, IV. Band, Familienrecht, 1. Teil, §§ 1297—1588, 9. Aufl. von Theodor Engelmann, München, Berlin und Leipzig 1926
StAZ	Das Standesamt (Jahr und Seite)
Stein-Jonas-Schönke-Pohle	Friedrich Stein, Martin Jonas: Kommentar zur Zivilprozeßordnung, 18. Aufl. von Adolf Schönke und Rudolf Pohle, I. Band, Tübingen 1953
StGB	Strafgesetzbuch vom 15. Mai 1875
StPO	Strafprozeßordnung vom 1. Februar 1877
Stutz	Ulrich Stutz: Die Rechtsnatur des Verlöbnisses nach deutschem bürgerlichem Recht, Tübingen, Freiburg i. B. und Leipzig 1900
StVZO	Straßenverkehrs-Zulassungs-Ordnung vom 13. November 1937
Titze	Heinrich Titze: Recht des Bürgerlichen Gesetzbuches, IV. Buch, Familienrecht, Leipzig 1906
v. Tuhr	Andreas von Tuhr: Der Allgemeine Teil des Deutschen Bürgerlichen Rechts, I. Band, Allgemeine Lehren und Personenrecht, Leipzig 1910
u.	unten
Wieczorek	Bernhard Wieczorek: Zivilprozeßordnung und Nebengesetze, II. Band, 2. Teil, ZPO, 2. Buch, Verfahren im ersten Rechtszuge, §§ 330—510 c, Berlin 1957
ZBlJugR	Zentralblatt für Jugendrecht und Jugendwohlfahrt (Jahr und Seite)
Zechnall	Martin Zechnall: Der Vertrag im Familienrecht, Tübinger Diss. jur., Tübingen 1937
Zihlmann	Hans Zihlmann: Der Verlöbnisbruch im modernen Recht mit besonderer Berücksichtigung des schweizerischen Privatrechts, Züricher Diss. jur., Zürich 1902
ZPO	Zivilprozeßordnung vom 30 Januar 1877
Zus. d. gutachtl. Äuß.	Zusammenstellung der gutachtlichen Aeußerungen zu dem Entwurf eines Bürgerlichen Gesetzbuchs, IV. Band, Aeußerungen zum Familienrecht, Berlin 1890

§ 1

EINLEITUNG

Das Verlöbnis ist ein Stiefkind der Gesetzgebung. Kaum sonst irgendwo zeigt der moderne Gesetzgeber eine solche Zurückhaltung. In umgekehrtem Verhältnis dazu stehen der Umfang und die schillernde Vielfalt literarischen Streits auf diesem Gebiet. Beides bedingt sich. Der Gesetzgeber überläßt Zweifelsfragen der Wissenschaft, diese findet in der lückenhaften Regelung ein lohnendes Betätigungsfeld. Die dogmatische Erfassung macht Schwierigkeiten; denn das Verlöbnis paßt sich nicht fugenlos in irgendeine Stelle des Systems ein. Es gehört inhaltlich zum Familienrecht, fällt aber mit seinem dynamischen Verpflichtungscharakter, der auf die Zukunft weist, aus dem Rahmen der statischen, sich in einem gegenwärtigen Zustand auswirkenden sonstigen Institutionen des Familienrechts. Auch entzieht es sich dem das Familienrecht beherrschenden Publizitätsprinzip und Formzwang. Es kann stillschweigend und heimlich geschlossen werden. Alle diese Eigenarten verweisen auf das Schuldrecht. Aber auch dort hat das Verlöbnis kein Heimatrecht. So ist das Verlöbnis für den Gesetzgeber, der nur für dynamische Verpflichtungstatbestände des Vermögensrechts im allgemeinen Schuldrecht ein System bereit hat, ein heißes Eisen.

Dieses anzufassen, lohnt sich kaum noch, nachdem die neuzeitliche Rechtsauffassung von der unbedingten Freiheit der Eheschließung die Verlöbniswirkungen so beschnitten hat, daß die praktische Bedeutung des Verlöbnisrechts nicht mehr allzu groß ist. Für den Einzelnen mögen sich die verbliebenen Schadensersatzansprüche mitunter noch recht empfindlich auswirken; vom Ganzen aus betrachtet, ist die praktische Auswirkung des Verlöbnisses in der Rechtsordnung gering. Kein Wunder, daß kollektivistische Systeme am Verlöbnis uninteressiert sind und es aus den Gesetzen verbannen[1]. Aber auch sonst ist das gesetzgeberische Interesse nicht groß[2]. Das preußische Allgemeine Landrecht von 1794 widmete dem

---

[1] Der gesamte sog. Ostblock kennt kein Verlöbnisrecht mehr. Die DDR hat sich dem angeschlossen und das Verlöbnis als Rechtsinstitut beseitigt (vgl. Brunn S. 3).

[2] So fehlt eine gesetzliche Regelung des Verlöbnisses auch in mehreren westlichen Staaten, die zur Familie des Code civil zählen, so in Frankreich, Belgien, Luxemburg, den Niederlanden und Portugal, desgleichen in Argentinien und Brasilien.

„Ehegelöbnis“ 61 Paragraphen[3]. Heute entfallen auf das Verlöbnis höchstens 6 oder 7 zusammenhängende Paragraphen oder Artikel[4], im spanischen und im kanonischen Gesetzbuch nur noch 1 Artikel[5] bzw. Kanon[6].

Unser Recht berücksichtigt das Verlöbnis allerdings außerhalb der Regelung der §§ 1297 bis 1302 BGB noch in einigen anderen gesetzlichen Bestimmungen, so in den §§ 1408, 2275 Abs. 3, 2276 Abs. 2, 2347 Abs. 1, 2. Halbsatz BGB, 52 Abs. 2 StGB, 52 Abs. 1 Nr. 1 StPO und 383 Abs. 1 Nr. 1 ZPO. Diese Normen betreffen, über verschiedene Rechtsgebiete verstreut, weitere Einzelwirkungen des Verlöbnisses. Überhaupt regelt das Gesetz nur die Rechtsfolgen. Auch die §§ 1297 ff. BGB enthalten keine Bestimmung über die Voraussetzungen eines rechtlich wirksamen Verlöbnisses. Daraus ergibt sich ein ganzer Komplex grundsätzlicher Streitfragen von praktischer Bedeutung. Sie haben Anlaß zu der großen Streitfrage gegeben, ob das Verlöbnis ein Rechtsgeschäft sei oder nicht, und auch die Rechtsprechung wiederholt mit diesem Problem befaßt. So stehen sich seit Erlaß des BGB bis heute die Vertragstheorie und die Tatsächlichkeitstheorie in nicht ausgetragenem Streit gegenüber[7]. Als dritte Theorie mit einer vermittelnden Stellung hat sich ihnen die sog. Theorie des familienrechtlichen Vertrags hinzugesellt[8]. Die Bezeichnung ist irreführend, da sie in anderer Bedeutung noch einmal vorkommt. Die Anhänger der Vertragstheorie streiten nämlich untereinander darüber, ob das Verlöbnis ein Schuldvertrag[9] oder ein familienrechtlicher Vertrag[10] oder ein Gemisch von beiden[11] sei. Die Auffassung vom familienrechtlichen Vertrag[12] kennt dann ihrerseits wieder folgende Spielarten: familienrechtlicher Vorvertrag[13], familienrechtliches Grundgeschäft[14] oder familienrechtlicher Haupt-

---

Von den nordischen Staaten hat Norwegen auf eine Verlöbnisregelung verzichtet.

(Vgl. zum Verlöbnis in Auslandsrechten Luther RvglHWB S. 197 ff. und FamRZ S. 475 f.)

[3] §§ 75—135 II 1 ALR.

[4] Sechs im deutschen BGB (§§ 1297—1302), im isländischen und schwedischen Ehegesetz (§§ 1—6), im schweizerischen ZGB (Art. 90—95) und im türkischen BGB (Art. 82—87). Sieben im mexikanischen (Art. 139—145) und peruanischen (Art. 75—81) Zivilgesetzbuch.

In anderen Gesetzen und Gesetzbüchern sind es weniger Bestimmungen.

[5] Art. 44 Código civil.

[6] Can. 1017 Codex Juris Canonici.

[7] Belege dazu im 3. Kapitel.

[8] Namentlich vertreten von Lehmann in der 3. Aufl. (§ 6 I).

[9] So z. B. Cramer S. 6.

[10] So z. B. Stutz S. 59.

[11] So z. B. Opet Vorb. 2 vor § 1297 (S. 7).

[12] Die nicht mit der oben genannten Theorie des familienrechtlichen Vertrags zu verwechseln ist.

[13] So z. B. Zihlmann S. 143 ff.

[14] So Endemann § 151 a Nr. 3 b (S. 56 o.).

vertrag[15]. Auch der Tatsächlichkeitstheorie mangelt es nicht an Differenziertheit. Hier gibt es die Billigkeitstheorie[16], die Theorie der culpa in contrahendo[17] und die Deliktstheorie[18], die wieder die Unterart der Schutzgesetztheorie[19] entwickelt hat.

Zu dem Reichtum der Probleme und Meinungen kommt die Fülle des in mehr als 60 Jahren angewachsenen literarischen Materials, das bei einer eingehenden Behandlung verlöbnisrechtlicher Fragen zu verarbeiten ist. Eine Schwerpunktbildung für die Untersuchung ist daher vonnöten. Daß für eine Vermehrung der Verlöbnistheorien kein vordringliches Bedürfnis besteht, liegt auf der Hand; das Angebot ist zu reichlich. Einzeldarstellungen sämtlicher Verlöbnistheorien sind ebenfalls in genügender Zahl vorhanden[20]. Die Entfaltung des Theorienreichtums und ihre ständige Erörterung in der Literatur haben jedoch in der Beurteilung der praktischen Grundfragen des Verlöbnisrechts, nämlich vor allem der Voraussetzungen des Verlöbnisses, nicht entscheidend weiter geführt. Hier soll daher das Schwergewicht der Arbeit liegen.

Von hauptsächlichem Interesse sind heute 2 Grundfragen, auf die sich der Streit zum großen Teil konzentriert hat. Insofern ist eine gewisse Abklärung des Meinungsstreits im Verlöbnisrecht zu verzeichnen.

Es sind dies die Fragen:

1. nach dem Erfordernis der Geschäftsfähigkeit,
2. nach der Möglichkeit der Anfechtung beim Verlöbnis.

Die Rechtsprechung hat eine bestimmte Linie entwickelt und bis heute beibehalten. Das Schrifttum ist ihr zu einem großen Teil gefolgt, so daß man von einer herrschenden Auffassung sprechen kann, bringt aber auf der anderen Seite immer wieder Angriffe gegen diese herrschende Meinung vor. Diese mehren sich gerade in der neueren Literatur. Gegenüber dieser beweglichen und ständig jungen Opposition bietet die herrschende Auffassung das Bild einer gewissen Erstarrung. Sie hat sich längst auf den durch die Rechtsprechung gefestigten Platz der Vertragstheorie zurückgezogen. Neue Gedanken zur Begründung ihrer bestrittenen Ergebnisse sind selten geworden.

Hieraus ergibt sich das Bedürfnis nach einer Darstellung jener Grundfragen des Verlöbnisrechts, unter Berücksichtigung der neuen Rechtsentwicklung in Wissenschaft und Rechtsprechung[21]. Im Zusammenhang mit den auf diese Entwicklung gestützten modernen Angriffen gegen die herrschende Auffassung sind auch deren Ergebnisse, losgelöst von dem

---

[15] So z. B. Stutz a. a. O.

[16] So z. B. Titze S. 19.

[17] So z. B. Jacobi S. 19/20.

[18] So z. B. Bunsen S. 9 und 10, der zur Deliktstheorie im weitesten Sinne (Deliktsähnlichkeit) gehört.

[19] So z. B. Hellmann S. 219.

[20] Z. B. Dittenberger, Glaser, Stutz u. a.

[21] Z. B. bezüglich der Anfechtung von Gesellschaftsverträgen oder der Teilmündigkeit zur Einwilligung in körperliche Eingriffe.

starren Vertragsdogma, neu zu durchdenken. Eine solche Darstellung fehlt in der neueren Literatur. Das ist erklärlich, weil das neue Familienrecht vordringlichere Probleme gestellt hat. Nachdem nun die Gesetzesreformen im Familienrecht zu einem gewissen Abschluß gekommen sind und die Neuauflagen der großen Kommentare und Lehrbücher des Familienrechts zu erwarten sind, dürften auch die nicht von der Reform erfaßten Partien wieder zum Gegenstand neuer juristischer Auseinandersetzung werden. Dazu für die oben bezeichneten Grundfragen des Verlöbnisrechts einen Beitrag zu leisten, ist der Versuch der folgenden Ausführungen.

1. Kapitel

§ 2

DER GESAMTE GRUNDFRAGEN-KOMPLEX

Das Verlöbnis und der Allgemeine Teil des Bürgerlichen Gesetzbuchs

I. Problemstellung und Untersuchungsmethode

Der gesamte uns beschäftigende Grundfragen-Komplex betrifft die in den §§ 1297 ff. BGB nicht besonders geregelten Voraussetzungen eines gültigen Verlöbnisses.

Zur Lösung dieses Fragenkomplexes bietet sich der Allgemeine Teil des BGB mit seinen Normen über die Voraussetzungen wirksamer Rechtsgeschäfte an. Diese mögen unmittelbar anwendbar sein oder auch nur als Stützen für ein zu entwickelndes eigenes System der Verlöbnisvoraussetzungen dienen (Analogie). Schließlich mögen sie als mit der Natur des Verlöbnisses unverträglich ohne Einfluß bleiben auf die dann in freier Rechtsfindung lediglich aus der Natur der Sache zu entwickelnden Verlöbnisvoraussetzungen.

Es gibt allerdings noch einen zweiten gesetzlichen Anhaltspunkt für die Bestimmung der Voraussetzungen eines gültigen Verlöbnisses. Das sind die Vorschriften des Ehegesetzes über die Voraussetzungen einer gültigen Eheschließung, die sich deswegen zum Vergleich anbieten, weil das Verlöbnis seinem Wesen nach auf die Ehe ausgerichtet ist und eine Vorstufe zur Ehe bildet. Hier kommt allerdings von vorneherein nur eine analoge Anwendung in Betracht, da es sich um Spezialnormen für die Ehe handelt. Diese stellen aber kein geschlossenes Voraussetzungssystem dar und lassen daher auch für die Ehe selbst die Frage nach der grundsätzlichen Anwendbarkeit der Regeln des Allgemeinen Teils offen. Außerdem sind einige Normen von ihnen (so die §§ 11 ff. EheG) so spezifisch auf die Ehe zugeschnitten, daß sie einer analogen Anwendung auf ein anderes Institut wie das Verlöbnis unzugänglich sind.

Die Frage nach der Anwendbarkeit der Vorschriften des Ersten Buches des BGB ist daher die zentrale Frage innerhalb des Problemkreises der Wirksamkeitsvoraussetzungen für das Verlöbnis. Diese Erkenntnis verführt dazu, den gesamten Grundfragen-Komplex wie einen gordischen Knoten zu lösen, nicht durch Entwirrung der einzelnen Fäden, sondern mit einem Schlag. Der Rechtsgeschäftsbegriff scheint der eigentliche Knoten zu sein; ihm kann man mit dem geschliffenen Schwert der Begriffsjurisprudenz zu Leibe rücken und damit alle Fragen auf einmal lösen.

Dies ist von vielen versucht worden. Aber wie beim gordischen Knoten bleibt die Lösung unbefriedigend. Jeder einzelne Faden hat nicht die ihm gemäße Lösung gefunden, ist in seiner speziellen Verschlungenheit nicht erkannt worden.

Nun liegt es allerdings sehr nahe, nachdem wir schon die Frage nach den Voraussetzungen des Verlöbnisses aufgelöst haben in die Frage nach der Anwendbarkeit der Regeln des Allgemeinen Teils, auch diese Frage noch einmal umzuformen in die Schlüsselfrage, ob das Verlöbnis ein Rechtsgeschäft sei oder nicht. Diese Transformation der praktischen Grundfragen des Verlöbnisses in die „hochgespannte" Frage nach Begriff und Wesen des Rechtsgeschäfts ist auch oft unternommen worden, hat aber bis auf den heutigen Tag nicht zu einer endgültigen und einleuchtenden Klärung des Theorienstreits führen können. Gerade bei den Streitfragen des Verlöbnisrechts hat sich die Methode der Begriffsjurisprudenz als untauglich erwiesen.

Es soll darum nicht erneut versucht werden, die Fragen nach den Voraussetzungen des Verlöbnisses deduktiv oder, wie Lehmann[22] es nennt, im Wege apriorischer Konstruktion zu lösen[23]. Die Frage, ob das Verlöbnis als ein Rechtsgeschäft aufgefaßt werden kann, soll in unserer Untersuchung vielmehr am Ende stehen, nachdem die Einzelfragen bereits mit anderen Mitteln sachgerecht geklärt sind. Das bedeutet keine Absage an rechtssystematische Überlegungen, auf die eine wissenschaftliche Diskussion nicht verzichten kann. Nur sollen sie zunächst auf die konkrete Problemstellung der einzelnen Streitfragen bezogen sein.

Unser Weg kann sich daher induktiv nennen. Im Vordergrund stehen die praktischen Grundfragen des Verlöbnisses; am Ende mögen sich aus ihrer Erörterung und Beantwortung Gedanken für eine angemessene Bewertung der Rechtsnatur des Verlöbnisses ergeben.

Auch die praktische Bedeutung des Meinungsstreits hat sowohl bezüglich des ganzen Grundfragen-Komplexes[24] wie auch hinsichtlich ein-

---

[22] § 6 I (S. 26) (Zitate ohne Zusatz meinen stets: Familienrecht, 3. Aufl.).

[23] Dieser Weg wird namentlich von Lehmann a. a. O. kritisiert, der in der 1. Aufl. (S. 26) die Devise gibt: „Der Prüfstein der Konstruktion muß immer das Ergebnis sein, das Recht ist aus den Dingen herauszuholen, nicht an sie heranzubringen."

Seiner Kritik schließen sich viele an, z. B. Dniestrzanski S. 120, Siebert DtRWiss S. 210 u. a., die die bloße begriffliche Begründung vieler Vertreter der Vertragstheorie, das Verlöbnis sei ein Rechtsgeschäft, mit Recht nicht befriedigt. Hellmann S. 218 versteigt sich gegenüber diesen Vertragstheoretikern sogar zu dem Vorwurf der petitio principii.

[24] Vgl. z. B. Planck-Unzner Vorb. 1 vor § 1297 (S. 9) einerseits und Hellmann S. 218/219 andererseits.

zelner Grundfragen[25] in Schrifttum und Rechtsprechung unterschiedliche Beurteilungen gefunden. Sie ist daher ebenfalls für die Einzelprobleme getrennt zu prüfen.

II. Übersicht über den Meinungsstand

Da allerdings die Frage nach der Anwendbarkeit des Allgemeinen Teils beim Verlöbnis vielfach als eine einheitliche behandelt und entschieden worden ist, soll vorab eine Übersicht über den Stand der Meinungen zu dieser Frage gegeben werden, ehe wir uns den einzelnen Grundfragen zuwenden. Schon hier wollen wir uns jedoch von der auf apriorischem Begriffsdenken beruhenden Einteilung in Stimmen, die für den Rechtsgeschäftscharakter des Verlöbnisses eintreten (sog. Vertragstheorie) und solche, die den Rechtsgeschäftscharakter leugnen (sog. Tatsächlichkeitstheorie), frei machen. Diese Unterscheidung mag uns noch einmal am Schluß unserer Untersuchung beschäftigen; für die Behandlung der mit diesem Kapitel gestellten Aufgabe taugt sie nicht. Hier sind vielmehr 3 Gruppen von Meinungen in Schrifttum und Rechtsprechung zu unterscheiden.

Die erste Gruppe bilden diejenigen, die die Normen des Allgemeinen Teils des BGB für unmittelbar anwendbar halten. Hierzu gehören in der Literatur:

Beitzke[26], Familienrecht, 10. Aufl. § 5 I;
BGB-RGRK vor § 1297 Anm. 2;
Cosack § 31 II 2, 3;
Cramer S. 24 ff.;
Crome § 550 Nr. 1 (S. 196);
Dittenberger S. 49 o., 72 mit Fußn. 3, 73 mit Fußn. 3, 85 ff.;
Dniestrzanski S. 116/117, 119, 120/121;
Donig S. 34 ff.;
Eggel in Achilles-Greiff § 1298 Anm. 1;
Endemann § 151 a Nr. 2 (S. 47);
Enneccerus-Wolff § 4 I;
Erman-Seibert Vorb. 3 vor § 1297;
Glaser S. 26 f.;
Goldmann S. 432;
Goldmann-Lilienthal-Sternberg § 1 I (S. 4/5);
Groeper S. 78;
Jacobi S. 19 Fußn. 16 a) a. E., S. 16 Fußn. 12 a) (S. 17) (obwohl Gegner der Vertragstheorie);
Krückmann § 84 IV (S. 643);
Kuhlenbeck Vorb. vor § 1297 (S. 343);
Luther, Ehemündigkeit, S. 52 (derselbe allerdings abweichend in RvglHWB S. 196 r. Sp. u., s. dritte Gruppe);

---

[25] Vgl. z. B. für die Grundfrage der Geschäftsfähigkeit RGZ 61, 267 (272) einerseits und Lehmann (1. Aufl.) § 6 I (S. 26) andererseits.

[26] Zitate ohne Zusatz meinen stets: Familienrecht, 10. Aufl.

Manigk § 187 (S. 737);
Mohr S. 58;
Müller-Meikel § 254 (S. 1);
Neubecker S. 263 u.;
Neumann § 1297 Note II 1;
Opet Vorb. 5 u. 6 vor § 1297;
Palandt-Lauterbach Einf. 1 vor § 1297;
Planck-Unzner Vorb. 1 vor § 1297;
Sasse S. 55;
Schmidt, A. B. Vorb. III 2 vor § 1297;
Soergel-Vogel § 1297 Anm. 1;
Staudinger-Engelmann Vorb. II a. a. E. und Vorb. III vor § 1297;
Stutz S. 62 ff.

Wer die Vorschriften des Ersten Buches des BGB auf das Verlöbnis unmittelbar anwendet, braucht doch nicht alle allgemeinen Vorschriften über das Zustandekommen wirksamer Rechtsgeschäfte anzuwenden. So machen mehrere der aufgeführten Autoren den Vorbehalt, die Vorschriften des Allgemeinen Teils fänden Anwendung, soweit sich ihre Anwendung nicht aus der besonderen Eigenart des Verlöbnisses verbiete[27]. Unmittelbare Anwendbarkeit bedeutet ja auch nur, daß die Vorschriften des Allgemeinen Teils grundsätzlich gelten, dabei aber nach den Grundsätzen über den Vorrang spezieller Vorschriften durch die besondere Eigenart des Verlöbnisses im Einzelfalle verdrängt sein können.

Auf dem Standpunkt der unmittelbaren Geltung der Vorschriften des Allgemeinen Teils für das Verlöbnis steht auch die ständige Rechtsprechung, soweit es sich um das Verlöbnis im bürgerlichen Recht handelt. Ausgesprochen ist dies in folgenden Entscheidungen:

RGZ 61, 267 (271 u.);
RG JW 1906, 9 Nr. 3 = Gruchot 50, 994;
RG JW 1936, 863 Nr. 7;
Kiel OLG 11, 276;
Hamburg OLG 16, 203;
Stettin OLG 30, 33 u.[28]

---

[27] So etwa Beitzke a. a. O.; Endemann a. a. O.; Erman-Seibert a. a. O.; Goldmann a. a. O.; Goldmann-Lilienthal-Sternberg a. a. O.

Akut wird dieser Vorbehalt z. B. bei der Stellvertretung im Willen (§§ 164 ff. BGB), die fast allgemein für ausgeschlossen erachtet wird (näheres dazu unten S. 136 ff.).

Cosack a. a. O. will zum Teil eherechtliche Vorschriften anwenden. Er meint damit aber offensichtlich nur die Eheverbote. Da diese im Rahmen des § 134 BGB ohnehin Beachtung finden, ist seine Abweichung ohne praktische Bedeutung. Auch die Nichtigkeit der Doppelverlobung, die er zunächst aus einer Analogie zum Bigamieverbot herleiten will, stützt er schließlich selbst auf § 138 BGB. Er nimmt daher nur eine scheinbare Außenseiter-Stellung ein.

[28] Die unmittelbare Anwendung einzelner Bestimmungen des Allgemeinen Teils ergibt sich aus verschiedenen weiteren Entscheidungen, die erst bei der Behandlung der Einzelfragen herangezogen werden.

Die zweite Gruppe besteht aus den Autoren, die nur eine entsprechende Anwendung der Normen des Allgemeinen Teils für vertretbar halten. Hierher sind zu zählen:

Dahm § 42 IX 1 (der allerdings auf der Grenze zur ersten Gruppe steht; er will die Vorschriften des Allgemeinen Teils im Gegensatz zur Vertragsthorie nur mit Vorbehalt anwenden);
Eltzbacher S. 183;
Lehmann, 3. Aufl., § 6 II vor 1 (abweichend derselbe in der 1. Aufl.; s. dritte Gruppe);
Mitteis, Familienrecht, S. 18 (der ebenfalls auf der Grenze zur ersten Gruppe steht; er will die Vorschriften des Allgemeinen Teils anwenden, „soweit es mit dem Wesen der Sache verträglich" ist, sonst hält er „freie" Rechtsfindung für geboten (S. 19) und nähert sich damit der dritten Gruppe);
Schnitzerling StAZ S. 186;
Siebert, Das Recht der Familie, S. 82 (Nr. 1 a. E.) u. 83 (Nr. 2 a. E.) (der der dritten Gruppe nahesteht, weil er die Normen des Allgemeinen Teils nicht für grundsätzlich anwendbar hält, sondern nur soweit sie eine „sinnvolle Gestaltung" gewährleisten und „passen") (abweichend derselbe, DtRWiss; s. dritte Gruppe);
Zechnall S. 94 o.

Die dritte Gruppe bilden schließlich jene, die die Frage nach den Voraussetzungen eines wirksamen Verlöbnisses ohne Zuhilfenahme der Vorschriften des Allgemeinen Teils lösen wollen, sei es unter Berücksichtigung gesellschaftlicher und sittlicher Anschauungen aus der Natur der Sache heraus[29], sei es unter Anlehnung an die eherechtlichen Vorschriften[30]. Diese Auffassung hat folgende Vertreter:

Bunsen § 3 (S. 9);
Dernburg § 6 IV (S. 24/25) (obwohl Anhänger der Vertragstheorie; er hält allerdings den Allgemeinen Teil nur „zum großen Teil" für nicht anwendbar);
Dietz § 13 I 2 a (S. 80) (obwohl einen Vertrag annehmend);
Engelmann, A. § 244 (insbesondere S. 636);
Fraenkel S. 2 (obwohl Anhänger der Vertragstheorie);
Frohnhausen S. 35;
Hellmann S. 217/218 und S. 221 l. Sp.;
Kohler § 5 IV, V;
Landsberg § 218 I 3;
Lehmann, 1. Aufl., § 6 II (abweichend derselbe in der 3. Aufl., s. zweite Gruppe);
Luther RvglHWB S. 196 r. Sp. u. (allerdings in gewissem Gegensatz zu S. 200 (unter 2) daselbst; abweichend derselbe, Ehemündigkeit, S. 52; s. erste Gruppe);
Matthiaß § 223 III;
Meisner S. 5 u. S. 8 (Anm. 1 zu §§ 1298, 1299);
Nathan S. 84 f.;
Siebert DtRWiss S. 210 u. S. 211 vor Nr. 1;
Titze § 2 Nr. 5 (S. 19).

---

[29] So überwiegend.
[30] So Dietz § 13 I 2 a (S. 80); Fraenkel S. 2.

Weil fast alle Autoren auf Grund der Eigentümlichkeiten des Verlöbnisses irgendwelche Abstriche bei den Regeln des Allgemeinen Teils machen, versteht es sich, daß die Grenzen zwischen den drei Gruppen fließend sind und man über die Einordnung dieses oder jenes Schriftstellers in die eine oder andere Gruppe streiten kann.

Vor allem aber ist zu beachten, daß die Zugehörigkeit zu den einzelnen Gruppen nichts über die Einstimmigkeit in den praktischen Ergebnissen aussagt. So gibt es Vertreter der ersten Gruppe, die ganze Normenkomplexe des Allgemeinen Teils von der Anwendung ausschließen[31], wogegen die zweite Gruppe Stimmen enthält, die diese Bestimmungen im Wege der Analogie anwenden[32]. Die Sichtung des Schrifttums und der Rechtsprechung auf ihre Stellungnahme zu den einzelnen Voraussetzungen des Verlöbnisses und den einzelnen Normen des Allgemeinen Teils ist daher Gegenstand der folgenden Einzelfragen-Untersuchung. Hier sollte nur eine einleitende Übersicht über den Meinungsstand zum Gesamtkomplex der uns beschäftigenden Fragen gegeben werden. Sie konnte nur nach der rechtssystematischen Grundfrage gegliedert sein, ob die Normen des Allgemeinen Teils — unmittelbar oder entsprechend — anwendbar sind oder nicht. Sie hat neben einer allgemeinen ersten Orientierung den Wert, deutlich zu machen, wie zerstritten das gesamte Problem von der dogmatischen und rechtssystematischen Seite her ist und wie gespalten die einzelnen dogmatisch gleich orientierten Gruppen wiederum in den Einzelergebnissen sind. Sie bestärkt uns noch einmal in dem eingeschlagenen Weg, die Einzelfragen in ihrer konkreten Problematik und im Hinblick auf die praktischen Ergebnisse zu erörtern und zu entscheiden, ohne uns vorher auf einen dogmatischen Standpunkt zur Rechtsnatur des Verlöbnisses festzulegen.

Die soeben gegebene Darstellung des Meinungsstandes zum gesamten Grundfragenkomplex wäre allerdings unvollständig, wenn sie nicht noch auf eine Besonderheit hinweisen würde, nämlich auf den von der Rechtsprechung und der ihr überwiegend folgenden Literatur herausgebildeten Dualismus des zivilrechtlichen Verlöbnisses einerseits und des straf- und prozeßrechtlichen Verlöbnisses andererseits. Er bedeutet, daß das Verlöbnis i. S. der §§ 1297 ff., 1408, 2275 Abs. 3, 2276 Abs. 2, 2347 Abs. 1, 2. Halbsatz BGB und das Verlöbnis der §§ 52 Abs. 2 StGB, 52 Abs. 1 Nr. 1 StPO, 383 Abs. 1 Nr. 1 ZPO nicht nur in ihren Wirkungen, sondern auch in ihren Voraussetzungen verschieden sind, so daß ein im zivilrechtlichen Sinne Verlobter als straf- und prozeßrechtlich nicht verlobt gelten kann und umgekehrt[33]. Dieser Dualismus kommt dadurch zustande, daß die Rechtsprechung und (mehr oder weniger weitgehend) auch die lite-

---

[31] Z. B. Goldmann a. a. O. bzgl. Geschäftsfähigkeit und Anfechtung; Beitzke § 5 I 3 bzgl. Anfechtung.

[32] Z. B. Eltzbacher a. a. O.

[33] Bruns S. 460 unter Nr. 5 erwägt für einen Sonderfall, nämlich das Verlöbnis eines Heiratsschwindlers, einen weiteren Dualismus zwischen straf- und prozeßrechtlichem Verlöbnis, so daß dort das Verlöbnis im Zivil-, Straf- und

rarischen Vertreter der ersten und zweiten Gruppe die Voraussetzungen des bürgerlich-rechtlichen Verlöbnisses nach den Regeln des Allgemeinen Teils bestimmen, diese aber für das Verlöbnis im Straf- und Prozeßrecht als unmaßgeblich betrachten, so wie es die Vertreter der dritten Gruppe auch beim zivilrechtlichen Verlöbnis tun. Da nun bezüglich des straf- und prozeßrechtlichen Verlöbnisses in der Rechtsprechung und dem einschlägigen[34] Schrifttum Einhelligkeit darüber besteht, daß die Voraussetzungen nicht nach dem Allgemeinen Teil des BGB zu bemessen sind[35], könnte der Dualismus vom Bürgerlichen Recht her beseitigt werden, wenn sich dort die Meinung der dritten Gruppe durchsetzen würde[36]. Die herrschende Ungleichbehandlung beider Verlöbnisarten bietet sich daher zunächst als ein Argument für die Vertreter der dritten Gruppe an, das aber von diesen

---

Prozeßrecht je verschiedene Voraussetzungen haben würde. Auf diese Spezialfrage kann aber hier nicht eingegangen werden. Allgemein ist davon auszugehen, daß das straf- und prozeßrechtliche Verlöbnis einheitlichen Grundsätzen folgen (so auch ausdrücklich für StGB und StPO OLG Hamburg LZ 1928 Sp. 511 Nr. 8).

[34] In der Literatur zum BGB gibt es e i n e abweichende Stimme, vgl. dazu unten Fußn. 36.

[35] Für das Strafrecht:

BGHSt 3, 215 m. Anm. Geier in LM § 52 StGB Nr. 4; BGH LM § 222 StGB Nr. 25.

RGSt 35, 49; 38, 242; RG HRR 1939, 1070; RGSt 75, 290 = DR 1941, 2178. — Für die Zeit vor Inkrafttreten des BGB: RGSt 10, 117 = Rspr. 6, 54; RGSt 24, 155.

OLG Koblenz NJW 1958, 2027 Nr. 20. Die einzige Entscheidung, die Bedenken geltend macht, schließlich aber doch dem Reichsgericht folgt, ist das von Grisebach Sp. 1644/1645 mitgeteilte Urt. des OLG Hamburg v. 24. 8. 1925 — R II 186/25.

Bruns S. 458 ff.; Jagusch in LK § 52 Anm. 5 h; Kohlrausch-Lange § 52 Anm. VI 3; Maurach § 36 I A 3; Schönke-Schröder § 52 Anm. VII 8; Schwarz-Dreher § 52 Anm. 5 E.

Für das Strafprozeßrecht:

RGSt 40, 420; RG JW 1909, 519 Nr. 24 = GA 56, 318. — Für die Zeit vor Inkrafttreten des BGB: RG Rspr. 6, 50; RGSt 10, 117 = Rspr. 6, 54; RG Rspr. 9, 129.

Peters, K. § 42 III 2 c, aa, α; Schmidt, Eb. § 52 Anm. 12; Tillmann in Löwe-Rosenberg § 52 Anm. 3 a (unter Gleichschaltung des bürgerlich-rechtlichen Verlöbnisses).

Für das Zivilprozeßrecht:

Baumbach-Lauterbach § 383 Anm. 2 (unter Gleichschaltung des bürgerlich-rechtlichen Verlöbnisses); Stein-Jonas-Schönke-Pohle § 383 Anm. II; a. A. als einziger Wieczorek § 383 Anm. C II b 1, ohne seine Außenseiterstellung zu kennzeichnen oder zu begründen.

[36] Endemann § 151 a Fußn. 12 a. E. (S. 49) will den Dualismus, den er im Interesse der Rechtseinheit beklagt, auf umgekehrtem Wege beseitigen, indem er das strafrechtliche Verlöbnis den Voraussetzungen des Bürgerlichen Rechts und damit weitgehend den Vorschriften des Allgemeinen Teils unterstellen will. Er ist aber mit dieser Ansicht allein geblieben. Zwar sucht auch Beitzke § 5 I 2 a. E. vom Strafrecht her eine teilweise Korrektur herbeizuführen, indem er ein zivil-

kaum benutzt wird[37]. Stattdessen treten aber einige andere Stimmen für eine Gleichschaltung des zivilrechtlichen sowie des straf- und prozeßrechtlichen Verlöbnisses ein, die weniger vom allgemeinen rechtssystematischen Ausgangspunkt her (Anwendung des Allgemeinen Teils des BGB), als vielmehr durch eine Anpassung der Einzelergebnisse erzielt werden soll[38]. Tatsächlich ist die Frage nach der Beseitigung des Dualismus auch mit allgemeinen Erwägungen nicht zu lösen, weil — argumento Art. 33 EGBGB — hinsichtlich des Verlöbnisses das BGB sowie das StGB, die StPO und ZPO verschiedene Begriffe zugrundelegen können (hinsichtlich Verwandtschaft und Schwägerschaft nur das StGB), so daß alles auf die praktischen Bedürfnisse der jeweiligen Rechtsmaterien abgestellt werden kann. Zudem hat dieser Meinungsstreit nur für einige bestimmte Voraussetzungen praktische Bedeutung. Es empfiehlt sich daher, auch hier das Für und Wider erst bei der folgenden Behandlung der einzelnen Grundfragen zu erörtern.

III. Der Rechtszustand vor dem BGB

Über die geschichtliche Entwicklung des Verlöbnisses bis zum BGB handeln die nach Inkrafttreten des BGB erschienenen Monographien und Dissertationen so ausführlich, daß für eine erneute zusammenhängende Darstellung im Rahmen unseres Themas kein Bedürfnis mehr besteht[39]. Auch Hinweise auf andere Rechtsordnungen bleiben der folgenden Einzeluntersuchung vorbehalten. Eine vergleichende Bemerkung über das Verhältnis des BGB zu dem abgelösten Rechtszustand ist aber schon hier am Platze, weil sie einheitlich für den ganzen Fragenkomplex gilt: Das ge-

---

rechtlich gültiges Verlöbnis stets im Strafrecht gelten lassen will. Er fordert aber nicht gleichzeitig für das strafrechtliche Verlöbnis die Wirksamkeitsvoraussetzungen eines zivilrechtlichen Verlöbnisses. S. auch unten Fußn. 38.

[37] Ersichtlich nur von Kohler S. 39 Fußn. 1. Ähnlich allerdings Dernburg § 6 IV, der von einem Monismus ausgeht und die öffentlich-rechtlichen Verlöbniswirkungen als Argument für die zivilrechtlichen Voraussetzungen benutzt.

[38] So Grisebach Sp. 1645/1646; Mitteis RG-Praxis S. 186.

Von den Ergebnissen der herrschenden Praxis her gesehen, stellen das Verlöbnis des Zivilrechts einerseits und das straf- und prozeßrechtliche Verlöbnis andererseits zwei sich schneidende Kreise dar, insofern die strengeren Anforderungen bald in den Vorschriften des Allgemeinen Teils des BGB (so bzgl. der Geschäftsfähigkeit), bald in den von der Strafrechtspflege nach natürlichen und sittlichen Maßstäben entwickelten Voraussetzungen (so bzgl. der Ernsthaftigkeit des Willens) zu finden sind. Während nun Grisebach a. a. O. die beiden überstehenden Kreissegmente abschneiden und damit eine Kongruenz erzielen will (was wohl auch der Auffassung von Mitteis a. a. O. entsprechen würde), will Beitzke a. a. O. lediglich das überstehende Segment des straf- und prozeßrechtlichen Verlöbnisses abschneiden und dieses Verlöbnis damit zu einem Verlöbnis mit verminderten Voraussetzungen machen, so daß ein zivilrechtlich wirksames Verlöbnis stets auch für das Straf- und Prozeßrecht gültig wäre.

[39] Vgl. u. a. Dittenberger S. 3 ff.; Glaser S. 12 ff.; Nathan S. 6 ff.; Stutz S. 1 ff. (bzgl. des gemeinen Rechts).

meine Recht behandelte nach Rechtsprechung und herrschender Auffassung die Verlobung als einen (klagbaren) Schuldvertrag, und zwar als einen obligatorischen Vorvertrag, und unterstellte sie damit voll und ganz den Regeln des allgemeinen Vertragsrechts[40]. Insoweit bewahrt die erste Gruppe für die Frage der Voraussetzungen des gültigen Verlöbnisses und die Anwendbarkeit des allgemeinen Vertragsrechts die größte Kontinuität zu dem Rechtszustand vor dem BGB, sofern er nicht partikularrechtlich dadurch abweichend geregelt war, daß aus dem Verlöbnis keinerlei Ansprüche erwuchsen[41].

IV. Der Standpunkt des Gesetzgebers

Schließlich ist noch festzustellen, daß die Materialien des BGB uns für die folgenden Einzel-Untersuchungen keine Stütze bieten, da sie bezüglich der Voraussetzungen des Verlöbnisses keine bestimmte vom Gesetzgeber zugrundegelegte Auffassung erkennen lassen. Die Entwürfe erster und zweiter Lesung[42] enthielten ebensowenig wie der Gesetz gewordene Entwurf III[43] besondere Bestimmungen über die Voraussetzungen des Verlöbnisses. Während die Motive zum Entwurf erster Lesung die Entscheidung der Frage nach den Voraussetzungen des Verlöbnisses dem freien Ermessen des Richters überlassen wollten[44], was für die von der dritten Gruppe vertretene Ansicht spricht, gingen die Motive zum gleichzeitigen Entwurf des EGBGB davon aus, daß das Verlöbnis ein Vertrag mit schuldrechtlichem oder zumindest schuldrechtsähnlichem Charakter sei[45], was für die von der ersten Gruppe vertretene unmittelbare Anwendung der Regeln des Allgemeinen Teils spricht. Die Mehrheit der Kommission für die zweite Lesung des Entwurfs erklärte sich schließlich ausdrücklich gegen eine gesetzgeberische Stellungnahme zu der Frage, ob das Verlöbnis ein Rechtsgeschäft sei oder nicht, und hielt es für richtig, die Entscheidung der Wissenschaft zu überlassen[46]. Damit war aber die Frage nach den Voraussetzungen eines wirksamen Verlöbnisses, zu der die Motive Stellung genommen hatten, wieder völlig offen. Die Denkschrift zum Entwurf III enthält sich sodann jeglichen Kommentars zu unserem Fragen-Komplex[47].

Lediglich zu der Grundfrage der Geschäftsfähigkeit finden sich noch Stellungnahmen in den Gesetzesmaterialien; doch davon soll im entsprechenden Zusammenhang die Rede sein[48].

---

[40] Vgl. RGZ 20, 333 (334); 23, 172 (177); 39, 188 (189).

[41] Wie im badischen und bremischen Recht (vgl. hierzu Mot. IV S. 2).

[42] E I §§ 1227—1230; E II §§ 1203—1208.

[43] E III §§ 1280—1285.

[44] Mot. IV S. 4.

[45] Mot. z. EGBGB S. 278 zu Art. 117 (beachte daselbst den Hinweis auf Art. 103 des Entwurfs, der dem jetzigen Art. 170 EGBGB entspricht).

[46] Prot. IV S. 2.

[47] D. S. 244—247.

[48] S. unten S. 26 f.

V. Zusammenfassung

Zusammenfassend ist festzustellen, daß die herrschende Meinung — nämlich die gesamte Rechtsprechung und der überwiegende Teil des Schrifttums — auf das Verlöbnis im Sinne der §§ 1297 ff. BGB die Vorschriften des Allgemeinen Teils über den Abschluß wirksamer Rechtsgeschäfte grundsätzlich — sei es unmittelbar oder analog — anwendet, jedoch unabhängig davon die Voraussetzungen eines im Straf- und Prozeßrecht beachtlichen Verlöbnisses aus seinem sittlichen Wesen unter Berücksichtigung der allgemeinen Sitte und natürlichen Lebensauffassung entwickelt. Weitgehende Einmütigkeit besteht aber, wie sich gezeigt hat, auch innerhalb der herrschenden Meinung darüber, daß die besondere Natur des Verlöbnisses bei der Anwendung der Vorschriften des Ersten Buches des BGB hier und da Abstriche erfordern kann. So geht der Streit um die Bestimmung der einzelnen Voraussetzungen quer durch alle drei Meinungsgruppen, und es bedarf wieder einer jeweiligen Untersuchung des gesamten Schrifttums aller drei Gruppen, um festzustellen, welches bezüglich der Einzelfrage die überwiegende Auffassung ist. Während sich beispielsweise bezüglich der Frage der Stellvertretung bald eine ganz herrschende Auffassung durchgesetzt hat, die seitdem unangefochten geblieben ist[49], ist die Frage der Geschäftsfähigkeit als Voraussetzung eines gültigen Verlöbnisses seit Inkrafttreten des BGB bis auf den heutigen Tag lebhaft umstritten. Soweit sich auch hier eine herrschende Auffassung abgezeichnet hat, sieht sich diese gerade in neuerer Zeit wieder einer stärker vordringenden Gegenmeinung gegenüber. Die Grundfrage der Anwendbarkeit der §§ 107 ff. BGB ist die größte und praktisch bedeutsamste Streitfrage des Verlöbnisrechts überhaupt. Sie gab und gibt dem Theorienstreit um die Rechtsnatur des Verlöbnisses[50] die stärksten Impulse[51]. Ihr wollen wir uns nunmehr zuwenden.

---

[49] S. dazu unten S. 136 ff.

[50] Also dem Streit zwischen Vertragstheorie und Tatsächlichkeitstheorie.

[51] Sie ist die stärkste Waffe der Tatsächlichkeitstheorie im Kampf gegen die Vertragstheorie und hat auch innerhalb der Vertragstheorie zu einer Sezession geführt, in der sich die sogenannte Theorie vom familienrechtlichen Vertrag von der allgemeinen Vertragstheorie emanzipierte (vgl. Lehmann, 3. Aufl., S. 26 o.).

2. Kapitel

DIE EINZELNEN GRUNDFRAGEN

Das Verlöbnis und die einzelnen Normengruppen des Allgemeinen Teils

§ 3

Erste Grundfrage: Das Verlöbnis und die §§ 106 ff. BGB

I. Das Verlöbnis eines Geschäftsunfähigen

Bei der Untersuchung, ob die Vorschriften des Ersten Buches des BGB auf das Verlöbnis anwendbar sind, beschäftigt uns an sich der ganze Titel „Geschäftsfähigkeit" (§§ 104 ff.). Dennoch rechtfertigt es sich, in der Überschrift dieses Abschnitts die §§ 106 ff. BGB als das eigentliche Thema zu bezeichnen, weil nur sie zum praktischen Gegenstand wissenschaftlicher Diskussion geworden sind. Darüber, daß ein Geschäftsunfähiger sich nicht mit Rechtswirkungen verloben kann, streitet ernstlich niemand[52], auch nicht aus den Reihen derer, die die Vorschriften des Allgemeinen Teils schlechtweg für unmaßgeblich halten[53], auch nicht für das straf- und prozeßrechtliche Verlöbnis[54].

Die theoretische Frage, ob das einhellige Ergebnis richtiger mit der herrschenden Meinung — unmittelbar oder analog — auf die §§ 104 f. BGB zu stützen oder aus § 2 EheG oder in freier Rechtsfindung aus dem Wesen des Verlöbnisses abzuleiten ist, interessiert uns im gegenwärtigen Stadium unserer Untersuchung nicht. Sie betrifft lediglich das am Schlusse zu erörternde Problem der rechtsgeschäftlichen Natur des Verlöbnisses.

Hier ist nur das Ergebnis festzuhalten: Ein Geschäftsunfähiger kann sich weder zivilrechtlich noch straf- oder prozeßrechtlich wirksam verlo-

---

[52] Die einzige Gegenstimme, nämlich die von Kohler § 5 IV, enthält kein Wort der Begründung und hat keinen Streit über diese Frage ausgelöst.

[53] Also von den Vertretern der dritten Gruppe, vgl. Dietz § 13 I 2 b *α*; Hellmann S. 221 l. Sp.; Matthiaß § 223 III.

[54] Vgl. RGSt 35, 49 (51); RGSt 38, 242 (244) (die vorgenannte Entscheidung zu diesem Punkte interpretierend); 40, 420 (421) (betr. die impedimenta dirimentia, zu denen ja die Geschäftsunfähigkeit gehört). — Jagusch in LK § 52 Anm. 5 h.

[55] Zu der Frage, ob der gesetzliche Vertreter für den geschäftsunfähigen Mündel ein Verlöbnis abschließen kann, s. unten S. 136 ff.

ben, so daß die Anwendung der §§ 104 f. BGB auf keine praktischen Bedenken stößt[55]. Dieses Ergebnis spricht so für sich, daß wir uns ihm ohne weiteres anschließen können. Die Anerkennung eines Kinderverlöbnisses widerspricht den Vorstellungen unserer Kultur. Entsprechendes gilt für das Verlöbnis eines Geisteskranken, wie sich aus der hohen Auffassung von der Ehe ergibt, die auch dem vorbereitenden Verlöbnis ein besonderes sittliches Gepräge gibt. Der Geisteskranke kann keine Ehe eingehen (§ 2 EheG); aber auch wenn man einen möglichen späteren Wegfall der Geisteskrankheit in Betracht zieht, so würde diesem einzig denkbaren Geisteskrankenverlöbnis, das nicht schon auf Unmögliches gerichtet wäre, jene geistige Gemeinschaft fehlen, der das Gesetz in § 45 EheG eine so große Bedeutung beigemessen hat und die auch zur Sinnerfüllung des Brautstandes unerläßliche Voraussetzung ist. Dasselbe muß für die Behandlung des Verlöbnisses im Straf- und Prozeßrecht gelten, wo die sittliche Bedeutung noch mehr im Vordergrund steht.

II. Das Verlöbnis eines beschränkt Geschäftsfähigen

Für das Verlöbnis Minderjähriger und sonstiger in der Geschäftsfähigkeit beschränkter Personen ergeben sich dagegen folgende Zweifelsfragen:

(A) Bedarf das Verlöbnis eines beschränkt Geschäftsfähigen zu seiner Wirksamkeit der Zustimmung des gesetzlichen Vertreters, so wie es die §§ 106 ff. BGB für nicht lediglich vorteilhafte Verträge im allgemeinen und der § 3 Abs. 1 EheG für die Ehe im besonderen vorschreiben?

(B) Bedarf das Verlöbnis eines Minderjährigen außerdem noch der Zustimmung der sorgeberechtigten Eltern oder sonstiger Sorgeberechtigter, wenn diese nicht gleichzeitig die gesetzlichen Vertreter sind, so wie es § 3 Abs. 2 EheG für die Eheschließung vorschreibt?

(C) Ist für das gültige Verlöbnis eines Minderjährigen ein Mindestalter zu verlangen, so wie es § 1 EheG für die Ehe vorschreibt? Mit anderen Worten: Ist ähnlich der Ehemündigkeit auch eine besondere Verlöbnismündigkeit zu fordern?

Zu der eigentlichen Themafrage dieses Abschnitts gesellen sich also noch zwei Fragen, die zwar unmittelbar nichts mit der Anwendbarkeit der Vorschriften des Allgemeinen Teils zu tun haben, die sich aber in diesem Zusammenhang aus dem personenrechtlichen Charakter des Verlöbnisses und einem Vergleich mit dem Eheschließungsrecht ergeben und insofern auch für eine Anwendung der allgemeinen Vorschriften von Bedeutung sind, als sie zur Entwicklung vorrangiger Sondernormen für das Verlöbnis führen können, die dann auch vom Standpunkt der ersten Gruppe aus zu beachten wären.

Wenden wir uns nunmehr der ersten Frage zu:

A. Die Zustimmung des gesetzlichen Vertreters

1. Übersicht über den Meinungsstand

Der Meinungsstand zu dem Problem, ob der beschränkt Geschäftsfähige zu einem wirksamen Verlöbnis der Zustimmung seines gesetzlichen Vertreters bedarf, läßt sich aus der im 1. Kapitel gegebenen allgemeinen Übersicht nicht ablesen, und zwar aus zwei Gründen nicht. Erstens, weil innerhalb der dort gebildeten drei Meinungsgruppen Abweichungen hinsichtlich der Beurteilung von Einzelfragen bestehen, und zweitens, weil es noch verschiedene Literaturstimmen und Gerichtsentscheidungen gibt, die sich lediglich mit der uns jetzt beschäftigenden Frage auseinandersetzen und daher nicht in die allgemeine Übersicht einbezogen worden sind. Gleichwohl kann bei der Darstellung des Meinungsstandes an die oben gebildeten drei Gruppen angeknüpft werden. Dabei ist von der Überlegung auszugehen, daß man die Befürworter der Zustimmungsbedürftigkeit am ehesten in der ersten Gruppe und die Gegner einer solchen Meinung am ehesten unter den Vertretern der dritten Gruppe suchen würde. Für die zweite Gruppe läßt sich allerdings eine solche Typik nicht aufstellen.

Untersucht man die erste Gruppe auf „Außenseiter", d. h. auf diejenigen Autoren, die von den grundsätzlich für anwendbar erachteten Bestimmungen des Ersten Buches die §§ 106 ff. ausnehmen wollen, so findet sich nur Goldmann[56]. Alle anderen Vertreter der ersten Gruppe, insbesondere auch die Rechtsprechung in Zivilsachen[57], befürworten die Anwendung der §§ 106 ff. BGB. Dabei wich allerdings Beitzke in den Vorauflagen[58] in einem Punkte nicht unerheblich ab, indem er bei dem Verlöbnis eines Geschäftsbeschränkten ohne Zustimmung des gesetzlichen Vertreters in Analogie zu § 30 EheG (und damit über den § 109 Abs. 2 BGB hinaus) den anderen (nicht geschäftsbeschränkten) Teil für gebunden hielt. Diese Auffassung hat er jedoch nunmehr aufgegeben. Außenseiter ist schließlich noch Dniestrzanski[59], der zwar das Verlöbnis eines Minderjährigen ohne Zustimmung seines gesetzlichen Vertreters für unwirksam hält, gleichwohl aber beim Bruch dieses Verlöbnisses „unter Umständen" in „angemessener Anwendung der Vertragsgrundsätze" Schadensersatzansprüche geben will. Diese sollen im Umfang dem § 1298 BGB angepaßt sein und sich in Analogie zu § 828 Abs. 2 BGB auch gegen den minderjährigen Teil richten.

Die dritte Gruppe ist zwar einhellig in der Ablehnung der §§ 106 ff. BGB, in ihren Ergebnissen jedoch sehr gespalten. Daß das Verlöbnis eines beschränkt Geschäftsfähigen nicht der Zustimmung des gesetz-

[56] S. 432.

[57] So ausdrücklich RGZ 61, 267 (271 ff.); RG JW 1906, 9 Nr. 3; RG JW 1936, 863 Nr. 7; Kiel OLG 11, 276.

[58] Vgl. 9. Aufl., § 5 I 2.

[59] S. 137/138.

lichen Vertreters bedürfe, wird gelehrt von Dernburg[60], Frohnhausen[61], Hellmann[62], Kohler[63], Lehmann in der 1. Auflage[64], Matthiaß[65], Meisner[66], Nathan[67], Titze[68]. Auch Dietz[69] ist dieser Ansicht, jedoch mit der Einschränkung, daß der Geschäftsbeschränkte ein Widerrufsrecht habe, bei dessen Ausübung für ihn nicht die Folgen der §§ 1298 ff. BGB einträten. Demgegenüber nehmen Engelmann, A.[70], Fraenkel[71] und Luther (RvglHWB)[72] auf Grund der entsprechenden Regelung bei der Eheschließung (jetzt § 3 Abs. 1 EheG, früher § 1304 BGB) auch für das Verlöbnis Zustimmungsbedürftigkeit an. Bunsen[73], Landsberg[74] und Siebert (DtRWiss)[75] schließlich behandeln die spezielle Frage, um die es hier geht, nicht.

Von der zweiten Gruppe lehnen Lehmann (3. Aufl.)[76], Mitteis (Familienrecht)[77], Schnitzerling (StAZ)[78] und Zechnall[79] die Zustimmungsbedürftigkeit ab, Lehmann, Mitteis und Schnitzerling allerdings mit der Einschränkung, daß der in der Geschäftsfähigkeit beschränkte Teil ein Recht zur Aufhebung (Lossage)[80] bzw. zum Widerruf[81] habe, bei dessen Ausübung für ihn die Folgen der §§ 1298 ff. BGB nicht einträten. Demgegenüber will Eltzbacher[82] die §§ 106 ff. BGB anwenden. Dahm[83] und Siebert (Das Recht der Familie)[84] nehmen zu der Frage nicht Stellung.

---

60 § 7 II 3.
61 S. 7, 22—24.
62 S. 218 u. 221 l. Sp.
63 § 5 IV.
64 § 6 I (S. 26), II vor 1.
65 § 223 III.
66 S. 5 u. 7.
67 S. 85.
68 § 2 Nr. 5 (insbesondere S. 19).
69 § 13 I 2 a (S. 80) und b β.
70 § 244 (S. 636).
71 S. 2.
72 S. 200 (unter 2).
73 § 3.
74 § 218 I.
75 S. 210; Siebert sagt zwar, daß das Recht des Verlöbnisses unbekümmert um die §§ 104 ff. BGB aus dem Wesen des Verlöbnisses gefunden werden müsse, wobei er das Wesen besonders von der Ehe her bestimmen will. Praktische Konsequenzen bezüglich des Verlöbnisses eines beschränkt Geschäftsfähigen zieht er aber nicht. Am nächsten steht er der Auffassung Lehmanns (1. Aufl.).
76 § 6 II 2 b.
77 S. 19; s. auch denselben in RG-Praxis S. 186.
78 S. 186; s. auch denselben in ZblJugR S. 293 f.
79 S. 94.
80 So Lehmann a. a. O. und Schnitzerling a. a. O.
81 So Mitteis a. a. O.
82 S. 183.
83 § 42 IX 1.
84 S. 82 ff.

Das Bild des Meinungsstandes vervollständigen die folgenden Einzelstimmen zu der Frage des Verlöbnisses beschränkt geschäftsfähiger Personen. Während Enneccerus-Nipperdey[85], Gareis[86], RGZ 98, 13 (15), Hamburg OLG 8, 328 (329) und Colmar OLG 15, 395 das Verlöbnis den §§ 106 ff. BGB unterstellen, sprechen sich Boehmer[87], Eccius[88], Hellwig[89], Junghanns[90] und Spahn[91] gegen das Erfordernis der Zustimmung des gesetzlichen Vertreters aus, Spahn allerdings wieder mit der besonderen Maßgabe, daß die Folgen der §§ 1298 ff. BGB dann nur bei dem anderen (nicht in der Geschäftsfähigkeit beschränkten) Teil eintreten sollen. Die dem Geschäftsbeschränkten zustehenden Ersatzansprüche kann allerdings auch nach Junghanns und Spahn nur der gesetzliche Vertreter geltend machen. Des weiteren pflichtet Henle[92] der Kritik Titzes an der Anwendung der §§ 106 ff. BGB bei. Krüger[93] schließlich will der Ansicht derer, die die Zustimmung des gesetzlichen Vertreters nicht für erforderlich halten, oder der Ansicht von Beitzke in den Vorauflagen den Vorzug geben.

Zusammenfassend ist von den Ergebnissen her folgende Meinungsübersicht zu geben.

Die Zustimmung des gesetzlichen Vertreters halten für erforderlich:

Beitzke (10. Aufl.) § 5 I 2;
BGB-RGRK vor § 1297 Anm. 2;
Cosack § 31 II 2 (S. 78)[94];
Cramer S. 26 ff.;
Crome § 550 Nr. 1, Fußn. 5;
Dittenberger S. 88;
Donig S. 35;
Eggel in Achilles-Greiff § 1298 Anm. 1;
Eltzbacher S. 183;
Endemann § 151 a Nr. 2 b;
Engelmann, A. § 244 (S. 636);
Enneccerus-Nipperdey § 151 II 1 d mit Fußn. 10 (S. 932);
Enneccerus-Wolff § 5 III[95];
Erman-Seibert Vorb. 3 b vor § 1297;
Fraenkel S. 2;
Gareis § 107 Anm. 4;
Glaser S. 26 ff. (insbesondere S. 27/28);

---

85 § 151 II 1 d mit Fußn. 10 (S. 932).
86 § 107 Anm. 4.
87 MDR S. 707 und JZ S. 267.
88 S. 717 f.
89 § 5 II Fußn. 2 (S. 29).
90 S. 179/180.
91 S. 226 o.
92 S. 25/26.
93 In Krüger-Breetzke-Nowack E 287 (S. 197 f.).
94 Allerdings nicht ausdrücklich für diese spezielle Frage, sondern aus den dargelegten allgemeinen Grundsätzen folgend.
95 Allerdings mit Kritik de lege ferenda.

Goldmann-Lilienthal-Sternberg § 1 II 1;
Groeper S. 79;
Jacobi S. 19 Fußn. 16 a) a. E., S. 16 Fußn. 12 a) (S. 17)[96];
Krückmann § 84 IV (S. 643);
Kuhlenbeck Vorb. vor § 1297 (S. 343)[96];
Luther, Ehemündigkeit, S. 52 und RvglHWB. S. 200 (unter 2);
Manigk § 187 (S. 737 f.);
Mohr S. 55 ff.;
Müller-Meikel § 254 (S. 1);
Neumann § 1297 Note II 1;
Opet Vorb. 5 vor § 1297;
Palandt-Lauterbach Einf. 1 vor § 1297;
Planck-Unzner Vorb. 3 d vor § 1297 und § 1298 Anm. 7 a α;
Sasse S. 55 ff.;
Schmidt, A. B. Vorb. III 2 a vor § 1297;
Soergel-Vogel § 1297 Anm. 1;
Staudinger-Engelmann Vorb. III a vor § 1297;
Stutz S. 62;
außerdem die ständige Rechtsprechung zum zivilrechtlichen Verlöbnis[97]:
RGZ 61, 267 (271 ff.);
RG JW 1906, 9 Nr. 3 = Gruchot 50, 994;
RGZ 98, 13 (15);
RG JW 1936, 863 Nr. 7;
Stettin OLG 4, 353 (354);
Hamburg OLG 8, 328 (329);
Kiel OLG 11, 276;
Colmar OLG 15, 395 f.;

Die Meinung, daß ein beschränkt Geschäftsfähiger zum Abschluß eines wirksamen Verlöbnisses nicht der Zustimmung seines gesetzlichen Vertreters bedürfe, wird vertreten von:

Boehmer MDR S. 707 und JZ S. 267;
Dernburg § 7 II 3;
Eccius S. 717 f.;
Frohnhausen S. 7, 22-24;
Goldmann S. 432;
Hellmann S. 218 und 221 l. Sp.;

---

96 S. Fußn. 94.

97 Die von Krüger in Krüger-Breetzke-Nowack E 287 (S. 198) für die sog. Tatsächlichkeitstheorie angeführte Entscheidung des LG Koblenz (FamRZ 1957, 325) behandelt nicht nur nicht die Rechtsnatur des Verlöbnisses, wie Krüger selbst einräumt, sondern auch nicht die Voraussetzungen eines Verlöbnisses i. S. der §§ 1298 ff. BGB. Es geht in der Entscheidung lediglich um die Frage, ob der Vater ein von seiner minderjährigen Tochter unterhaltenes Verhältnis, dem ein Eheversprechen zugrunde liegt, aus § 1004, was den äußeren Umgang der „Verlobten" angeht, verbieten kann. Dagegen nimmt das Gericht mit keinem Wort dazu Stellung, ob dieses Verhältnis die Rechtsfolgen der §§ 1298 ff. BGB erzeugen und damit als gültiges zivilrechtliches Verlöbnis angesehen werden könnte. Das Zitat ist damit irreführend.

Hellwig § 5 II Fußn. 2 (S. 29);
Henle S. 25/26;
Junghanns S. 179/180;
Kohler § 5 IV;
Lehmann in der 1. Auflage § 6 I (S. 26), II vor 1;
Matthiaß § 223 III;
Meisner S. 5 und 7;
Nathan S. 85;
Titze § 2 Nr. 5 (insbesondere S. 19);
Zechnall S. 94.
Vom Ergebnis her kann auch noch hierzu gezählt werden:
Dniestrzanski S. 137/138.

Als Mittelmeinung mag schließlich die Auffassung bezeichnet werden, die für ein voll (d. h. für beide Teile) wirksames Verlöbnis geschäftsbeschränkter Personen die Zustimmung des gesetzlichen Vertreters verlangt, einem ohne diese Zustimmung geschlossenen Verlöbnis aber für den nicht in der Geschäftsfähigkeit beschränkten Teil die Wirkungen der §§ 1298 ff. BGB beigelegt. Dieser Ansicht sind:

Beitzke in den Vorauflagen § 5 I 2;
Dietz § 13 I 2 b β;
Lehmann in der 3. Auflage § 6 II 2 b;
Mitteis, Familienrecht, S. 19;
Schnitzerling StAZ S. 186;
Spahn S. 226 o.

Die Übersicht zeigt, daß die überwiegende Meinung das Verlöbnis beschränkt geschäftsfähiger Personen für zustimmungsbedürftig hält. Auffällig ist aber, daß gerade im jüngeren Schrifttum wieder stärker die Gegenstimmen laut werden[98], nachdem sie zuvor ihre stärkste Zeit kurz nach Inkrafttreten des BGB hatten[99].

Bei der Darstellung des Meinungsstreits zur Frage der Zustimmungsbedürftigkeit des Verlöbnisses ist schließlich noch auf die Behandlung einer verwandten Frage in Literatur und Rechtsprechung hinzuweisen, nämlich der Frage, ob ein beschränkt Geschäftsfähiger zum Rücktritt von einem gültig geschlossenen Verlöbnis der Zustimmung seines gesetzlichen Vertreters bedarf. Diese Frage hat zwar unmittelbar nichts mit dem Grundfragen-Komplex der Verlöbnisvoraussetzungen zu tun, ihre Behandlung in Theorie und Praxis kann aber zu Rückschlüssen auf die hier behandelte Frage Anlaß geben und ist daher kurz darzustellen.

---

[98] So nämlich Boehmer a. a. O.; Lehmann (3. Aufl.) a. a. O.; Mitteis, Familienrecht, a. a. O.; Schnitzerling a. a. O.

[99] Nämlich Dernburg a. a. O.; Dniestrzanski a. a. O.; Goldmann a. a. O.; Hellmann a. a. O.; Hellwig a. a. O.; Henle a. a. O.; Kohler a. a. O.; Matthiaß a. a. O.; Meisner a. a. O.; Nathan a. a. O.; Titze a. a. O.

Unter den Stimmen, die die Eingehung des Verlöbnisses durch einen Geschäftsbeschränkten für zustimmungsbedürftig halten, finden sich nur zwei Autoren, die auch den Rücktritt vom Verlöbnis seitens eines beschränkt Geschäftsfähigen von der Zustimmung des gesetzlichen Vertreters abhängig machen wollen, und zwar gemäß § 111 BGB von der vorausgehenden Einwilligung. Es sind dies:

Enneccerus-Wolff § 6 III mit Fußn. 3;
Staudinger-Engelmann Vorb. V c vor § 1297.

Alle übrigen Vertreter der Zustimmungsbedürftigkeit des Verlöbnisses halten, soweit sie auch zu dieser Frage Stellung nehmen, beim Rücktritt vom Verlöbnis eine Zustimmung des gesetzlichen Vertreters nicht für erforderlich[100].

Diese Ansicht teilen natürlich erst recht diejenigen Autoren, die schon bei der Eingehung des Verlöbnisses auf die Zustimmung des gesetzlichen Vertreters verzichten wollen[101], wie auch die Vertreter der Mittelmeinung[102]. Einige von ihnen benutzen die Behandlung des Rücktritts geschäftsbeschränkter Personen gerade als ein Argument gegen die herrschende Auffassung, indem sie dieser wegen der ungleichen Beurteilung von Verlobung und Rücktritt den Vorwurf der Inkonsequenz machen[103].

Was schließlich das Straf- und Prozeßrecht anlangt, so gehört das Verlöbnis Minderjähriger und sonstiger beschränkt geschäftsfähiger Personen zu den Fällen, in denen, vom Standpunkt der Rechtsprechung und überwiegenden Meinung aus gesehen, der Dualismus seine praktischen Wirkungen entfaltet. Im Straf- und Prozeßrecht wird nämlich einhellig die Zustimmung des gesetzlichen Vertreters nicht gefordert[104].

---

[100] So BGB-RGRK § 1298 Anm. 1; Dittenberger S. 126 f.; Eggel in Achilles-Greiff § 1298 Anm. 2; Enneccerus-Nipperdey § 151 II d, Fußn. 10 (S. 932/933); Erman-Seibert Vorb. 3 vor § 1297 und § 1298 Anm. 2; Glaser S. 31; Goldmann-Lilienthal-Sternberg § 2 II Fußn. 6 (S. 11); Luther RvglHWB S. 205 l. Sp.; Mohr S. 71; Neumann § 1298 Note I 2 b; Palandt-Lauterbach § 1298 Anm. 1; Planck-Unzner § 1298 Anm. 13; Schmidt, A. B. Vorb. IV 6 vor § 1297; Soergel-Vogel § 1298 Anm. 1.

Ebenso die Rechtsprechung zum zivilrechtlichen Verlöbnis: RGZ 98, 13 (15); KG OLG 15, 397.

[101] Vgl. Junghanns S. 180; Zechnall S. 95.

[102] Vgl. Beitzke (9. Aufl.) § 5 III vor 1; Dietz § 13 I 2 b β a. E. und II 1; Lehmann (3. Aufl.) § 6 II 2 b und III 2 vor a; Mitteis RG-Praxis S. 186.

[103] So Junghanns S. 180; Mitteis RG-Praxis S. 186; Zechnall S. 95.

[104] Für das Strafrecht: RGSt 38, 242 (244); BGH LM § 222 StGB Nr. 25; Jagusch in LK § 52 Anm. 5 h; Schönke-Schröder § 52 Anm. VII 8; Schwarz-Dreher § 52 Anm. 5 E.

Für das Strafprozeßrecht: Tillmann in Löwe-Rosenberg § 52 Anm. 3 a; Peters, K. § 42 III 2 c, aa, α; Schmidt, Eb. § 52 Anm. 12.

Für das Zivilprozeßrecht: Stein-Jonas-Schönke-Pohle § 383 Anm. II. Wieczorek § 383 Anm. C II b 1, der dies nur für den Fall gelten lassen will, daß

Als Ergebnis der Meinungsübersicht kann festgehalten werden, daß die herrschende Auffassung — nämlich die gesamte Rechtsprechung und das überwiegende Schrifttum — für den Abschluß des bürgerlich-rechtlichen Verlöbnisses durch einen beschränkt Geschäftsfähigen die Zustimmung des gesetzlichen Vertreters verlangt, nicht jedoch für den Rücktritt von einem solchen Verlöbnis sowie für die Eingehung eines im Straf- und Prozeßrecht zu beachtenden Verlöbnisses.

2. Behandlung im früheren, im kanonischen und im ausländischen Recht

Wegen der besonderen Bedeutung der uns gegenwärtig beschäftigenden Frage sei ein kurzer Vergleich mit anderen Rechtsordnungen angestellt.

a) Früheres Recht

Von dem früheren Recht sollen uns drei Rechtsepochen interessieren, nämlich die des römischen, germanischen und mittelalterlich-kanonischen Rechts. Bezüglich der weiteren Epoche des gemeinen Rechts konnte bereits im 1. Kapitel[105] eine für alle Fragen dieses Kapitels einheitliche Darstellung gegeben werden.

(1) Das Verlöbnis des klassischen römischen Rechts (sponsalia), das im Gegensatz zur vorklassischen Zeit der Stipulation bereits ein von den Brautleuten selbst geschlossener Vertrag war[106], war in gleichem Maße wie die Ehe von der Zustimmung der Gewalthaber abhängig[107].

(2) Die germanische Verlobung (desponsatio) bildete als notwendiger Bestandteil mit dem weiteren Akt der Trauung (traditio puellae) die germanische Eheschließung. Bei dieser germanischen (Sippen-) Vertragsehe wurde die Braut erst sehr spät Vertragspartei, und zwar im Mittelalter, wo zuerst die Witwen das Selbstverlobungsrecht bekamen[108]. Nachdem so die germanische Verlobung zum Schluß ein Vertrag der Brautleute geworden war, erforderte auch sie die Zustimmung des Muntwalts der Braut[109].

(3) Dieses germanische Eherecht wurde aber bald durch das mittelalterliche kanonische Recht verdrängt, indem die kirchliche Ehegerichtsbarkeit über die weltliche siegte[110]. Damit wurde aus dem Verlöb-

---

der gesetzliche Vertreter die Genehmigung nicht verweigert hat, läßt seine Außenseiterstellung weder erkennen, noch begründet er sie. Er verweist vielmehr auf das Urteil RGZ 61, 267 (270 ff.), das aber die Frage des Verlöbnisses im Zivilprozeß nicht behandelt und nicht einmal sein Ergebnis stützt.

105 Oben S. 12/13.

106 Vgl. Jörs-Kunkel § 174.

107 Paulus Dig. 23, 1, 7: „In sponsalibus etiam consensus eorum exigendus est, quorum in nuptiis desideratur".

108 Vgl. Mitteis, Deutsches Privatrecht, Kap. 16 II 2.

109 Vgl. Enneccerus-Wolff § 3 II (S. 16); Haff § 2 III 1 a (S. 12); Heusler S. 286.

110 Vgl. Enneccerus-Wolff § 3 III; Luther RvglHWB S. 194 (unter III 1 a).

nis im Gegensatz zur germanischen Verlobung (desponsatio) und in Übereinstimmung mit dem römischen Recht wieder ein selbständiger Vertrag, der nicht notwendiger Bestandteil der Eheschließung war (sponsalia de futuro im Gegensatz zur Eheschließung = sponsalia de praesenti). Diese sponsalia de futuro waren daher wie die sponsalia de praesenti ein Vertrag der Brautleute selbst. Er unterschied sich von der Eheschließung nur noch durch das Tempus, in dem der Ehelichungswille erklärt wurde[111], und bedurfte wie diese der Zustimmung der Eltern und Vormünder[112].

b) Kanonisches Recht

Anders das heutige kanonische Recht. Der Codex Juris Canonici von 1917 gibt, abgesehen von der Formvorschrift des can. 1017, keine weiteren Bestimmungen über die Voraussetzungen eines gültigen Verlöbnisses. Die Lehre steht auf dem Standpunkt, daß das Verlöbnis (sponsalitia[113] oder sponsalia[114]) ein Vertrag[115] ist, der dem allgemeinen Vertragsrecht untersteht[116]. Bezüglich unserer Frage weist aber das kanonische Recht eine Besonderheit auf. Es kennt weder eine allgemeine Vorschrift über die Zustimmungsbedürftigkeit von Rechtsgeschäften beschränkt geschäftsfähiger Personen, noch erfordert es für die Eheschließung Minderjähriger die Zustimmung des gesetzlichen Vertreters. Das kanonische Eherecht enthält lediglich eine Vorschrift für den Pfarrer, minderjährige Nupturienten zu ermahnen, nicht ohne oder gegen den vernünftigen Willen ihrer Eltern zu heiraten (can. 1034). Wird diese Mahnung nicht befolgt, so hat er vor der Eheschließung den Ortsordinarius zu konsultieren (can. 1034). Dieser kann dann bei wichtigem Grund, also nur bei vernünftigem Widerspruch der Eltern[117], ein befristetes Eheverbot für den Einzelfall erlassen (can. 1039). Der Mangel der elterlichen Zustimmung bildet also für sich allein kein Ehehindernis. Aus alledem folgt, daß sich nach kanonischem Recht Minderjährige ohne Zustimmung ihrer gesetzlichen Vertreter verloben können[118], sofern sie die notwendige Kenntnis über das Wesen der Ehe haben (vgl. can. 1082)[119].

---

[111] Diese Unterscheidung von Verlobung und Eheschließung nach dem Versprechen de futuro oder de praesenti stammt von dem Scholastiker Petrus Lombardus (gest. 1160 als Bischof von Paris) (vgl. Stutz S. 86).

[112] Vgl. für die Eheschließung Mitteis, Deutsches Privatrecht, Kap. 16 III 1 und für die Verlobung Dittenberger S. 7 u.

[113] So die Bezeichnung in can. 1017 § 1.

[114] So die Bezeichnung in den meisten Darstellungen des Kirchenrechts.

[115] Ebers § 129 Nr. 1; Eichmann-Mörsdorf § 134 I 2 vor a; Hanstein § 7 I 2; Holböck S. 617 o.; Müssener S. 135.

[116] Eichmann-Mörsdorf § 134 II.

[117] Vgl. Jone Anm. zu can. 1034.

[118] Holböck S. 618.

[119] Hanstein § 7 II 1 a.

c) Ausländisches Recht

Von den fremden Rechten, die das Verlöbnis als Rechtsinstitut kennen, schreiben viele die Zustimmung des gesetzlichen Vertreters oder der Eltern für beschränkt geschäftsfähige Personen gesetzlich vor. Dies ist in folgenden Ländern der Fall:

Dänemark (§ 3 EheG[120]),
Finnland (§ 6 Abs. 2 EheG[121]),
Island (§ 4 EheG[122]),
Italien (Art. 81 Abs. 1 Cc[123]),
Mexiko (Art. 141 Cc[124]),
Peru (Art. 76 BGB[125]),
Schweden (§ 4 EheG[126]),
Schweiz (Art. 90 Abs. 2 ZGB[127]),
Spanien (Art. 44 Cc[128]),
Türkei (Art. 82 Abs. 2 BGB[129]).

In Großbritanien, Irland und den USA tritt an die Stelle einer gesetzlichen Regelung das durch Gewohnheit entwickelte Common Law. Dieses nimmt ebenfalls die Zustimmungsbedürftigkeit des Verlöbnisses an, indem es die allgemeinen Vertragsbestimmungen zugrunde legt[130]. In Griechenland (Art. 1346 ff. BGB[131]) und Österreich (§§ 45 f. ABGB[132]) hat das Verlöbnis — wie im deutschen Recht — eine gesetzliche Regelung erfahren, die über die Voraussetzungen nichts bestimmt[133].

---

[120] Gesetz über die Eingehung und Auflösung der Ehe vom 30. 6. 1922 in der Fassung der Novellen vom 13. 4. 1938 und 15. 3. 1939 (zitiert nach Bergmann D 1 S. 11).

[121] Ehegesetz vom 13. 6. 1929 (zitiert nach Bergmann F 2 S. 14).

[122] Gesetz über Eheschließung und Ehescheidung Nr. 39 vom 27. 6. 1921 (zitiert nach Bergmann I 4 S. 5).

[123] Codice civile vom 16. 3. 1942 (zitiert nach Bergmann I 1 S. 12).

[124] Nuevo Código Civil vom 30. 8. 1928 (zitiert nach Bergmann M 1 S. 12).

[125] Bürgerliches Gesetzbuch vom 30. 8. 1936 (zitiert nach Bergmann P 1 S. 4).

[126] Ehegesetz vom 11. 6. 1920 (zitiert nach Bergmann „Schweden“ S. 13).

[127] Zivilgesetzbuch vom 10. 12. 1907 (zitiert nach Bergmann S 3 S. 17).

[128] Código civil vom 24. 7. 1889 (zitiert nach Bergmann S 1 S. 4, wo allerdings der Art. 44 nicht abgedruckt ist; vgl. insoweit Simitis S. 381).

[129] Bürgerliches Gesetzbuch vom 17. 2. 1926 (zitiert nach Bergmann T 2 S. 9).

[130] Luther RvglHWB S. 199 (unter 3) und 200/201; derselbe FamRZ S. 476; Bergmann G 1 S. 15 und I 3 S. 12.

[131] Bürgerliches Gesetzbuch vom 15. 3. 1940 (zitiert nach Bergmann G 2 S. 9).

[132] Allgemeines Bürgerliches Gesetzbuch vom 1. 7. 1811 (zitiert nach Bergmann O 1 S. 23 Fußn. 2).

[133] Über den vergleichbaren Meinungsstreit in Österreich s. Dniestrzanski S. 132 bis 138, der die Streitfragen für das österreichische und deutsche Recht zugleich erörtert.

In den übrigen Rechtsordnungen kann ein Verlöbnis im Falle des Verlöbnisbruchs nur unter dem Gesichtspunkt einer unerlaubten Handlung rechtliche Bedeutung erlangen[134]. Für den Bruch ist dann nur Deliktsfähigkeit erforderlich, und für die Begründung kommt es auf eine Zustimmung des gesetzlichen Vertreters nicht an[135].

Zusammenfassend ist festzustellen, daß auch andere Rechtsordnungen, soweit sie das Verlöbnis als besonderes Rechtsinstitut kennen, seine Eingehung durch geschäftsbeschränkte Personen überwiegend von der Zustimmung des gesetzlichen Vertreters abhängig machen. Die abweichende Rechtslage nach kanonischem Recht ist für einen Vergleich ungeeignet, weil der Codex keine Vorschriften enthält, die den §§ 107 ff. BGB und dem § 3 Abs. 1 EheG entsprechen.

3. Behandlung in den gesetzgeberischen Vorarbeiten

Es wurde bereits im 1. Kapitel[136] festgestellt, daß die Materialien des BGB für die Untersuchung des gesamten Fragenkomplexes keine Stütze bieten. Sie enthalten jedoch einige Vorgänge, die speziell die Frage des Verlöbnisses Minderjähriger betreffen und daher in diesem Zusammenhang Beachtung verdienen.

Im Rahmen der gutachtlichen Äußerungen zum ersten Entwurf wird die Frage von Bähr, von Scheurl und Zitelmann aufgeworfen[137]. Dabei fordert von Scheurl im Hinblick auf die gemeinrechtliche Regelung, die mit der Volkssitte in Einklang gestanden habe, die Bestimmung eines Mindestalters sowie der Einwilligung der Eltern und ihrer Vertreter. Zitelmann vemißt eine eigene Bestimmung über die Verfügungsfähigkeit (Geschäftsfähigkeit).

Bei der zweiten Lesung des Entwurfs lag dann der Kommission ein Antrag vor, als § 1228b folgende Vorschrift aufzunehmen[138]:

> „Der im §. 1228 bestimmte Anspruch findet nur statt, wenn das Verlöbniß unter Zustimmung derjenigen Personen eingegangen ist, deren Einwilligung zur Eheschließung erforderlich ist, . . .[139]"

Der Antrag wurde in der Erwägung abgelehnt, bezüglich der Zustimmung des gesetzlichen Vertreters ergebe sich die Entscheidung schon aus den allgemeinen Vorschriften, wenn man in dem Verlöbnis ein Rechtsgeschäft sehe. Dies bedürfe jedoch keiner gesetzlichen Entscheidung. Für die Rechtsgeschäftsnatur spreche die Tatsache, daß das Verlöbnis nach den §§ 1227 f.[140] unter Umständen vermögensrechtliche Folgen habe. Was aber

---

[134] So z. B. in Frankreich, vgl. Luther RvglHWB S. 198.
[135] Vgl. Luther RvglHWB S. 200 (unter 2).
[136] Oben S. 13.
[137] Zus. d. gutachtl. Äuß. IV S. 15.
[138] Prot. IV S. 9.
[139] Das Weitere betraf eine Formvorschrift.
[140] Jetzt §§ 1297 ff. BGB.

die Zustimmung der Eltern angehe, so bilde ihr Fehlen ohnehin einen wichtigen Grund zum Rücktritt.

In der Reichstags-Kommission wurde schließlich vorgeschlagen, in den Entwurf III (Reichstagsvorlage) als § 1280a folgende Vorschrift einzuschalten[141]:

> „Das Verlöbniß, welches ein Geschäftsunfähiger oder ein Eheunmündiger abschließt, begründet die in den §§. 1281 bis 1284 bestimmten Ansprüche nicht. Das von einem ehemündigen Minderjährigen abgeschlossene Verlöbniß bedarf, um diese Ansprüche zu begründen, der Einwilligung des gesetzlichen Vertreters."

Der Antrag wurde abgelehnt. Als Begründung wurde unter anderem angeführt, daß sich das Erfordernis der Geschäftsfähigkeit schon aus den allgemeinen Vorschriften über Willenserklärungen ergebe und Eheunmündigkeit wie auch Minderjährigkeit in der Regel wichtige Gründe zum Rücktritt seien.

Diese mehrfachen Initiativen in den gesetzgeberischen Vorarbeiten deuten darauf hin, daß von Anfang an eine starke Meinung für die Zustimmungsbedürftigkeit des Verlöbnisses beschränkt geschäftsfähiger Personen bestanden hat. Zudem ist bei der Erörterung der Anträge keine Stimme dafür verzeichnet, auch einen konsenslos verlobten Minderjährigen mit den Ansprüchen der jetzigen §§ 1298 ff. BGB zu belasten. Soweit nicht von der Zustimmungsbedürftigkeit eines solchen Verlöbnisses ausgegangen wurde, ist nur auf das Entfallen der Ansprüche wegen wichtigen Grundes hingewiesen worden.

Das legt allerdings die Frage nach der praktischen Bedeutsamkeit unserer Streitfrage nahe.

4. Praktische Bedeutung

In Literatur[142] und Rechtsprechung[143] ist in der Tat die Auffassung vertreten worden, die Streitfrage könne im Ergebnis auf sich beruhen, weil die fehlende Zustimmung des gesetzlichen Vertreters immer einen wichtigen Grund zum Rücktritt bilde, so daß es so oder so zu keiner Haftung komme. Diese Ansicht hat berechtigten Widerspruch gefunden[144]. Die unterschiedlichen Ergebnisse zwischen den einzelnen Meinungsgruppen und innerhalb der einzelnen Meinungsgruppen sowie das Entstehen einer Mittelmeinung, die gewisse Ergebnisse der beiden gegensätzlichen Auf-

---

[141] Bericht S. 78.

[142] Planck-Unzner Vorb. 1 vor § 1297 (S. 9) und § 1298 Anm. 7 a α; Schmidt, A. B. Vorb. II 3 vor § 1297 und § 1298 Anm. 6 b.

[143] RGZ 61, 267 (272).

[144] So von Endemann § 151 a Fußn. 12 (S. 49 o.); Hellmann S. 218/219; Lehmann (1. Aufl.) § 6 I (S. 26) unter zutreffendem Hinweis auf RGZ 58, 248 (254); Nathan S. 79 ff. (insbesondere S. 81 ff.).

fassungen vermeiden will, sprechen schon dagegen. Sie lassen sich nicht auf unterschiedliche Beurteilungen der Rücktrittsberechtigung zurückführen. Das hieße, das Problem verfälschen. Die Vertreter der oben genannten Auffassung, daß das Fehlen der Zustimmung stets ein Rücktrittsgrund sei[145], sind nämlich mit ihrer Ansicht allein geblieben. Die Gegner der herrschenden Auffassung[146] wie auch die Vertreter der Mittelmeinung[147] sind sämtlich anderer Ansicht[148]. Das ist von ihrem Standpunkt aus, wonach ein Minderjähriger im einzelnen Falle die genügende Reife zu selbständiger Verlobung besitzen kann, auch folgerichtig. Aber auch die herrschende Auffassung kann jedenfalls dem volljährigen Verlobten ein Rücktrittsrecht wegen fehlender Zustimmung zu der Erklärung des minderjährigen Partners im Hinblick auf § 109 Abs. 2 BGB[149] nicht ohne weiteres zubilligen. Es ist demnach nicht eine falsche Beurteilung der Rücktrittsgründe, sondern die Grundfrage nach der Zustimmungsbedürftigkeit des Verlöbnisses Geschäftsbeschränkter, von der die unterschiedlichen praktischen Ergebnisse abhängen. Sie bedarf nun der Erörterung und Entscheidung.

5. Sachliche Erörterung

Im Streit um die Zustimmungsbedürftigkeit des Verlöbnisses beschränkt geschäftsfähiger Personen ist eine Fülle von Argumenten vorgebracht worden, die nun auf ihre Schlüssigkeit und Überzeugungskraft hin untersucht werden sollen.

a) Das Argument der rechtsgeschäftlichen oder nur tatsächlichen Natur des Verlöbnisses

In den meisten Begründungsversuchen wird mit der Rechtsnatur des Verlöbnisses als eines rechtsgeschäftlichen Vertrages oder eines lediglich tatsächlichen (sozialen) Vertrages argumentiert. Die Verfechter der Zustimmungsbedürftigkeit führen dann zur Begründung an, als Rechtsgeschäft unterstehe das Verlöbnis den Vorschriften im Dritten Abschnitt des Allgemeinen Teils und bedürfe somit als nicht lediglich vorteilhaftes Geschäft gemäß §§ 107, 108 BGB der Zustimmung des gesetzlichen Vertreters[150].

---

[145] Daß dies auf Grund besonderer Umstände im Einzelfall so sein kann, bedarf keiner Erörterung.

[146] Vgl. Hellmann, Lehmann (1. Aufl.) und Nathan a. a. O.

[147] Vgl. Lehmann (3. Aufl.) § 6 II 2 b a. E.; Schnitzerling S. 186 mit Fußn. 9.

[148] Soweit sie nicht wie die vorgenannten Autoren ausdrücklich dazu Stellung nehmen, folgt dies einfach daraus, daß sie dem konsenslos verlobten Minderjährigen die Ansprüche der §§ 1298 ff. BGB geben wollen.

[149] Vgl. hierzu die Ausführungen unter S. 37 ff.

[150] So BGB-RGRK a. a. O.; Eggel in Achilles-Greiff a. a. O.; Eltzbacher a. a. O.; Endemann a. a. O. und Fußn. 12 (S. 48); Gareis a. a. O.; Kuhlenbeck

Entsprechend folgern die Vertreter der Gegenmeinung: das Verlöbnis sei nur ein Vorgang des tatsächlichen oder gesellschaftlichen Lebens und unterstehe somit nicht den nur für Rechtsgeschäfte geltenden §§ 106 ff. BGB[151]. Wären diese Argumentationen zwingend und käme es auf sie entscheidend an, so müßten wir die Beantwortung der Frage nach der Zustimmungsbedürftigkeit des Verlöbnisses geschäftsbeschränkter Personen zurückstellen; denn wir haben die Frage nach der Rechtsnatur des Verlöbnisses an den Schluß unserer Untersuchung gerückt.

Tatsächlich sind aber gegen diese Begründungsversuche mit Recht jene Bedenken erhoben worden[152], die uns bewogen haben, den (induktiven) Weg von den Einzelfragen zur Rechtsnatur des Verlöbnisses zu gehen und nicht den umgekehrten[153]. Gerade das Unbefriedigende dieser im Verlöbnisrecht so häufig anzutreffenden „Beweisführung" nach den Methoden der Begriffsjurisprudenz hat den Streit über die uns hier beschäftigende Grundfrage nicht zur Ruhe kommen lassen. Aber auch das Problem der Rechtsnatur würde auf dem umgekehrten Wege eher zu einer befriedigenden Lösung gelangen können, wenn diese auf den anderweitig gesicherten Ergebnissen der Einzelfragen aufbauen könnte, statt deren Klärung zu dienen[154].

Selbst wenn sich jedoch die Rechtsnatur des Verlöbnisses a priori mit Sicherheit bestimmen ließe, so wäre damit die Frage nach der Zustimmungsbedürftigkeit des Verlöbnisses beschränkt geschäftsfähiger Personen noch nicht zufriedenstellend beantwortet. Es stände dann nämlich nur die grundsätzliche Anwendbarkeit oder Nicht-Anwendbarkeit der Vorschriften des Allgemeinen Teils fest. Einer Prüfung der Einzelfrage unter anderen Gesichtspunkten wären wir damit nicht enthoben. Haben wir doch oben[155] gesehen, daß auch die Verfechter der unmittelbaren Geltung des Allgemeinen Teils dessen Vorschriften nicht schematisch, sondern, der besonderen Natur des Verlöbnisses angepaßt, möglicherweise mit Abweichungen[156] anwenden. Umgekehrt hindert den Anhänger der sogenannten

---

a. a. O.; Luther, Ehemündigkeit, a. a. O.; Manigk a. a. O.; Neumann a. a. O.; Planck-Unzner a. a. O.; Schmidt, A. B. Vorb. III 2 vor § 1297; Staudinger-Engelmann a. a. O.

(Der angeführte Ort findet sich jeweils in der Übersicht auf S. 19 f.).

Ebenso RG JW 1906, 9 Nr. 3 = Gruchot 50, 994; RG JW 1936, 863 Nr. 7; Kiel OLG 11, 276.

[151] So Henle a. a. O.; Junghanns S. 177—179; Kohler a. a. O.; Zechnall a. a. O.

(Der angeführte Ort findet sich jeweils auf S. 20 f.).

[152] S. die Zitate in Fußn. 23.

[153] S. oben S. 6.

[154] In diesem Sinne trifft der von Hellmann S. 218 gegen die geschilderte erste Art der Argumentation erhobene Vorwurf der petitio principii etwas Richtiges.

[155] S. 8.

[156] So z. B. Goldmann S. 432 bezüglich der §§ 107 ff. BGB.

Tatsächlichkeitstheorie nichts, aus der Natur der Sache und einer Bewertung der gesellschaftlichen Vorstellungen im Einzelfall zu Ergebnissen zu kommen, die der Regelung des Allgemeinen Teils entsprechen[157].

Es bleibt also festzustellen, daß wir mit den auf die Rechtsnatur des Verlöbnisses gestützten Begründungsversuchen, die übrigens vorwiegend bei den Vertretern der herrschenden Auffassung von der Zustimmungsbedürftigkeit anzutreffen sind, nicht zu einer befriedigenden Klärung unserer Streitfrage kommen.

b) Das Argument des Minderjährigenschutzes

Es liegt nun nahe, die Lösung auf völlig entgegengesetzte Weise zu versuchen, nämlich unter Verzicht auf alle rechtssystematischen Erwägungen rein vom Ergebnis her[158]. Die Schlüsselfrage zur Problemlösung lautet dann: Welches Ergebnis ist am gerechtesten, am billigsten, am vernünftigsten, am gesundesten, am zweckmäßigsten?

Es fällt auf, daß sich diese Fragestellung vorzugsweise bei jenen Autoren findet, die die Zustimmung des gesetzlichen Vertreters überhaupt für entbehrlich halten[159] oder jedenfalls dem geschäftsbeschränkten Teil auch ohne diese Zustimmung die Ansprüche der §§ 1298 ff. BGB geben wollen[160]. Diese Schriftsteller werfen der herrschenden Ansicht vor, sie versage dem minderjährigen Verlobten den Schutz der §§ 1298 ff. BGB, insbesondere der minderjährigen Braut den Schutz des § 1300 BGB, und geben diesem Ergebnis eine Wertung, die von bedenklich und unbefriedigend über mißlich, unverträglich, zweckwidrig, unbillig und unvernünftig bis zu unhaltbar und unannehmbar reicht[161]. Die Ausstattung des minderjährigen Verlobten, dessen gesetzlicher Vertreter der Verlobung nicht zugestimmt hat, mit den Ansprüchen der §§ 1298 ff. BGB ist demnach der „gewünschte

---

[157] Vgl. z. B. Jacobi S. 16 ff. mit Fußn. 12 a) und 16 a), der als Vertreter der Tatsächlichkeitstheorie alle Vorschriften des Allgemeinen Teils anwendet.

[158] Diesen Weg hat mit besonderer methodischer Deutlichkeit Lehmann in der 1. Auflage (S. 26) in Konsequenz seiner Kritik an den oben (unter 5 a) dargestellten Lösungsversuchen eingeschlagen.

[159] Vgl. Boehmer JZ S. 267, der von unannehmbaren Folgen und gewünschtem Effekt spricht; Hellmann S. 218 r. Sp. und 221 r. Sp., der von mißlichen und unerträglichen Ergebnissen spricht; Lehmann (1. Aufl.) S. 26, der von gesunden und unbefriedigenden Ergebnissen spricht; Meisner S. 5, der von überaus bedenklichen und praktisch unhaltbaren Ergebnissen spricht; Nathan S. 85, der von Konsequenzen spricht, die nach dem gesunden Menschenverstand offenbar unvernünftig und unbillig seien; Titze S. 18/19, der von Konsequenzen spricht, denen zufolge das Gesetzbuch da versage, wo sein Schutz am nötigsten sei.

[160] Vgl. Lehmann (3. Aufl.) § 6 I, der von den zweckwidrigen Ergebnissen einerseits (S. 26) und den gesundesten Ergebnissen andererseits (S. 26/27) spricht; Mitteis, Familienrecht, S. 19, der von unhaltbaren Ergebnissen spricht.

[161] Vgl. Fußn. 159 und Fußn. 160.

Effekt"[162] und der Minderjährigenschutz das Argument jener von der herrschenden Auffassung abweichenden Meinungen.

Was ist von diesem Argument zu halten?

Abgesehen von der Frage, ob das Ergebnis überhaupt so wünschenswert ist, ob also wirklich ein so großes Bedürfnis besteht, auch dem konsenslos verlobten Minderjährigen die Ansprüche aus den §§ 1298 ff. BGB zu geben, ist zunächst einmal folgendes festzustellen: Das Ergebnis einer Besserstellung des minderjährigen Verlobten im Vergleich zur herrschenden Auffassung wird von der Gegenmeinung, die ohne die Zustimmung des gesetzlichen Vertreters ein voll (d. h. für beide Teile) wirksames Verlöbnis entstehen lassen will, gar nicht erreicht. In dem gleichen Maße nämlich, in dem sie die Stellung des minderjährigen Verlobten verbessert (durch Gewährung der Ansprüche aus den §§1298 ff. BGB), verschlechtert sie seine Rechtslage dadurch, daß der Minderjährige nun auch umgekehrt mit den Ansprüchen aus den §§ 1298 ff. BGB belastet wird. Man kann also getrost sagen, daß das Argument des Minderjährigenschutzes bei den Vertretern dieser Auffassung fehl am Platze ist.

Ja, es ist sogar ein irreführendes Argument, insofern viele Anhänger dieser Meinung nur von dem grundlos verlassenen minderjährigen Verlobten reden, dem unbilligerweise die Ansprüche der §§ 1298 ff. versagt würden[163], ohne gleichzeitig auch den ebenso praktischen Fall zu erwähnen und an ihrem Rechtsgefühl zu messen, daß der minderjährige Teil das Verlöbnis grundlos löst und sich dann nach ihrer Ansicht vermögensrechtlichen Ansprüchen ausgesetzt sehen müßte, die mitunter recht erheblich sein und gerade einen im Aufbau seiner Lebensstellung begriffenen Minderjährigen besonders empfindlich treffen können[164]. Das Argument des Minderjährigenschutzes entpuppt sich somit als ein Lockvogel im Schaufenster jener Meinungsgruppe, der über die gleichzeitig erkauften Nachteile dieser Auffassung für den Minderjährigen hinwegtäuscht.

Der Eindruck einseitiger Polemik wird zudem noch dadurch verstärkt, daß in den von Vertretern dieser Meinungsgruppe angeführten Beispielen unverständige und halsstarrige, ja bösartige Väter und Vormünder die Zustimmung zur Verlobung verweigern[165]. Mit Recht stellt daher Glaser[166] dem das Beispiel des gutmeinenden Vaters und der unerfahrenen minderjährigen Tochter, die später ihr Verlöbnis bricht, gegenüber, das ebenso für

[162] Boehmer JZ S. 267.

[163] So Hellmann S. 218 f.; Junghanns S. 180; Lehmann (1. Aufl.) S. 26; Meisner S. 5; Nathan S. 85; Titze S. 18/19.

[164] Darauf, daß diese Meinung folgerichtig den Minderjährigen mit Ersatzpflichten belasten muß, weist auch Beitzke § 5 I 2 (S. 16 u.) kritisch hin.

[165] So bei Hellmann S. 219 l. Sp. und Nathan S. 85. — (Bei vernünftig begründeter Genehmigungsverweigerung könnte nämlich der andere Teil einen Rücktrittsgrund haben, und dann hätte die Wirksamkeit des nicht genehmigten Verlöbnisses unter Umständen keinen praktischen Wert!)

[166] S. 51.

seine Auffassung von der Zustimmungsbedürftigkeit spricht wie das Hellmannsche Beispiel für dessen Auffassung, was auch Glaser zugibt.

Es zeigt sich also bei genauerer und objektiver Betrachtung, daß sich die beiden konsequenten Auffassungen von der Zustimmungsbedürftigkeit und der Zustimmungsfreiheit des Verlöbnisses geschäftsbeschränkter Personen vom Standpunkt des Minderjährigenschutzes aus gegenseitig nichts vorzuwerfen haben. Welche Auffassung dem Minderjährigen günstiger ist, hängt ganz vom jeweiligen Fall ab, wobei sich das Rechtsgefühl oder, besser gesagt, das Billigkeitsgefühl noch davon beeinflussen läßt, ob der gesetzliche Vertreter seine Zustimmung aus „Halsstarrigkeit" verweigert oder, weil er es gut meint.

Nun könnte sich allerdings jene Auffassung, nach der konsenslose Verlobungen beschränkt geschäftsfähiger Personen voll wirksam sind, dann noch des besseren Minderjährigenschutzes rühmen, wenn die Fälle, in denen Minderjährige mit Ansprüchen aus den §§ 1298 ff. BGB belastet würden, gegenüber den Fällen, in denen ihnen die entsprechenden Ansprüche zuständen, verschwindend gering wären. Aber eine solche Feststellung läßt sich nicht treffen. Schon Glaser[167] argumentiert, daß Fälle der von ihm gebildeten Art zum mindesten so häufig seien wie die von Hellmann angeprangerten Fälle. Erst recht muß dies heute angenommen werden, wo gewiß nicht immer nur die Bräute der minderjährige Teil sind[168], so daß auch unter dem speziellen Aspekt des § 1300 BGB der minderjährige Partner ebensogut auf der Passiv- wie auf der Aktivseite stehen kann.

Es bleibt also bei der Feststellung, daß die Auffassung von der vollen Wirksamkeit des zustimmungslos geschlossenen Verlöbnisses geschäftsbeschränkter Personen zu keinen für den Minderjährigen generell günstigeren Ergebnissen führt als die herrschende Ansicht von der schwebenden Unwirksamkeit solcher Verlöbnisse. Im Gegenteil. Die herrschende Meinung ist eher geeignet, dem minderjährigen Verlobten die Ansprüche aus den §§ 1298 ff. BGB zu verschaffen, ohne damit gleichzeitig Minderjährige in demselben Umfange mit den entsprechenden Verpflichtungen zu belasten; denn überall da, wo der gesetzliche Vertreter seine Genehmigung noch nicht verweigert hat, kann er seinem Mündel noch durch Genehmigung die Ansprüche verschaffen, während er umgekehrt Ansprüche, die seinem Mündel drohen, durch Nicht-Genehmigung abwenden kann.

So wenig nach dem Gesagten die Gegenmeinung der herrschenden Auffassung berechtigt ist, sich auf den Minderjährigenschutz zu berufen, so sehr kann allerdings die Mittelmeinung dieses Argument für sich in Anspruch nehmen. Sie führt in der Tat zu den für den minderjährigen Verlobten günstigsten Ergebnissen; denn sie macht im Interesse des Minderjährigenschutzes die wesentliche Abweichung von der vorgenannten Auffassung, daß sie dem konsenslos verlobten Minderjährigen die Lösung

---

[167] (1904!) S. 51.

[168] Wovon Junghanns S. 180 o. auszugehen scheint.

von dem Verlöbnis ohne die Folgen der §§ 1298 ff. BGB freistellt, so daß er — juristisch gesehen — nichts zu verlieren und nur zu gewinnen hat. Denkt man an den gemeinschaftsrechtlichen Charakter des Verlöbnisses als eines Instituts des Familienrechts[169], so ist man versucht, das Verlöbnis eines Geschäftsfähigen mit einem Minderjährigen, das der Zustimmung des gesetzlichen Vertreters ermangelt, unter Zugrundelegung der Mittelmeinung als eine Art societas leonina zugunsten des minderjährigen Teils zu bezeichnen. Ist dieses Ergebnis, das man den Minderjährigenschutz in Perfektion nennen könnte, noch gerecht und billig, vernünftig und zweckmäßig?

Stärker noch als im sonstigen Gesellschaftsrecht ist im familienrechtlichen Gemeinschaftsrecht dort, wo es auf Gleichordnung beruht, also im Eherecht im weiteren Sinne, zu dem auch das Verlöbnis gehört[170], der Gedanke der Solidarität und Partnerschaft zu betonen, der seinen stärksten Ausdruck in dem Wort Schicksalsgemeinschaft[171] findet. Diesem Gedanken entspricht es sittlich wie rechtlich, daß die Partner in gleicher Weise gebunden sind und in gleicher Weise die Lasten der Gemeinschaft tragen. Dem steht zwar nicht entgegen, daß die Einzelpflichten im Wege funktioneller Verteilung für die einzelnen Partner verschieden sind; von Solidarität und Partnerschaft kann aber jedenfalls da nicht mehr gesprochen werden, wo der eine Teil gar keine Lasten übernimmt und nur an den Vorteilen der Gemeinschaftsinstitution Anteil hat. Im Hinblick auf die Ehe, deren Vorbereitung und Anbahnung das Verlöbnis dient und die eine Lebens- und Schicksalsgemeinschaft gleichwertiger Partner darstellt, kann es nicht sinnvoll erscheinen, einem Verlöbnis rechtliche Anerkennung zu verleihen, bei dem der eine Partner von sämtlichen rechtlichen Konsequenzen, in denen sich die Bindung der Verlobten auswirkt, nämlich den Verpflichtungen der §§ 1298 ff. BGB[172], auf Kosten des anderen Partners befreit ist.

Ein solches Verlöbnis, das den einen Teil risikolos und den anderen Teil schutzlos läßt, verfehlt aber nicht nur die Idee von der Solidarität gleichwertiger Partner und damit die Institution des Verlöbnisses als einer Vorstufe zur Ehe, sondern widerspricht auch der gesetzlichen Verlöbnisregelung.

---

[169] Den gemeinschafts- oder gesellschaftsrechtlichen Charakter des Verlöbnisses betonen z. B. Dahm § 42 IX 1; Dietz § 13 I 1; Siebert, Das Recht der Familie, § 31 Nr. 2 und 3; derselbe in DtRWiss S. 210; Zechnall S. 89.

[170] Vgl. die gesetzliche Einordnung des Verlöbnisses in den Abschnitt „Bürgerliche Ehe".

[171] Eine totale Schicksalsgemeinschaft bilden erst die Ehegatten, vgl. BGH FamRZ 58, 15 f. (16).

[172] Die straf- und prozeßrechtlichen Wirkungen des Verlöbnisses sind nicht belastender, sondern begünstigender Natur und daher nicht Ausdruck einer rechtlichen oder sittlichen Bindung, sondern rechtliche Anerkennung eines sittlich gebilligten Vertrautseins (Näheres dazu unten S. 73 ff.).

So wie nämlich die §§ 106 ff. BGB einen Schutz für jeden Minderjährigen geben, so enthalten die §§ 1298 ff. BGB einen Schutz für jeden wirksam Verlobten. Das scheinen die Vertreter der Mittelmeinung, die nur an den Minderjährigenschutz denken, zu übersehen. Dieser Interessenkollision zweier verschiedener Schutzbereiche tragen sie jedenfalls mit keiner Begründung dafür Rechnung, warum der Verlöbnisschutz hier dem Minderjährigenschutz weichen soll. Weshalb soll gerade der nach dieser Meinung voll wirksam Verlobte des Schutzes der §§ 1298 ff. BGB entbehren?

Daß der Minderjährigenschutz auch noch die Interessen anderer zu berücksichtigen hat und nicht uferlos durchgeführt werden kann, zeigen gerade die §§ 107 ff. BGB. Sie schützen den Minderjährigen vor belastenden Rechtsgeschäftswirkungen nicht in der Weise, daß für ihn die konsenslos geschlossenen Rechtsgeschäfte nur die vorteilhaften Wirkungen erzeugen und der volljährige Vertragspartner nur die Lasten trägt, sondern dadurch, daß mangels Zustimmung das ganze Rechtsgeschäft unwirksam ist und damit auch die dem Minderjährigen günstigen Rechtsfolgen nicht erzeugt. Mit welcher Begründung will man diese für das ganze Rechtssystem geltende Regelung des Minderjährigenschutzes lediglich für das Rechtsinstitut des Verlöbnisses durchbrechen? Die aus der besonderen Natur des Verlöbnisses gefolgerte Nicht-Anwendbarkeit der §§ 106 ff. BGB wäre hierfür kein Grund; denn sie würde lediglich besagen, daß der Minderjährige sich selbständig verloben kann und damit gerade nicht geschützt wird, nicht aber, daß die in den §§ 107 ff. BGB durchgeführte und doch wohl gerechte Abwägung der beiderseitigen Interessen beim Verlöbnis anders vorzunehmen ist.

Daß die Art, in der die §§ 107 ff. BGB den Minderjährigenschutz durchführen, gegenüber dem von der Mittelmeinung propagierten totalen Minderjährigenschutz auch den größeren praktischen Lebenswert hat, zeigen folgende Überlegungen:

Die von der Mittelmeinung gezogenen Konsequenzen bedeuten eine ausgesprochene Prämiierung von Verlöbnissen, die ein Minderjähriger ohne Zustimmung seines gesetzlichen Vertreters abschließt. In dem Augenblick nämlich, in dem sein gesetzlicher Vertreter zustimmt, wird er auch nach dieser Auffassung mit den Folgen der §§ 1298 ff. BGB belastet[173]. Die Zustimmung des gesetzlichen Vertreters ist also für ihn eine nur nachteilige Maßnahme, während sie für den volljährigen Partner von erheblichem Vorteil ist, weil er nun erst den Schutz der §§ 1298 ff. BGB bekommt. Für den volljährigen Teil besteht somit Anlaß, auf die Konsenserteilung zu drängen, für seinen minderjährigen Partner dagegen nicht. Diese Interessenverschiedenheit bei einem Institut, das nur der Interessengemeinschaft seine Entstehung verdankt und ihrer Vervollständigung dient, ist zumindest ein empfindlicher Schönheitsfehler. Der auf das

---

[173] Vgl. Beitzke (9. Aufl.) § 5 I 2 (S. 17); Dietz § 13 I 2 b β; Lehmann (3. Aufl.) § 6 II 2 b; Mitteis, Familienrecht, S. 19.

Beste seines Mündels bedachte gesetzliche Vertreter, der einem von seinem Mündel eingegangenen Verlöbnis nicht ablehnend gegenübersteht, wäre in arger Verlegenheit, ob er genehmigen soll oder nicht. Auch er geriete somit in einen eigenartigen Interessenzwiespalt.

Schließlich muß die Ansicht der Mittelmeinung völlig versagen, wenn sich zwei Minderjährige verloben wollen. Der Minderjährige, der als einziger die Zustimmung seines gesetzlichen Vertreters erlangen würde, hätte den schwarzen Peter gezogen. Vorsichtige gesetzliche Vertreter, die das vermeiden möchten, müßten bemüht sein, ihre Zustimmung möglichst gleichzeitig zu erteilen, damit nicht in der Zwischenzeit durch grundlosen Rücktritt eines Verlobten doch dieser Fall eintritt. Erlangen aber beide Minderjährige nicht die Zustimmung ihres gesetzlichen Vertreters, so liefert ihnen die Mittelmeinung, die sie als reif genug ansieht, sich selbständig zu verloben und damit die Ansprüche aus den §§ 1298 ff. BGB zu erwerben, das Lichtenbergsche Messer ohne Heft und ohne Klinge. Jedem stehen zwar an sich die Ansprüche zu, aber sein Partner ist nicht verpflichtet. Diese Minderjährigen haben Pech gehabt. Sie waren zwar einzeln fähig, ein Verlöbnis zu schließen und die Ansprüche der §§ 1298 ff. BGB zu erwerben, zusammen aber nicht. Sie hätten sich dazu schon einen volljährigen Partner aussuchen müssen. So waren sie zwar fähig ein Verlöbnis im Sinne der §§ 1298 ff. BGB abzuschließen, aber ohne die Folgen der §§ 1298 ff. BGB. Wie vernünftig erscheint dagegen doch die Regelung des Minderjährigenschutzes in den §§ 107 ff. BGB. Das Argument des Minderjährigenschutzes im Sinne der Mittelmeinung aber reitet sich hier selbst zu Tode.

Der Fall der zustimmungslosen Verlobung zweier geschäftsbeschränkter Personen, den die Mittelmeinung anders[174] lösen muß als den Fall, daß nur auf einer Seite ein beschränkt Geschäftsfähiger ohne Konsens des gesetzlichen Vertreters beteiligt ist, zeigt mit Deutlichkeit, worauf die Auffassung der Mittelmeinung in ihren Wirkungen hinausläuft, nämlich auf ein einseitiges Eheversprechen[175]. Ein solches kennt zwar das kanonische Recht (can. 1017 § 1 CIC), unserem bürgerlichen Recht aber ist es unbekannt. Das BGB jedenfalls geht in den §§ 1297 ff. von dem Verlöbnis als einem gegenseitigen Eheversprechen mit beiderseitigen Verpflichtungen aus. Dies folgt schon aus der Fassung der §§ 1298 und 1300, in denen das Gesetz von dem einen und dem anderen Verlobten spricht, also beide Teile als Verlobte ansieht, für die beide dann auch die Verpflichtungen der §§ 1298 ff. BGB gelten. Der Fall, daß nur e i n Verlobter gemäß den §§ 1298 ff. BGB verpflichtet wird, ist somit dem BGB fremd[176].

---

[174] Nämlich im Sinne der herrschenden Auffassung.

[175] Das auch ein „Vertrag" ist, nur eben kein gegenseitiger. Mit „Vertrag" soll hier nichts über die rechtsgeschäftliche oder tatsächliche Natur ausgesagt sein, sondern nur etwas über das Erfordernis einer Annahmeerklärung.

[176] Anders, nämlich im Sinne der Mittelmeinung, das englische (vgl. Luther RvglHWB S. 200/201), schweizerische (Art. 90 Abs. 2 ZGB) und türkische Recht (Art. 82 Abs. 2 BGB). Ähnlich, allerdings nicht hinsichtlich aller Verbindlich-

Um einem Mißverständnis vorzubeugen: Es soll nicht behauptet werden, daß die Vertreter der Mittelmeinung ein einseitiges Eheversprechen als Tatbestand anerkennen; gewiß verspricht auch der von ihnen nicht mit den Rechtsfolgen der §§ 1298 ff. BGB belastete Minderjährige seinerseits die Ehe. Was nur herausgestellt werden sollte, ist, daß das Verlöbnis eines Minderjährigen ohne Zustimmung seines gesetzlichen Vertreters unter Zugrundelegung der Mittelmeinung in seinen praktischen Rechtswirkungen einem einseitigen Eheversprechen des volljährigen Partners gleichkäme und auch aus diesem Grunde — ähnlich wie aus dem Gesichtspunkt der §§ 107 ff. BGB — einen Fremdkörper in unserem Rechtssystem bilden würde[177].

Bereits für vermögensrechtliche gegenseitige Verträge gilt der ausnahmslose Grundsatz, daß das Nicht-Entstehen der einen Verpflichtung auch das Entstehen der anderen Verpflichtung hindert (sogenanntes genetisches Synallagma)[178]. Was aber für die gegenseitigen Verträge des Vermögensrechts das Synallagma ist, das ist hier beim Verlöbnis nichts anderes als das, was wir oben aus sittlicher und personenrechtlicher Sicht als Partnerschaft und Solidarität bezeichnet haben.

Schließlich kann der Mittelmeinung mit ihrem übersteigerten Minderjährigenschutz der Vorwurf einer gewissen Inkonsequenz nicht erspart bleiben. Während die Auffassung von der vollen Wirksamkeit zustimmungsloser Verlobungen Minderjähriger aus der im Einzelfall festzustellenden genügenden geistigen und sittlichen Reife des Minderjährigen[179] konsequent seine Gleichbehandlung mit einem volljährigen Verlobten folgert, hält die Mittelmeinung diesen Minderjährigen zunächst einmal im Hinblick auf seine Reife[180] für selbständig verlobungsfähig in Abweichung von der Regelung der §§ 106 ff. BGB, will ihn dann aber unter Berücksichtigung des Grundgedankens des § 107 BGB vor nachteiligen Folgen bewahren, um ihn schließlich durch eine jedes Maß überschrei-

---

keiten aus dem Verlöbnis, auch das dänische (§ 3 EheG), finnische (§ 6 Abs. 2 EheG), isländische (§ 4 EheG) und schwedische Recht (§ 4 EheG).

Eine dem englischen oder schweizerischen Recht (das türkische ist lediglich von letzterem abgeschrieben) entsprechende Regelung halte ich aus den dargelegten Gründen auch de lege ferenda nicht für erstrebenswert (a. A. Enneccerus-Wolff § 5 III).

[177] Vgl. auch RG JW 1906, 9 Nr. 3 = RG Gruchot 50, 994 ff. (997): „Von einem gültigen Verlöbnisse und von gültig Verlobten im Sinne des Gesetzes kann aber dann keine Rede sein, wenn der eine Teil ein gültiges, der andere Teil jedoch ein ungültiges Eheversprechen abgegeben hat."

[178] Mit der Verknüpfung des rechtlichen Schicksals der beiderseitigen Beziehungen aus einem gegenseitigen Vertrage argumentiert auch das RG a. a. O. (Fußn. 177).

[179] Vgl. Boehmer MDR S. 707 und JZ S. 267; Lehmann (1. Aufl.) § 6 I (S. 26), II vor 1 und 3; Matthiaß § 223 III; Nathan S. 85; Titze S. 19; Zechnall S. 94 f.

[180] Vgl. Lehmann (3. Aufl.) § 6 I (S. 26) und II 2 b; Mitteis, Familienrecht, S. 19 („die nötige Einsicht"); Schnitzerling StAZ S. 186.

tende Kombination von Minderjährigenschutz (zur Nachteilsabwehr) und Verlöbnisschutz (zur Vorteilsverschaffung) wie ein Kind zu verhätscheln[181]. Wer den Minderjährigen noch für so schutzbedürftig hält und ihm die Belastung mit den Rechtsfolgen der §§ 1298 ff. BGB nicht zumuten zu können glaubt, sollte ihn lieber nicht erst für selbständig, d. h. ohne Zustimmung seines gesetzlichen Vertreters, verlobungsfähig halten. Dann erscheint es doch richtiger, mit dem Grundgedanken des § 107 BGB auch seine gesamte Ausgestaltung in den §§ 107 ff. BGB auf das Verlöbnis zu übertragen.

Auch hierbei ergibt sich immer dann, wenn der gesetzliche Vertreter die Genehmigung noch nicht verweigert hat, noch eine Möglichkeit, dem Minderjährigen die Ansprüche aus den §§ 1298 ff. zu verschaffen, nämlich auf Grund des § 109 Abs. 2 BGB, auf den Beitzke[182] besonders hinweist. Diese Bestimmung bindet den volljährigen Teil, der ja bei der Verlobung regelmäßig die Minderjährigkeit seines Partners kennt oder doch kennen müßte; allerdings nicht in der von Beitzke in den Vorauflagen[183] mit der Mittelmeinung angenommenen Weise einer einseitigen Wirksamkeit des Verlöbnisses, sondern, wie Boehmer[184] mit Recht gegenüber Beitzke bemerkt und von diesem in der 10. Auflage nunmehr auch selbst ausgeführt wird, nur als Bindung an einen für beide Teile schwebend unwirksamen Vertrag, der zu seiner Wirksamkeit auch gegenüber dem volljährigen Partner erst der Zustimmung des gesetzlichen Vertreters bedarf. Hiermit ist einerseits im Gegensatz zur Mittelmeinung die Gegenseitigkeit der Verlöbniswirkungen gewahrt, andererseits aber auch die sich besonders zugunsten des Minderjährigen auswirkende Möglichkeit eröffnet, dem Minderjährigen noch, nachdem der volljährige Teil ihn ohne Grund verlassen hat, durch Genehmigung seines Verlöbnisses die Ansprüche aus den §§ 1298 ff. BGB zu verschaffen[185]. Der Ansicht Boehmers[186], § 109 Abs. 2 BGB könne wegen des freien Rücktritts für das Verlöbnis keine Bedeutung haben, kann nicht gefolgt werden[187]. Freier Rücktritt vom Verlöbnis bedeutet nicht haftungsfreier Rücktritt, sondern bei Fehlen eines wichtigen Grundes Rücktritt mit den Folgen der §§ 1298 ff. BGB. Wenn aber der volljährige Teil im Falle des § 109 Abs. 2 BGB auch sonst nicht den haftungsfreien Widerruf des § 109 Abs. 1 BGB hat, sondern für den Fall

---

[181] Dabei handelt es sich nur um den reifen Minderjährigen, der sich auch schon deliktisch haftbar machen kann (vgl. § 828 Abs. 2 BGB)!

[182] § 5 I 2 (S. 17).

[183] Vgl. Familienrecht, 9. Aufl., § 5 I 2 (S. 17 o.).

[184] JZ S. 267.

[185] Vgl. Eggel in Achilles-Greiff § 1298 Anm. 1; Colmar OLG 15, 395 f. (396). Nunmehr auch Beitzke § 5 I 2 (S. 17).

[186] JZ S. 267.

[187] Vgl. auch die in Fußn. 185 zitierten Stimmen. Ein Hinweis auf § 109 BGB und damit die Anerkennung seiner Bedeutung für das Verlöbnis findet sich auch bei Dittenberger S. 89; Goldmann-Lilienthal-Sternberg § 1 II 1 Fußn. 11; Palandt-Lauterbach Einf. 1 vor § 1297; Planck-Unzner Vorb. 3 d vor § 1297; Staudinger-Engelmann Vorb. III a vor § 1297.

einer noch erfolgenden Genehmigung der vollen Vertragshaftung ausgesetzt bleibt, warum soll er dann nicht auch beim Verlöbnis der abgeschwächten Haftung der §§ 1298 ff. BGB ausgesetzt bleiben? Darin liegt keine ungerechtfertigte Erschwerung des Rücktritts. Soweit in der Belastung mit den Folgen der §§ 1298 ff. BGB eine Erschwerung des Rücktritts gesehen werden könnte, ist sie vom Gesetz gewollt. Dem Volljährigen aber, der sich mit einem Minderjährigen verlobt und dies weiß, die Sondervergünstigung eines völlig haftungsfreien Verlöbniswiderrufs im Sinne des § 109 Abs. 1 BGB entgegen der Bestimmung des § 109 Abs. 2 BGB einzuräumen, dafür ist kein hinreichender Grund ersichtlich. Nach dem Gesagten führt § 109 Abs. 2 BGB für die herrschende Auffassung entgegen der Ansicht Boehmers in vielen Fällen noch zu einem wirksamen Minderjährigenschutz. Das übersieht Eccius[188], der gegen die herrschende Auffassung anführt, nach ihr könne sich der Schwängerer einer minderjährigen Braut den Ansprüchen der §§ 1298 ff. BGB dadurch entziehen, daß er vor Erteilung der Zustimmung durch den gesetzlichen Vertreter sein Eheversprechen widerrufe.

Das Argument einer analogen Anwendung des § 30 EheG, das noch die Ergebnisse der Mittelmeinung stützen sollte, hat Beitzke nunmehr fallen gelassen. In der Tat führt uns auch der § 30 EheG nicht weiter als der § 109 Abs. 2 BGB. Er würde bei entsprechender Anwendung nur besagen, daß der Partner des minderjährigen Teils gebunden ist, ohne die Frage zu beantworten, ob der volljährige Teil an einen wirksamen oder schwebend unwirksamen Vertrag gebunden ist, ob es also zu seiner Inanspruchnahme noch der Zustimmung des gesetzlichen Vertreters bedarf oder nicht. Für diese Frage aber kann gerade der § 30 EheG nichts hergeben, weil es bei der Ehe keine schwebende Unwirksamkeit im Sinne der §§ 108 f. BGB gibt, sondern die durch die Sondervorschrift des § 30 EheG an deren Stelle gesetzte Aufhebbarkeit. Diese Spezialregelung erklärt sich aber gerade aus der besonderen Natur der Ehe und kann schon deshalb nicht vergleichsweise auf das Verlöbnis übertragen werden, weil es diesem an dem Formalcharakter und dem besonderen auf den Bestand gerichteten favor juris fehlt[189].

Es bleibt damit bei unserer Feststellung, daß man, wenn man schon von einer Schutzbedürftigkeit des Minderjährigen beim Verlöbnis ausgeht, die nähere Ausgestaltung des Minderjährigenschutzes auch gemäß den §§ 107 ff. BGB vornehmen muß, weil eine Abweichung hiervon sich nicht über-

---

[188] S. 717 u. Seine Einwände gegen die herrschende Auffassung gehen überhaupt fehl. So folgt z. B. auch nicht, wie er auf S. 718 meint, aus der herrschenden Auffassung, daß sie ein Verlöbnis anerkennen müsse, das zwei gesetzliche Vertreter ohne Wissen ihrer Mündel für diese abgeschlossen haben. Solches ist ja auch bei der Ehe ausgeschlossen, die ebenfalls die Zustimmung des gesetzlichen Vertreters erfordert.

[189] Gegen eine Anwendung des § 1331 BGB a. F., der dem § 30 EheG entspricht, auch ausdrücklich Planck-Unzner § 1298 Anm. 7 a α.

zeugend begründen läßt und auch zu unerfreulichen Ergebnissen führt. Damit scheidet für uns die Mittelmeinung als Lösung im Streit um das Verlöbnis beschränkt geschäftsfähiger Personen aus.

Es gilt nunmehr, die Entscheidung zwischen der Auffassung von der Zustimmungsbedürftigkeit mit den Wirkungen der §§ 107 ff. BGB und der Gegenmeinung, die beim Verlöbnis überhaupt keine Zustimmung des gesetzlichen Vertreters fordert, herbeizuführen. Wir haben bereits oben gesehen, daß das Argument des Minderjährigenschutzes nicht zugunsten der Gegenmeinung ausschlägt, sondern eher für die herrschende Auffassung spricht. Die Gegenmeinung räumt nämlich durch Gleichbehandlung des Minderjährigen[190] mit dem Volljährigen in Wirklichkeit den Minderjährigenschutz aus und gibt stattdessen den Verlöbnisschutz der §§ 1298 ff. BGB, der aber durch die gleichzeitige Belastung mit den Verlöbnisfolgen ausgeglichen wird, so daß eine generelle Besserstellung des Minderjährigen nicht zu verzeichnen ist. Demgegenüber schützt und begünstigt die herrschende Auffassung den Minderjährigen dadurch, daß sie ihn bei fehlender Zustimmung des gesetzlichen Vertreters von den Verpflichtungen der §§ 1298 ff. BGB befreit, gleichwohl aber die Möglichkeit bietet, ihm nachträglich noch auf Grund des § 109 Abs. 2 BGB, der fast immer anwendbar sein dürfte, die Ansprüche der §§ 1298 ff. BGB durch Zustimmung des gesetzlichen Vertreters oder bei Erreichung der Volljährigkeit durch eigene Genehmigung gemäß § 108 Abs. 3 BGB zu verschaffen. Lediglich bei verweigerter Zustimmung oder, wenn der gesetzliche Vertreter auch die nachträgliche Zustimmung nicht geben will und die Volljährigkeit noch längere Zeit aussteht, kann sie dem Minderjährigen nicht helfen. Einen solchen totalen Minderjährigenschutz aber haben wir ja auch nicht als gerecht und sinnvoll empfunden.

Andererseits hat auch die herrschende Auffassung da, wo sie den Minderjährigen besser stellt als die Gegenmeinung, also bei der Genehmigung des gesetzlichen Vertreters nach Verlöbnisauflösung unter Ausnutzung der Bindungswirkung des § 109 Abs. 2 BGB, einen Schönheitsfehler. Hier muß der gesetzliche Vertreter nur zu dem Zweck, den volljährigen Partner für seinen Verlöbnisbruch haftbar zu machen, einem Verlöbnis gleichsam nachträglich seinen Segen geben, dem er wegen der nicht erteilten Einwilligung offenbar ablehnend gegenüberstand. Das dürfte manchen gesetzlichen Vertreter, dem der Zweck nicht die Mittel heiligt, von einer solchen Maßnahme abhalten. Lassen wir daher diese Möglichkeit, dem Minderjährigen Ansprüche zu verschaffen, einmal außer Betracht, indem wir sie nicht als ein Plus der herrschenden Auffassung werten, so kann doch zumindest soviel festgestellt werden:

Der Minderjährige steht nach der herrschenden Auffassung nicht generell schlechter. Beide Ansichten haben Fälle, in denen sie den Minderjährigen ungünstiger behandeln, mit denen sie daher keine Reklame

---

[190] Allerdings nur des genügend reifen, aber nur diesen will die Gegenmeinung ja schützen, indem sie ihm die Ansprüche der §§ 1298 ff. BGB gibt.

machen können und an denen sie wohl auch selbst keine reine Freude haben. Deswegen sind diese jeweiligen ungünstigen Ergebnisse aber nicht ungerecht; denn die Gerechtigkeit gibt und nimmt und kann nicht für jeden reine Gunst sein. Die sogenannten mißlichen Ergebnisse, die man sich gegenseitig vorwirft und die auf beiden Seiten vorkommen, sind vielmehr legitime Folgen der konsequenten Grundhaltung der beiden Auffassungen im Gegensatz zur abgelehnten Mittelmeinung.

Es zeigt sich, daß unter dem Gesichtspunkt des Minderjährigenschutzes allein ein abschließendes Urteil über den Vorzug der einen oder der anderen Auffassung noch nicht gefällt werden kann. Es bedarf daher zur Klärung der Streitfrage noch rechtssystematischer Erwägungen. Mit dem wünschenswerten Ergebnis allein ist nicht weiter zu kommen, weil jede der beiden Auffassungen unerwünschte Ergebnisse in Kauf nehmen muß. Das von den Gegnern der herrschenden Auffassung so leidenschaftlich in den Vordergrund gestellte Argument, man könne der konsenslos verlobten minderjährigen Braut den Schutz des § 1300 BGB nicht versagen, verliert daher bei objektiver Betrachtung viel von der ihm beigemessenen Überzeugungskraft. Daß aber diese unerwünschte Konsequenz der herrschenden Auffassung offenbar für schwerwiegender gehalten wird als das ungünstige Resultat der Gegenmeinung, den minderjährigen Verlobten mit eventuell erheblichen finanziellen Verpflichtungen zu belasten, dürfte in der besonderen Dramatik[191] dieses Falles begründet liegen, die eine spontanere menschliche Anteilnahme hervorruft, aber deswegen nicht das größere juristische Gewicht zu haben braucht.

Wenn jedoch die Vertreter der Gegenmeinung soviel lieber den § 1300 zum „Prüfstein der Konstruktion"[192] machen, weil sich an ihm das Billigkeitsgefühl schneller entzündet[193], so hätten sie auch an ein aus ihren Reihen in anderem Zusammenhang vorgebrachtes Beispiel denken sollen, nämlich an das Beispiel Kohlers[194], daß ein Mann in die Fänge eines feinkoketten unbescholtenen Weibes kommt. Gesetzt, dieser Mann sei minderjährig und ohne Zustimmung seines gesetzlichen Vertreters, die Braut dagegen sei volljährig und habe die Beiwohnung veranlaßt: Ist es dann ein so unhaltbares Ergebnis, wenn die herrschende Auffassung den Minderjährigen nicht mit dem Anspruch aus § 1300 BGB belastet, und ein so wünschenswerter Effekt, wenn die Gegenmeinung hier der Braut als einer gültig Verlobten den Anspruch aus § 1300 BGB gibt?

---

[191] Im echten Sinne des Wortes, wie er seit Aristoteles verstanden wird, also in der Fähigkeit, Furcht und Mitleid zu erwecken.

[192] Lehmann (1. Aufl.) S. 26.

[193] Mir scheint der von Anfang an umkämpfte (der Entwurf I enthielt eine solche Bestimmung nicht) und in seiner Berechtigung heute noch umstrittene § 1300 BGB eher ein Stein des Anstoßes und daher als Prüfstein nicht sonderlich geeignet zu sein.

[194] S. 45 Fußn. 4.

Wie man sich in unserer Streitfrage auch immer entscheiden mag, es wäre für die wissenschaftliche Diskussion um die Anwendbarkeit der §§ 106 ff. BGB beim Verlöbnis viel gewonnen, wenn sie weniger unter dem Aspekt betrachtet und geführt würde, als ginge es nur darum, ob man es für billig oder unbillig hält, der minderjährigen Braut den Anspruch aus § 1300 BGB zu geben. Dies ist gegenüber den Autoren zu bemerken, die glauben, mit dem bloßen Beispiel der konsenslos verlobten und grundlos verlassenen Braut die herrschende Auffassung schon ad absurdum geführt zu haben[195]. Hierin liegt eine die wissenschaftliche Diskussion verarmende Verkürzung des Problems. So wenig die herrschende Auffassung die §§ 106 ff. BGB anwendet, um der zustimmungslos verlobten minderjährigen Braut den Anspruch aus § 1300 BGB zu nehmen, ebensowenig ist die Gegenmeinung schon deshalb richtig, weil sie diesen Anspruch gewährt. So wie wir auf der einen Seite die von vielen Vertretern der herrschenden Auffassung geübte Methode der Begriffsjurisprudenz, den gesamten Problem-Komplex dieses Kapitels im Wege apriorischer Konstruktion zu lösen, abgelehnt haben, weil man sich dadurch den Blick für die besondere Problematik der Einzelfragen versperrt, genauso ist der auf der Gegenseite anzutreffende Versuch zu verwerfen, die Einzelfragen mit einem bloßen unerfreulichen Beispiel im Wege eines argumentum ad absurdum zu entscheiden, weil man dadurch die rechtssystematischen Zusammenhänge aus dem Blick verliert.

c) Das Argument der deliktsartigen Verlöbnisfolgen

Diese Zusammenhänge in die Untersuchung des Problems einzubeziehen, bemüht sich auf der Seite der Gegenmeinung Boehmer[196], der seine Ergebnisse mit dem rechtssystematischen Argument stützt, es handle sich

---

[195] Hellmann S. 218: „und ebenso müßte der ersteren," (gemeint ist die minderjährige Braut), „wenn sie dem Verlobten die Beiwohnung gestattet hätte, der Anspruch aus § 1300 versagt, der letzteren im gleichen Falle zugebilligt werden. Man sollte glauben, es hätte nur eines Augenblicks der Überlegung bedurft, um die Vertreter der herrschenden Ansicht von der Unhaltbarkeit des Ausgangspunktes zu überzeugen, der zu solchen Folgerungen führt." — Lehmann (1. Aufl.) S. 26: „Warum die geschwängerte und dann grundlos verlassene Braut mehr Anspruch auf Ersatz haben soll, wenn sie 30 Jahre alt ist statt 20, ist nicht einzusehen. Diese Ungerechtigkeit unterstellt aber die Vertragstheorie dem Gesetz! Das gibt den Ausschlag zugunsten der Tatsächlichkeitstheorie!" — Titze S. 18/19: „Und das hätte wiederum die Folge, daß der Bräutigam von diesem Pseudoverlöbnis zurücktreten könnte, ohne daß die Verlobte, die ja in den Augen des Rechts seine Braut nicht wäre, einen Schadensersatzanspruch gegen ihn erwürbe. Ebensowenig würde das Mädchen imstande sein, in einem gegen ihren Bräutigam anhängigen Strafverfahren ihr Zeugnis zu verweigern. Schon diese Konsequenzen, denen zufolge das Gesetzbuch da versagt, wo sein Schutz am nötigsten ist, lassen erkennen, daß die Lehre von der Vertragsnatur des Verlöbnisses unmöglich richtig sein kann."

[196] JZ S. 267; MDR S. 707.

bei den §§ 1298 ff. BGB um quasideliktische[197], soll heißen deliktsartige[198] Folgen, so daß die Deliktsfähigkeit gemäß § 828 Abs. 2 BGB genüge. Damit knüpft Boehmer in vorsichtig abgewandelter Form an die Gedankengänge der alten Deliktstheorie[199] an, ohne sich wie diese auf eine wirkliche Deliktsnatur des Verlöbnisbruchs oder wie Hellman[200], Matthiaß[200] und Nathan[200] mit ihrer Schutzgesetztheorie auf eine bestimmte Konstruktion festzulegen[201]. Die Auseinandersetzung mit seinem Argument der deliktsartigen Folgen enthebt uns daher an dieser Stelle einer endgültigen Entscheidung über die Rechtsnatur des Verlöbnisses. Es kommt ja auch in diesem Zusammenhang nur darauf an, ob es näher liegt, die Bestimmungen über die Geschäftsfähigkeit (§§ 106 ff. BGB) oder die Vorschriften über die Deliktsfähigkeit (§ 828 Abs. 2 BGB) beim Verlöbnis anzuwenden[202]. Dazu genügt die Feststellung der größeren Vertrags- oder Deliktsähnlichkeit des Verlöbnisses, ohne zu entscheiden, ob es wirklich ein rechtsgeschäftlicher Vertrag oder seine Verletzung tatsächlich ein Delikt ist, und ohne in dem einen Falle zu bestimmen, welcher Art der Vertrag ist, bzw. in dem anderen Falle, ob die §§ 1298 ff. BGB eigene Deliktsnormen oder nur Schutzgesetze im Rahmen des § 823 Abs. 2 BGB sind.

Es ist unschwer zu erkennen, daß es auch hier wieder speziell der § 1300 BGB ist, der die Idee von der deliktsartigen Natur der Verlöbnisfolgen nährt[203]; denn die §§ 1298, 1299 BGB dürften als schlichte Rück-

---

[197] JZ a. a. O.

[198] MDR a. a. O.

[199] Für das BGB: Kohler § 5 IV, der die Frage der Haftung aus dem Verlöbnis als eine Frage des „Unrechtsverkehrs" bezeichnet, womit er, wie aus § 5 VII 4 hervorgeht, das Deliktsrecht meint, sowie Hellmann S. 219 und, ihm folgend, Matthiaß § 223 III und Nathan S. 35 ff., S. 47, S. 84 ff., die die §§ 1298 ff. BGB als Schutzgesetze im Sinne des § 823 Abs. 2 BGB auffassen (sog. Schutzgesetztheorie).

Für das französische Recht, dem eine gesetzliche Regelung des Verlöbnisses fehlt, ist die Deliktstheorie herrschend, wonach der Verlöbnisbruch als unerlaubte Handlung gemäß Art. 1382 Code civil ersatzpflichtig macht (vgl. Luther RvglHWB S. 198).

[200] S. Fußn. 199.

[201] Wie Boehmer auch Bunsen § 3 (S. 10), der die Ersatzansprüche der §§ 1298 ff. BGB „deliktsähnlich", und Henle S. 24 Fußn. 1 (S. 25), der sie „quasideliktisch" nennt. Auch Habicht S. 523/524 nimmt an, daß der Verlöbnisbruch „nach Art der unerlaubten Handlungen" ersatzpflichtig macht, räumt aber in Fußn. 1 (S. 524) auch eine andere Erklärungsmöglichkeit ein.

[202] Auch Dniestrzanski S. 138 o. will § 828 Abs. 2 BGB analog anwenden, obwohl er die Verlobung als einen Geschäftsfähigkeit erfordernden Vertrag und die §§ 1298 ff. BGB als vertragliche Ansprüche ansieht. Seine Ansicht, in Analogie zu § 828 Abs. 2 BGB einen selbständigen Anspruch neben denen aus den §§ 1298 ff. BGB zu begründen, ist aber abwegig.

[203] Wie man überhaupt annehmen kann, daß sich der Streit längst im Sinne der herrschenden Auffassung beruhigt hätte, wenn der § 1300 BGB nicht wäre und es nur um die §§ 1298, 1299 BGB ginge.

trittsfolgen mit der Haftung auf das negative Interesse einen unbefangenen Leser nicht so leicht an die Vorschriften über unerlaubte Handlungen erinnern. Beim § 1300 BGB dagegen machen zwei Gründe diese Assoziation erklärlich. Ob sie auf einer wirklichen sachlichen Parallele beruhen, ist zu prüfen.

Der erste Grund ergibt sich aus der Folge des § 1300 BGB, nämlich aus dem Ersatz des immateriellen Schadens. Hier wird man an eine Vorschrift aus dem Recht der unerlaubten Handlungen erinnert, nämlich an § 847 BGB. Der Gedanke drängt sich auf, weil § 847 und § 1300 die einzigen im BGB bestimmten Fälle bilden, in denen wegen eines immateriellen Schadens eine Geldentschädigung verlangt werden kann (vgl. § 253 BGB). Folgt aber nun aus der Gegenüberstellung mit § 847 BGB, daß immaterielle Schäden nur im Deliktsverkehr, nicht aber auch im rechtsgeschäftlichen oder rechtsgeschäftsähnlichen Verkehr ersetzt werden? Das kann, weil es sich um die beiden einzigen Fälle im BGB handelt, nicht ernstlich behauptet werden. Ein Schluß von den gleichen Folgen auf eine gleiche oder zumindest ähnliche Rechtsnatur könnte nur dann gerechtfertigt sein, wenn sich zahlreiche Bestimmungen von der Art der §§ 847 und 1300 BGB im Gesetz fänden und es sich dabei auffälligerweise immer um deliktsartige Vorschriften handeln würde. So aber würde die Aufstellung der These, der Ersatz immateriellen Schadens sei typisch für das Deliktsrecht, erst von der Feststellung abhängen, daß auch § 1300 BGB eine deliktsartige Bestimmung sei.

Die wirkliche Paralelle der §§ 847 und 1300 BGB, nämlich der gemeinsame Grund für die Berücksichtigung des dommage moral, besteht in der persönlichkeitsrechtlichen Komponente beider Vorschriften[204], die dem normalen Schadensersatzrecht als Teil des Vermögensrechts fehlt und auf die später noch besonders einzugehen ist[205]. Es werden hier Eingriffe in die körperliche oder sittliche Integrität als solche, d. h. ohne Rücksicht auf vermögensschädigende Wirkungen, von der Rechtsordnung erfaßt. Daß das im Zweiten Buch des BGB nur bei den Deliktsobligationen und nicht auch bei den vertraglichen Schuldverhältnissen der Fall ist, besagt noch nicht, daß eine solche Regelung dem Vertragsrecht fremd und dem Deliktsrecht eigentümlich wäre; denn das Zweite Buch des BGB befaßt sich nur mit den vermögensrechtlichen Verträgen. Das Verlöbnis aber wäre als Vertrag ein familienrechtlicher und damit ein personenrechtlicher Vertrag. An ihm kann es sich daher erst entscheiden, ob es einen Ersatz immaterieller Schäden auch im Vertragsrecht oder nur im Deliktsrecht gibt.

---

[204] Dies zeigt besonders die moderne Rechtsprechung zur Verletzung des allgemeinen Persönlichkeitsrechts, die hier trotz § 253 BGB einen weiteren Fall des Ersatzes immaterieller Schäden entwickelt hat, vgl. BGHZ 26, 349 ff. = NJW 1958, 827 ff. (Nr. 4) und BGH NJW 1961, 2059 ff. (Nr. 2).

[205] S. unten S. 58 ff.

Der zweite Grund, der offenbar manche den § 1300 BGB als deliktsähnlich empfinden läßt, liegt in seiner Voraussetzung der außerehelichen Beiwohnung. Hiermit erinnert er an § 825 BGB. Es mag dadurch auf den ersten Blick der Eindruck erweckt werden, als sei der Haftungsgrund — ähnlich wie (mit den weiteren qualifizierenden Merkmalen) in § 825 BGB — die Ausübung des außerehelichen Beischlafs. Die Verantwortlichkeit für diese unrechtmäßige Handlung würde sich dann sicherlich nach den Regeln der Deliktsfähigkeit bemessen.

Genaueres Zusehen verrät aber, daß § 1300 BGB nicht ein solches Deflorationsdelikt ist. Haftungs*begründender* Tatbestand[206] ist nämlich in § 1300 BGB genau wie in § 1298 und § 1299 BGB, die § 1300 BGB als Anspruchsvoraussetzung bezieht, der Verlöbnisbruch, und nicht der außereheliche Beischlaf[207]. Die Beiwohnung hat in § 1300 BGB vielmehr nur die Bedeutung einer sogenannten haftungs*ausfüllenden* Ursache[206], d. h. sie ist nur schadenstiftende bzw. schadenmehrende Ursache, insofern durch sie über den Vermögensschaden hinaus auch noch ein zu ersetzender ideeller Schaden entsteht. Daß die Beiwohnung nicht der Haftungsgrund ist, ergibt sich daraus, daß nicht sie den Anspruch entstehen läßt, sondern erst der grundlose Rücktritt oder die schuldhafte Verursachung des Rücktritts. Sie kann auch nicht in der Weise als haftungsbegründender Tatbestand gedacht werden, daß das bestehende Verlöbnis die Haftung für das Delikt oder Quasidelikt der Beiwohnung ausschließt und erst seine Auflösung die Haftung (etwa nach Art einer objektiven Strafbarkeitsbedingung) aufleben läßt; es wäre nämlich nicht einzusehen, warum eine gleiche Beischlafshaftung nicht außerhalb des Verlöbnisrechts besteht und der Anspruch nicht auch bei (etwa wegen eines unbehebbaren Ehehindernisses) nichtigem Verlöbnis entsteht[208].

Es zeigt sich somit, daß der Haftungsgrund des § 1300 BGB derselbe ist wie in den §§ 1298, 1299 BGB, nämlich der grundlose Rücktritt vom Verlöbnis oder seine schuldhafte Veranlassung, und daß seine an deliktische Vorschriften erinnernden Eigentümlichkeiten keine sachlichen Parallelen zum Recht der unerlaubten Handlungen offenbaren und daher für eine Begründung seiner deliktsartigen Natur nicht zu verwerten sind. Eine Deliktsähnlichkeit kann daher nur für den allen Verlöbnisfolgen der §§ 1298 ff. BGB gemeinsamen Haftungsgrund des Verlöbnisbruchs angenommen werden. Ob mit Recht, sollen die folgenden Untersuchungen zeigen.

---

[206] Über den Unterschied zwischen haftungsbegründender und haftungsausfüllender Kausalität vgl. Enneccerus-Lehmann § 15 I.

[207] Dies betonen auch Dernburg § 8 Fußn. 20; Dittenberger S. 186 Fußn. 1; Endemann § 153 Nr. 3 mit Fußn. 21; Enneccerus-Wolff § 6 Fußn. 20 a. E.; Glaser S. 63; Goldmann-Lilienthal-Sternberg § 2 Fußn. 16; Soergel-Vogel § 1300 Anm. 3; Dresden OLG 5, 86 (87); OLG Darmstadt SeuffA 61 Nr. 11.

[208] In diesem Fall nehmen auch die Vertreter der Deliktstheorie keine Haftung aus § 1300 BGB an.

Die Frage, ob der Verlöbnisbruch den unerlaubten Handlungen oder den Vertragsverletzungen näher steht[209], erfordert eine Besinnung auf den hinter allen Einzelausgestaltungen stehenden und durch alle besonderen Abweichungen unberührten grundsätzlichen Unterschied der beiden Haftungsquellen. Dieser erhellt sofort, wenn man vom Gemeinsamen ausgeht. Beides sind Rechtsverletzungen, also rechtswidrige Handlungen. Während nun die Rechtswidrigkeit beim Delikt eine absolute ist, stellt sie sich bei den Vertragsverletzungen und auch bei den mit diesen verwandten Fällen der sogenannten culpa in contrahendo als eine relative dar[210].

Das bedeutet im einzelnen folgendes:

Während der Deliktsschutz gegenüber jedermann gilt, schützen die Bestimmungen über Vertragsverletzungen oder culpa in contrahendo nur gegenüber dem Vertrags- oder Vertragsverhandlungspartner, also einer von vornherein bestimmten Person. Umgekehrt kann man eine unerlaubte Handlung gegenüber jedermann begehen, während man das Unrecht einer Vertragsverletzung oder der culpa in contrahendo nur gegenüber dem Vertragspartner oder einem durch Vertrag begünstigten Dritten (so beim Vertrag zugunsten Dritter) begehen kann. Der Anonymität des Deliktsverkehrs steht daher die Vertrautheit des rechtsgeschäftlichen und rechtsgeschäftsähnlichen Verkehrs gegenüber[211].

Unter diesem Gesichtspunkt ergibt sich keinerlei Verwandtschaft des Verlöbnisbruchs mit dem Deliktsrecht. Während in den §§ 823 Abs. 1, 823 Abs. 2, 824 Abs. 1, 826 von der Verletzung eines anderen, in § 825 einer Frauensperson, in §§ 831, 832, 834, 839 eines Dritten und in §§ 833, 836 BGB eines Menschen die Rede ist, geht es in den §§ 1298 ff. BGB um den Schaden des anderen Verlobten und seiner Eltern sowie dritter Personen, die an deren Stelle gehandelt haben. Es handelt sich hier im Gegensatz zu den Fällen der vorgenannten Deliktsnormen um einen bestimmten, dem Schädiger bekannten Personenkreis. Zudem kann die Rechtsverletzung bei den §§ 1298 ff. BGB nur der Verlobte, in den §§ 823 ff. BGB dagegen irgendwer begehen.

Die Anonymität des Jedermann auf der einen und die Vertrautheit des bestimmten Partners oder bestimmter an seine Stelle tretender Dritter auf der anderen Seite sind jedoch nur äußere Erscheinungsmerkmale des eigentlichen Wesenunterschieds zwischen Delikt und Vertragsverletzung oder culpa in contrahendo. Dieser besteht darin, daß im letzten Falle der Rechtsverstoß sich im Rahmen bereits bestehender oder angebahnter

---

[209] Vom Wort „Verlöbnisbruch“ her eröffnet sich eine Verbindung zu den Vertragsverletzungen, die ja auch „Vertragsbruch“ genannt werden.

[210] Vgl. zum Unterschied von absoluter und relativer Rechtswidrigkeit Enneccerus-Nipperdey § 209 VI; vgl. auch Enneccerus-Lehmann § 230 I 1 a. E.

[211] Selbstverständlich gibt es auch Delikte zwischen ganz bestimmten Personen (z. B. Blutschande) und Verträge durchaus anonymen Charakters (z. B. Beförderungsverträge mit der Eisenbahn oder Straßenbahn). Dies sind aber keine ideal-typischen Fälle.

Rechtsbeziehungen abspielt, also im Rahmen einer rechtlich anerkannten Sonderverbindung bestimmter Personen, während die deliktische Rechtsverletzung keine vorgängigen Rechtsbeziehungen zu dem Verletzten voraussetzt. Absolute Rechtswidrigkeit bedeutet, daß ein Verhalten an sich von der Rechtsordnung gemißbilligt ist; bei der relativen Rechtswidrigkeit empfängt ein an sich wertindifferentes Verhalten seinen Unrechtscharakter erst aus seinen Auswirkungen im Rahmen eines besonderen Rechtsverhältnisses.

Legt man diese Erkenntnis zugrunde, so kann von einer Deliktsartigkeit des Verlöbnisbruchs vollends keine Rede mehr sein. Die Handlung, in der sich der Verlöbnisbruch äußert, etwa die Heirat einer anderen Person, gewinnt ihren Unrechtscharakter erst auf Grund der vorgegebenen Rechtsbeziehung des Verlobtseins, insofern sie gegen die rechtlich anerkannte Sonderbindung des Verlöbnisses verstößt; für sich allein würde sie nichts Unrechtes oder Anstößiges darstellen. Sie kann daher von jedermann wertneutral verwirklicht werden, nur in der Person des Verlobten wird sie zum Rechts- oder Sittenverstoß, so wie beispielsweise die jedermann mit gutem Recht freistehende Veräußerung einer eigenen Sache in der Person dessen, der sich bereits einem anderen gegenüber zur Übereignung der Sache verpflichtet hat, (relativ) rechtswidrig ist. Oder nehmen wir statt dieses Beispiels eines konkludenten Rücktritts vom Verlöbnis die (etwa in einem Abschiedsbrief enthaltene) reine Erklärung des Rücktritts. Die Erklärung, jemanden nicht heiraten zu wollen, hat keinem anderen gegenüber etwas Rechts- oder Sittenwidriges an sich außer dem einen Partner gegenüber, dem man sich in der Sonderbindung des Verlöbnisses zum Zwecke der Eheschließung verbunden hat. Es ist nunmehr klar, daß der Verlöbnisbruch ebensowenig wie der Vertragsbruch oder der Vertrauensbruch bei der culpa in contrahendo die Nichtbefolgung eines der Allgemeinheit gegenüber von jedermann geschuldeten Verhaltens ist, sondern die Nichteinhaltung eines darüber hinaus durch Anbahnen oder Eingehen einer besonderen Rechtsbeziehung gegenüber bestimmten Personen obliegenden Sonderverhaltens.

Gerade aus dieser Wesensverschiedenheit ergibt sich auch der tiefere Grund, warum die Rechtsordnung beim Minderjährigen die Deliktsfähigkeit früher eintreten läßt als die Geschäftsfähigkeit. An die Fähigkeit, sich durch Eintreten in Sonderbindungen hinsichtlich des rechtlich geforderten Verhaltens Sonderopfer aufzuerlegen, sind naturgemäß höhere Anforderungen zu stellen als an die Fähigkeit, sein Verhalten den allgemeinen Anforderungen an ein geordnetes Zusammenleben aller mit allen anzupassen. Denn die Sonder-Rechtsverhältnisse schaffen der Allgemeinheit gegenüber ungleiche Rechts- und Pflichtenlagen, Vorteile und Nachteile. Hier ist es dem Einzelnen überlassen, seine Interessen zu wahren; er muß die Folgen einer Fehleinschätzung tragen. Hier genügt also nicht die allgemeine Einsicht in das, was Unrecht ist, und die Fähigkeit, nach dieser Einsicht zu handeln (Deliktsfähigkeit). Hier kommt es vielmehr darauf an, eigene Fähigkeiten, Zuverlässigkeit und Fähigkeiten eines anderen,

Chancen und Risiken im voraus beurteilen zu können. Das aber ist die Geschäftsfähigkeit. Sollte es darauf nicht auch beim Verlöbnis ankommen? Geht es doch da, wie kaum irgendwo anders im Privatrecht, um die richtige Einschätzung der Person des Partners wie auch der eigenen sowie der Entwicklung der gemeinsamen Zukunft[212]. Ist nicht gerade die Verlobung ein typischer Akt der Privatautonomie? Diese aber besitzt uneingeschränkt nur der Mündige.

Es spricht hiernach manches dafür, in der Verlobung einen die Geschäftsfähigkeit erfordernden Vertrag zu sehen. Jedoch wollen wir uns an dieser Stelle noch nicht auf eine bestimmte Rechtsnatur des Verlöbnisses festlegen, weil hierzu noch einige Untersuchungen zum Rechtsgeschäftsbegriff erforderlich wären, die uns erst im nächsten Kapitel beschäftigen sollen. Es genügt in diesem Zusammenhang die Feststellung, daß man, wenn man mit der Deliktstheorie von der Rechtswidrigkeit des Verlöbnisbruchs ausgeht[213], nur von einer relativen Rechtswidrigkeit sprechen kann und damit die Deliktsfähigkeit keine passende Kategorie für die Beurteilung der selbständigen Verlöbnisfähigkeit darstellt. Denn auch dann, wenn man innerhalb des Bereichs der relativen Rechtswidrigkeit eher eine Verwandtschaft des Verlöbnisbruchs mit dem Vertrauensbruch bei der culpa in contrahendo (auch z. B. in den Fällen der §§ 122, 179, 307, 309 BGB[214]) als mit dem Vertragsbruch annehmen möchte[215], bewegt man sich immer noch im Herrschaftsbereich der Geschäftsfähigkeit und nicht der nur für den absoluten Unrechtsverkehr[216] geltenden Deliktsfähigkeit[217]. Aus § 179 Abs. 3 Satz 2 BGB geht dies klar hervor; für die Fälle

---

[212] Wenn man nicht dem Verlöbnis jeden sittlichen Ernst und damit überhaupt seine Berechtigung nimmt und es nur als ein „Gelegenheitspröbchen" (vgl. Mumm S. 161) ansieht. Dann sollte man auch die privatrechtliche Normierung des Verlöbnisses abschaffen. Dieser Einwand ist aber von den Vertretern der Deliktstheorie, mit denen wir uns jetzt auseinandersetzen, nicht zu erwarten; denn sie nehmen ja gerade eine Rechtswidrigkeit des Verlöbnisbruchs an und infolgedessen auch eine rechtliche Bindung der Verlobten (vgl. Hellmann S. 220; Nathan S. 40). Wer aber der Verlöbnistreue eine solche rechtliche Bedeutung beimißt, daß ihre Verletzung ein Delikt oder jedenfalls deliktsartig ist, gibt dem Verlöbnis einen ganz besonderen sittlichen Ernst. Die sittliche Bedeutung des Verlöbnisses als Ausgangspunkt der Deliktstheorie betont auch Matthiaß § 223 III.

[213] Vgl. Hellmann S. 110; Nathan S. 40.

[214] Wobei natürlich nicht übersehen wird, daß im Falle der §§ 122 und 179 Abs. 2 BGB gar keine Rechtswidrigkeit vorliegt. Sie stehen aber jedenfalls dem Bereich der relativen Rechtswidrigkeit, zu dem die übrigen Fälle der culpa in contrahendo gehören, näher als dem der absoluten Rechtswidrigkeit. Auch sie bestimmen eine Haftung auf Grund einer relativen Sonderbeziehung. Nur geht bei ihnen die Haftung über ein Verschulden hinaus.

[215] So z. B. Eltzbacher S. 181; Jacobi S. 19/20; Lehmann (1. Aufl.) § 6 I (S. 27).

[216] Im Sinne der Terminologie Kohlers (§ IV, VII 4).

[217] Wir stellen hier wohlgemerkt auf den Haftungs**grund** ab, der beim Vertrag und bei der culpa in contrahendo im gültigen Vertragsschluß oder in

des § 122 BGB und des § 307 BGB aber folgt es daraus, daß Scherz, Irrtum sowie Kenntnis oder Kennen-Müssen der Unmöglichkeit nur dann ersatzpflichtig machen, wenn sie die alleinige Ursache für die Unwirksamkeit der Willenserklärung oder des Vertrags bilden[218]. Das ist jedoch nicht der Fall, wenn die Erklärung oder der Vertrag schon mangels Geschäftsfähigkeit nicht wirksam geworden wären. Also haftet auch nach den §§ 122, 307, 309 BGB nur der Volljährige oder der mit Zustimmung seines gesetzlichen Vertreters handelnde beschränkt Geschäftsfähige. Das gleiche gilt auch für die übrigen in Rechtsanalogie zu den §§ 122, 179, 307, 309 BGB entwickelten Fälle der culpa in contrahendo; denn man kann für die Anbahnung eines Vertragsverhältnisses keine schärferen Haftungsvoraussetzungen aufstellen als für die Vertragshaftung selbst[219]. Es handelt sich hier jedenfalls um eine vertragsähnliche Haftung[220], die nicht den Regeln des Deliktsrechts folgt[221].

Für die Frage, ob es näher liegt, die Vorschriften über die Geschäftsfähigkeit oder die Deliktsfähigkeit auf das Verlöbnis anzuwenden, ist es somit unmaßgeblich, ob man das Verlöbnis als einen Vertrag oder ein vertragsähnliches Verhältnis auffaßt. Mit der Feststellung, daß für den Verlöbnisbruch nur eine relative Rechtswidrigkeit in Betracht kommt, ist allen Versuchen, von einer Deliktsartigkeit und einer Anwendung des § 828 Abs. 2 BGB zu sprechen, die Grundlage entzogen[222]. Das gilt auch, wenn man in dem Verlöbnisbruch keine Rechtswidrigkeit, sondern nur eine

---

den zu einem gültigen Vertragsschluß geeigneten Vertragsverhandlungen liegt, nicht dagegen auf die haftungs*auslösende* Handlung des Vertrags- oder Vertrauensbruchs, für die nie Geschäftsfähigkeit erforderlich ist (vgl. dazu insbesondere unten S. 63) und die daher als Kriterium ausscheidet.

[218] Vgl. Palandt-Danckelmann § 122 Anm. 2 a. E.; Staudinger-Werner § 307 Anm. I 1.

[219] Vgl. Enneccerus-Lehmann § 43 III (S. 192 o.) und § 29 II 1 c mit Fußn. 1.

[220] Vgl. Enneccerus-Lehmann § 43 III (S. 191).

[221] Vgl. auch Enneccerus-Lehmann § 29 II 1 a bezüglich der Haftung aus § 307.

[222] Auch der weitere Fall aus dem Bereich der relativen Rechtswidrigkeit, der mangels Vergleichbarkeit mit dem Verlöbnis bisher unerwähnt blieb, nämlich der Fall der Haftung aus Geschäftsführung ohne Auftrag, untersteht den Regeln der Geschäftsfähigkeit (§ 682 BGB).

Was aber schließlich den letzten Fallkomplex relativer Rechtswidrigkeit angeht, nämlich das sogenannte Eigentümer-Besitzer-Verhältnis, so kann es hier nicht zum Vergleich dienen, weil es weder Parallelen zum Delikt noch zum Vertragsbruch oder zur culpa in contrahendo aufweist. Diese Sonderbeziehung wird durch ein rein tatsächliches Besitzverhältnis hergestellt, dessen Begründung weder Geschäfts- noch Deliktsfähigkeit voraussetzt.

Jedenfalls kommt es im Bereich der relativen Rechtswidrigkeit für die Begründung der Sonderbeziehung nirgends auf Deliktsfähigkeit an.

Sittenwidrigkeit sehen will[223]. Auch dann wäre keine Delikts-, sondern eine Vertragsähnlichkeit anzunehmen. Der Verlöbnisbruch wäre nämlich dann, wie die obigen Beispiele[224] gezeigt haben, keine absolut unsittliche, sondern nur eine relativ, d. h. im Hinblick auf die zuvor eingegangene sittliche Bindung, sittenwidrige Handlung[225]. Gegen die Unterscheidung absoluter und relativer Sittenverstöße spricht nicht etwa § 826 BGB mit seiner unterschiedslosen Einbeziehung sittenwidrigen Handelns in die Deliktshaftung. § 826 BGB erklärt nämlich nicht schlechthin jeden Sittenverstoß, sondern nur vorsätzliche sittenwidrige Schädigungen für absolutes Unrecht. Auch Vertragsverletzungen oder sonstige relativ rechtswidrige Handlungen können im Zusammenhang mit einer vorsätzlichen Schädigung eine Haftung nach § 826 BGB begründen[226]. Damit verliert jedoch auch die Unterscheidung relativer und absoluter Rechtswidrigkeit nicht ihren Wert. Ebenso kann der Verlöbnisbruch im Einzelfall eine Haftung nach § 826 BGB erzeugen. Das besagt aber für die Frage, ob er grundsätzlich ein Delikt oder eine Vertragsverletzung darstellt oder (im Falle bloßer Sittenwidrigkeit) mehr Ähnlichkeit mit dem einen oder anderen aufweist, nichts.

Am Ende unserer Untersuchung, die gezeigt haben dürfte, daß sich bei einer gründlichen Systembetrachtung nichts Stichhaltiges für eine Deliktsartigkeit der Verlöbnisfolgen vorbringen läßt, drängen sich zwei Fragen auf:

Wie kommt es, daß sich angesichts des fundamentalen Unterschieds absoluter und relativer Rechtswidrigkeit immer wieder Stimmen für die Deliktsartigkeit der Verlöbnishaftung erhoben haben, ohne daß sie in der Lage waren oder auch nur versucht haben, einen absoluten Rechtsverstoß beim Verlöbnis zu konstruieren?

Und warum sind die einzigen Autoren, die sich etwas genauer mit der Frage befaßt haben, nämlich die Vertreter der Schutzgesetztheorie, auf den Umweg verfallen, die §§ 1298 ff. BGB erst in Schutzgesetze umzumünzen, um sie dann unter § 823 Abs. 2 BGB zu bringen, obwohl die §§ 1298 ff. BGB vollständige und selbständige Anspruchsnormen sind?

Die beiden Fragen haben eine gemeinsame Antwort. Die Vertreter der Schutzgesetztheorie glaubten in § 823 Abs. 2 BGB den Transformator gefunden zu haben, der aus relativen Rechtsverstößen deliktisches Unrecht

---

[223] Vgl. zu dieser Frage die Ausführungen im nächsten Kapitel (unten S. 147 ff.).

[224] S. 46.

[225] Diesen Gesichtspunkt bestätigen, ohne ihn besonders zum Ausdruck zu bringen, diejenigen Autoren, die die Maßgeblichkeit der Geschäftsfähigkeitsregeln schon aus dem Versprechenscharakter des Verlöbnisses und der darin liegenden Übernahme einer sittlichen Bindung folgern, ohne es auf die Rechtsgeschäftsnatur des Versprechens abzustellen. Vgl. Engelmann, A. § 244 (insbesondere S. 636); Jacobi S. 19 Fußn. 16 a; Müller-Meikel § 254 (S. 1 o.).

[226] Vgl. Palandt-Gramm § 826 Anm. 8 r.

macht. Hellmann[227] führt aus, daß den Verfassern des Entwurfs zum BGB als Delikte Verstöße gegen absolute Verbotsgesetze und Verletzungen absoluter Rechte vorgeschwebt hätten, und räumt ein, daß sich der Verlöbnisbruch unter keine dieser Kategorien unterbringen lasse. Dann fährt er fort: „Eine andere Frage aber ist es, ob angesichts des § 823² BGB. der Deliktsstandpunkt ebenfalls abgelehnt werden muß." Leider führt er den Gedanken nicht weiter aus, sondern wendet sich an dieser Stelle abrupt einer anderen Argumentation zu. So müssen wir seine Antwort auf die von ihm aufgeworfene Frage ergänzend hinzulesen. Sie soll wohl lauten: „Nein, denn § 823 Abs. 2 BGB erfordert weder ein absolutes Verbotsgesetz noch die Verletzung eines absoluten Rechts." Hier zeigt sich denn auch der versteckte Fehler: Nur das Letzte ist richtig, daß nämlich § 823 Abs. 2 BGB im Gegensatz zu § 823 Abs. 1 BGB nicht die Verletzung eines absoluten Rechts voraussetzt. Daß dagegen über § 823 Abs. 2 BGB auch relative Rechtswidrigkeit Deliktsnatur annehmen könne, ist unrichtig. Dann wären alle Bestimmungen über Vertragshaftung und culpa in contrahendo Schutzgesetze im Sinne des § 823 Abs. 2 BGB. Tatsächlich erlangen Vertragsverletzungen und vertragsähnliche Vertrauensbrüche aber nur in Ausnahmefällen deliktische Bedeutung, so beispielsweise beim Betrug (§§ 823 Abs. 2 BGB/263 StGB). In diesen Fällen überschießt nämlich der Handlungsunwert den einer bloßen Vertragswidrigkeit. Ein solches Verhalten wird von der Rechtsordnung ohne Rücksicht auf die vertraglichen oder vertragsähnlichen Beziehungen mißbilligt, die ja auch dem Schädiger nur Mittel zum Zweck sind. Daher unterliegt es keinem Zweifel, daß auch der Verlöbnisbruch in besonderen Fällen, so z. B. beim Verlöbnis eines Heiratsschwindlers, eine unerlaubte Handlung (gemäß §§ 823 Abs. 2 BGB/263 StGB, 825, 826 BGB) sein kann[228].

Aber selbst wenn man alle Vorschriften, die eine Haftung wegen relativer Rechtswidrigkeit normieren, als Schutzgesetze im Sinne des § 823 Abs. 2 BGB ansehen wollte, so würde dies für die Frage der Geschäfts- oder Deliktsfähigkeit keine Bedeutung haben; denn für die Verwirklichung der Schutzgesetzvoraussetzungen wäre nach wie vor die Geschäftsfähigkeit erforderlich, weil die entsprechenden Haftungsbestimmungen den Abschluß oder die Anbahnung eines gültigen Vertrages erfordern. Hier liegt der zweite Fehlschluß der Schutzgesetztheorie. Ihre Vertreter übersehen nämlich, daß aus § 823 Abs. 2 BGB nichts über die Voraussetzungen der Schutzgesetznormen folgt. Deshalb ist auch mit der Unterstellung der §§ 1298 ff. BGB unter § 823 Abs. 2 BGB nichts für die Frage nach den Voraussetzungen der §§ 1298 ff. BGB gewonnen.

Schließlich und letztlich ist gegenüber allen Theorien der deliktischen oder quasideliktischen Natur des Verlöbnisbruches im Auge zu behalten,

---

[227] S. 220 r. Sp. o.

[228] Darüber, daß insoweit die §§ 823 ff. BGB neben den §§ 1298 ff. BGB Anwendung finden, herrscht kein Streit. Vgl. statt aller Palandt-Lauterbach § 1298 Anm. 5.

daß es bei unserer ganzen Streitfrage nicht um die Fähigkeit geht, ein Verlöbnis zu brechen, sondern um die Fähigkeit, ein Verlöbnis einzugehen. Bezüglich des Verlöbnisbruchs, i. e. des Rücktritts vom Verlöbnis oder seiner Veranlassung, herrscht, wie wir oben[229] gesehen haben, bis auf ganz wenige Stimmen Einhelligkeit darüber, daß der beschränkt Geschäftsfähige nicht der Zustimmung des gesetzlichen Vertreters bedarf, so daß die Deliktstheorie hier mit dem Erfordernis der Deliktsfähigkeit statt der Geschäftsfähigkeit offene Türen einrennt[230]. Die Verlobung aber gehört unzweifelhaft zu den rechtmäßigen Handlungen im Gegensatz zu den oben behandelten rechtswidrigen Handlungen als der anderen Gruppe der sogenannten juristischen Tatsachen. Für rechtmäßige Handlungen aber scheidet die Kategorie der Deliktsfähigkeit ohnehin aus. Hier kann es nur um die (unmittelbare oder analoge) Anwendung oder Nicht-Anwendung der Geschäftsfähigkeitsregeln gehen.

Die Entscheidung hat somit nur noch zu fallen zwischen der generell bestimmten Geschäftsfähigkeit und einer individuell zu bestimmenden Verlobungsfähigkeit, also zwischen dem Erfordernis des Geschäftswillens einerseits und des natürlichen Willens andererseits, wie er zur Vornahme und Beurteilung des tatsächlichen Vorgangs nötig ist. Hierzu bedarf es noch einer Untersuchung der Sondernatur des Verlöbnisses und einer Orientierung an der rechtlichen Behandlung der Institution, mit der das Verlöbnis in einem inneren Zusammenhang steht und von der allein es seine sittliche wie auch praktische Bedeutung erhält, nämlich der Ehe.

d) Die Argumente der Sondernatur des Verlöbnisses

Die allgemeine Systembetrachtung des vorigen Abschnitts hat über die Ablehnung jeder deliktischen Qualifikation des Verlöbnisbruchs hinaus gezeigt, daß vieles dafür spricht, die Verlobung den Vorschriften über die Geschäftsfähigkeit zu unterstellen. Es bedarf nun der Prüfung, ob das Sonderrecht, dem das Verlöbnis angehört, von dieser allgemeinen Einstellung abweicht oder sie gar bestärkt.

aa) Das Argument der nichtvermögensrechtlichen Natur des Verlöbnisses

In der älteren Literatur des Verlöbnisrechts findet sich ein auf die nichtvermögensrechtliche Natur des Verlöbnisses gestützter Einwand gegen die herrschende Auffassung. Er besagt, § 107 BGB mit seiner Unterscheidung zwischen vorteilhaften und nachteiligen Geschäften passe nur auf vermögensrechtliche Geschäfte[231]. Folglich seien auf das Verlöbnis, das „jenseits von Vorteil und Nachteil“[232] stehe, die §§ 107, 108 BGB nicht

---

229 S. 22.
230 Vgl. dazu insbesondere unten S. 63.
231 Dernburg § 7 II 3.
232 Goldmann S. 432.

anwendbar[233]. Diese von Dernburg und Goldmann aus der an sich richtigen Prämisse, daß der Begriff des vorteilhaften Geschäfts im Sinne des § 107 BGB nur im Vermögensrecht sinnvoll ist[234], gezogene Schlußfolgerung hat mit Recht allgemeine Ablehnung gefunden[235]. Diese Argumentation verkennt nämlich, daß § 107 BGB für alle Rechtsgeschäfte Minderjähriger den Grundsatz der Zustimmungsbedürftigkeit aufstellt und nur für die lediglich vorteilhaften Geschäfte eine Ausnahme bestimmt[236].

Nimmt man daher den § 107 beim Wort, so folgt aus der Prämisse, daß sich nur im Vermögensrecht vorteilhafte Geschäfte von nachteiligen unterscheiden lassen, das genaue Gegenteil von dem, was Dernburg und Goldmann annehmen: Es ergibt sich nämlich dann, daß nur im Vermögensrecht Ausnahmen von der Zustimmungsbedürftigkeit vorkommen, familienrechtliche Verträge also nach § 107 BGB immer der Zustimmung des gesetzlichen Vertreters bedürfen, soweit das Gesetz nicht an anderer Stelle[237] eine Ausnahme bestimmt[238].

Auch der Umkehrschluß aus § 1304 BGB a. F.[239], auf den Goldmann[240] sein Ergebnis noch stützt, ist angesichts des klaren, auf jede „Willenserklärung" schlechthin bezogenen Wortlauts des § 107 BGB und seiner Stellung im Allgemeinen Teil des BGB (und nicht etwa in den allgemeinen Vorschriften des Zweiten Buches) ohne Überzeugungskraft[241]. Es lag durchaus nahe, trotz der allgemeinen Geltung des § 107 BGB für die Ehe eine Sondervorschrift zu geben, einmal weil das Gesetz die Wirksamkeitsvoraussetzungen für Rechtsgeschäfte bei der Ehe in der besonderen Form der Ehehindernisse darstellt, sodann, um die besondere Bedeutung der Geschäftsfähigkeit neben der Ehemündigkeit klarzustellen, und schließlich, weil die Vorschrift des § 108 BGB für die Ehe nicht übernommen werden konnte, sondern im Sinne des § 1331 BGB a. F.[242] abgewandelt werden mußte. Auch Interessen der Übersicht[243] und Klarstellung[244] könnten schon die Wiederholung des in § 107 BGB ausgesprochenen Rechtssatzes rechtfertigen.

---

[233] So Dernburg a. a. O.; Goldmann a. a. O.

[234] Vgl. z. B. Enneccerus-Nipperdey § 151 II 1 d.

[235] Vgl. Glaser S. 28; Goldmann-Lilienthal-Sternberg § 1 Fußn. 9; Nathan S. 88/89; Staudinger-Engelmann Vorb. III a vor § 1297 (S. 10); RGZ 61, 267 (271 ff.).

[236] Darauf weisen insbesondere Goldmann-Lilienthal-Sternberg a. a. O. und Nathan a. a. O. hin.

[237] Z. B. in §§ 1595 Abs. 1, 1729 Abs. 3, 1748 Abs. 2 Satz 2 BGB.

[238] Vgl. Enneccerus-Nipperdey § 151 II 1 d.

[239] Dem jetzt § 3 Abs. 1 EheG entspricht.

[240] S. 432.

[241] Gegen den Umkehrschluß Goldmanns haben sich ausdrücklich ausgesprochen: Endemann § 151 a Fußn. 12; Nathan S. 89; RGZ 61, 267 (272).

[242] Dem jetzt § 30 EheG entspricht.

[243] So Endemann a. a. O.

[244] So RGZ 61, 267 (272).

Nachdem sich somit die Interpretation des § 107 BGB durch Dernburg und Goldmann als unhaltbar erwiesen hatte, fand ihre Auffassung später nur noch in einer methodisch abgewandelten Form Gefolgschaft, und zwar bei Dietz[245] und Zechnall[246]. Auch diese Autoren argumentieren mit der nichtvermögensrechtlichen Natur des Verlöbnisses. Sie gehen aber über eine Interpretation des § 107 BGB hinaus und behaupten, die gesamte Regelung der §§ 106 ff. BGB passe nur bei vermögensrechtlichen Geschäften. Sie leugnen also nicht, daß § 107 BGB seinem Wortlaut nach alle Rechtsgeschäfte erfassen will; sie werfen vielmehr dem Gesetz vor, daß es bei der ganzen Regelung von vermögensrechtlichen Vorstellungen ausgegangen sei und die Vorschriften der §§ 106 ff. BGB darauf zugeschnitten habe[247]. Zechnall[248] versteigt sich dabei zu der Behauptung: „Die Geschäftsfähigkeit gilt nur für das Geschäftsleben, für den wirtschaftlichen Güterverkehr, nicht aber für das höchst persönliche Gemeinschaftsleben". Diese Behauptung widerlegt sich allerdings angesichts zahlreicher Bestimmungen des Familienrechts (z. B. des § 3 Abs. 1 EheG, des § 1729 BGB etc.) selbst. Demgegenüber ist die Ansicht, das Gesetz habe bei der Regelung der §§ 107 ff. BGB typisch die Geschäfte des Vermögensverkehrs vor Augen gehabt, diskutabel. Es ist nicht zu verkennen, daß der Gesetzgeber das Vermögensrecht mit mehr Kunst und Sorgfalt geregelt hat als das Personenrecht, weil hier die Wissenschaft ein geschlossenes System erarbeitet hatte, was auf dem Gebiete des Personenrechts nicht vorlag und wohl auch heute noch nicht vorliegt. Daraus, daß das Vermögensrecht in den allgemeinen Vorschriften des BGB eine „gekonntere" Regelung gefunden hat als das Personenrecht, läßt sich aber keinesfalls der Schluß ziehen, der Allgemeine Teil des BGB gelte nur für das Vermögensrecht. Es geht nicht an, ein Gesetz nur in seinen besonders gelungenen Partien anzuwenden. Hier vermischen sich Gedanken de lege ferenda und de lege lata in unzulässiger Weise[249]. Der typische Zuschnitt eines Gesetzes ist für sich allein kein Grund, seine Anwendung zu beschränken. Rechtsfindung greift erst bei einer Gesetzeslücke ein; diese ergibt sich aber erst aus dem wirklichen und nicht aus dem typischen Zuschnitt des Gesetzes. Allerdings hat der Umstand, daß einer gesetzlichen Regelung ein bestimmter Lebenskreis als typischer Gegenstand der Normierung zugrunde liegt, die Be-

---

245 § 13 I 2 a (S. 80).

246 S. 94.

247 So Dietz a. a. O., der allerdings die Mittelmeinung vertritt. Derselben rechtssystematischen Auffassung ist Siebert (Das Recht der Familie, S. 83 Nr. 3), allerdings in etwas abgeschwächter Form: Nach ihm sind die §§ 104 ff. BGB im wesentlichen auf den Vermögensverkehr zugeschnitten. Auch er folgert daraus, daß das Verlöbnisrecht unbekümmert um die §§ 104 ff. BGB aus dem Wesen des Verlöbnisses zu finden sei (DtRWiss S. 210), läßt aber nicht erkennen, ob er auf Grund der eherechtlichen Bestimmungen zur Zustimmungsbedürftigkeit des Verlöbnisses kommt oder nicht (vgl. oben S. 18 Fußn. 75).

248 S. 94.

249 Ein Vorwurf, der insbesondere die Ausführungen Zechnalls trifft.

deutung, daß sich in den atypischen Bereichen eher Gesetzeslücken finden werden, weil das Gesetz hier nicht so durchdacht ist, oder daß allgemeine Vorschriften hier oft dem Sonderrecht weichen müssen, weil es sich mit dessen Typik nicht verträgt. Es bedarf dann aber im Interesse einer sauberen juristischen Methode immer noch des besonderen Nachweises der Gesetzeslücke oder der derogierenden Sondernatur eines bestimmten Rechtsinstituts.

Auf den Gegenstand unserer Untersuchung angewandt, bedeutet das: Mit dem Hinweis auf die nichtvermögensrechtliche Natur des Verlöbnisses allein ist für unsere Frage nichts gewonnen. Mag auch die Regelung der §§ 107 ff. BGB typisch auf das Vermögensrecht zugeschnitten sein, der Gesetzgeber hat sie jedenfalls nicht auf das Vermögensrecht beschränkt. Es bedarf zur Ausschaltung des auch im Familienrecht geltenden Geschäftsfähigkeitserfordernisses (vgl. die obigen Beispiele) vielmehr erst noch des Nachweises, daß eine über den nichtvermögensrechtlichen Charakter hinausgehende positive Sondernatur des Verlöbnisses die Anwendung der Geschäftsfähigkeitsregeln verbietet.

bb) Das Argument der Klaglosigkeit und der schwachen Rechtswirkungen des Verlöbnisses

Die auffälligste Besonderheit des Verlöbnisses ist das Fehlen eines unmittelbaren klagbaren Anspruchs aus dem Verlöbnis (§ 1297 Abs. 1 BGB). Dieses Fehlen einer Leistungsklage wird denn auch gelegentlich als ein Argument gegen das Erfordernis der Geschäftsfähigkeit beim Verlöbnis mit in die Waagschale geworfen[250]. Ihm entspricht im wesentlichen auch das Argument Goldmanns[251], das Verlöbnis könne „mit seinen schwachen Rechtsfolgen" hinsichtlich der Voraussetzung der Geschäftsfähigkeit nicht mit der Ehe gleichgestellt werden.

Was das Argument der Klaglosigkeit betrifft, so verfehlt es seine gezielte Wirkung bereits dann, wenn man das Verlöbnis nicht als einen rein obligatorischen Vertrag auffaßt. Denn sobald man den Bereich der Verpflichtungsgeschäfte verläßt, ist der Satz, daß aus einem rechtsgeschäftlichen Vertrag eine unmittelbare Leistungsklage gegeben sein müsse, nicht mehr richtig. Bei den vermögensrechtlichen Verfügungsverträgen wie etwa Zession und Übereignung, bei den familienrechtlichen Statusverträgen wie Ehe und Adoption oder schließlich bei Gestaltungsverträgen wie Aufhebungs-, Aufrechnungsverträgen oder dergleichen kommt im Gegensatz zu den Schuldverträgen immer nur eine Feststellungsklage[252] in Betracht. Diese ist aber auch beim Verlöbnis nicht ausgeschlossen[253]. Nun kann hier jedoch der Streit über die ganz oder teilweise obligatorische Natur des

---

[250] So von Boehmer MDR S. 707, JZ S. 267 und Junghanns S. 178, der mangels rechtlicher Erzwingbarkeit den Vertragsbegriff ablehnt.

[251] S. 433 o.

[252] Auf Feststellung, daß die angestrebte Rechtswirkung eingetreten sei.

[253] Unstreitig. Vgl. statt aller Palandt-Lauterbach § 1297 Anm. 1.

Verlöbnisses dahingestellt bleiben; denn daß es auch für das Vorliegen eines Verpflichtungsvertrages nicht auf die Klagbarkeit ankommt, beweisen die §§ 656, 762, 763, 764 BGB[254] und der § 31 GaststättenG[255]. Der Ehemäklervertrag, der Spiel- und Wettvertrag, der nicht staatlich genehmigte Lotterievertrag, das Differenzgeschäft, soweit es nicht von börsenfähigen Personen über Waren und Werte, die zum Börsenhandel zugelassen sind, als offizielles Börsengeschäft abgeschlossen wird, und schließlich der kreditierende Verkauf von Branntwein an einen Schuldner aus einem früheren Branntweinverkauf sind nach herrschender Auffassung Schuldverträge, die wie jeder andere Schuldvertrag auch die Geschäftsfähigkeit erfordern, wenn die in den §§ 656 Abs. 1 Satz 2, 762 Abs. 1 Satz 2 BGB bestimmte Wirkung der sogenannten soluti retentio eintreten soll[256]. So weist denn sogar Hellmann[257], der das Verlöbnis weder als Rechtsgeschäft auffaßt, noch den Regeln der Geschäftsfähigkeit unterstellt, darauf hin, daß angesichts der §§ 656, 762 BGB selbst bei der Fassung des § 1227 des ersten Entwurfs[258] das Verlöbnis ein Rechtsgeschäft hätte sein können.

Aber selbst wenn man in den Fällen der §§ 656, 762, 763, 764 BGB, 31 GaststättG entgegen der herrschenden Auffassung keine rechtsgeschäftlichen Verträge und damit auch nicht die Anwendbarkeit der §§ 104 ff. BGB annehmen wollte, so wäre damit für die Frage der Zustimmungsbedürftigkeit des Verlöbnisses geschäftsbeschränkter Personen noch nichts bewiesen. Denn einmal treffen den Minderjährigen beim Verlöbnis mit den Ersatzverpflichtungen der §§ 1298 ff. BGB wesentlich empfindlichere Folgen als die bloße soluti retentio der §§ 656 Abs. 1 Satz 2, 762 Abs. 1 Satz 2 BGB, die sich mangels dieser Vorschriften in gewissem Umfang auch schon aus § 814 BGB ergeben würde. Sodann kommt hinzu, daß bei dem Verlöbnis wegen seiner besonderen inneren Verbindung zur Ehe auch dann noch das Erfordernis der Geschäftsfähigkeit begründet sein kann, wenn man es als ein Verpflichtungsgeschäft auffaßt und für klaglose Verpflichtungsgeschäfte den Rechtsgeschäftscharakter leugnet[259]. (§ 7 BGB ist ein Beispiel dafür, daß in persönlichen Angelegenheiten natürlicher Personen auch nichtrechts-

---

[254] Hierauf weisen hin: Dittenberger S. 43 Fußn. 1; Manigk S. 736/737; Mitteis, Familienrecht, S. 19; Staudinger-Engelmann Vorb. II a vor § 1297.

[255] Gaststättengesetz vom 28. 4. 1930.

[256] So z. B. ausdrücklich BGB-RGRK § 762 Anm. 7; Manigk S. 737 o.; Staudinger-Brändl § 762 Anm. 9; Staudinger-Coing § 107 Anm. 7 (S. 554). Die meisten Autoren des Schuldrechts begnügen sich mit der Feststellung, daß ein Vertrag vorliegt, vgl. Enneccerus-Lehmann § 189, § 190. — Gegen die rechtsgeschäftliche Natur haben sich ausgesprochen Glaser S. 43 u.; Junghanns S. 178.

[257] S. 219.

[258] E I § 1227 lautet: „Durch das Verlöbniß wird eine Verbindlichkeit der Verlobten zur Schließung der Ehe nicht begründet."

[259] So leugnet z. B. Engelmann, A. (§ 244) wegen der Klaglosigkeit die Vertragsnatur des Verlöbnisses (S. 635), fordert aber gleichwohl wie für die Ehe die Zustimmung des gesetzlichen Vertreters (S. 636).

geschäftliche Handlungen die Geschäftsfähigkeit erfordern können.) Umgekehrt mögen sich aus der personenrechtlichen Eigenart des Verlöbnisses auch Gründe gegen die Anwendung der §§ 106 ff. BGB auf das Verlöbnis ergeben, die einen Schluß von der herrschenden Auffassung zu den unvollkommenen Verbindlichkeiten des Schuldrechts auf das Verlöbnis verbieten[260]. Es zeigt sich also, daß das Argument der Klaglosigkeit des Verlöbnisses das Problem wieder in den allgemeinen Streit um die rechtsgeschäftliche Natur des Verlöbnisses und den Rechtsgeschäftsbegriff überhaupt verlagert und von den Besonderheiten des Verlöbnisses, die es jetzt auf ihre Bedeutung für die Frage der Geschäftsfähigkeit zu untersuchen gilt, ablenkt. Das Argument der Klaglosigkeit, das sich nach dem oben Ausgeführten ebensogut auch für die herrschende Auffassung verwenden ließe, scheint mir aus diesen Gründen für die Frage des Geschäftsfähigkeitserfordernisses beim Verlöbnis keinen Wert zu haben.

Dasselbe gilt für Goldmanns Argument der schwachen Verlöbniswirkungen; denn die genannten klaglosen Verträge des Schuldrechts haben noch schwächere Rechtsfolgen als das Verlöbnis. Zudem ist den §§ 107 ff. BGB ein Unterscheidung von Rechtsgeschäften[261] mit starken und schwachen Rechtswirkungen fremd. Es gibt nur die in § 107 BGB vorgenommene Unterscheidung vorteilhafter und nachteiliger Willenserklärungen. Das Argument Goldmanns entbehrt somit jeder Grundlage.

cc) Das Argument des sozialrechtlichen Charakters des Verlöbnisses

Jene die §§ 107 ff. BGB ausschließende Sondernatur, von der oben[262] die Rede war, glauben Lehmann[263], Mitteis[264] und Schnitzerling[265] in der „sozialrechtlichen Eigenart" des Verlöbnisses gefunden zu haben. Die Vorschriften des Allgemeinen Teils, insbesondere die §§ 106 ff. BGB, sind nach ihnen das Ergebnis rein individualrechtlicher Vorstellungen, die auf das Verlöbnis als ein Gemeinschaftsverhältnis nicht passen[266].

Bevor wir uns mit dieser Begründung sachlich auseinandersetzen, bedarf es einer Klarstellung: Der Gegensatz „individualrechtlich — sozialrechtlich" deckt sich nicht mit dem Begriffspaar „vermögensrechtlich —

---

[260] So wendet sich aus den Reihen der Gegenmeinung Nathan (S. 61 Fußn. 6) skeptisch gegen die Folgerung aus den unvollkommenen Verbindlichkeiten des Schuldrechts auf das Verlöbnis, indem er die innere Verschiedenheit betont.

[261] Goldmann (S. 432) geht ja von der Rechtsgeschäftsnatur des Verlöbnisses aus.

[262] Am Ende des Abschnitts aa (S. 54).

[263] 3. Aufl., § 6 I.

[264] Familienrecht, S. 18 (Nr. 2 und 3 a).

[265] StAZ S. 186.

[266] Den gemeinschaftsrechtlichen Charakter des Verlöbnisses, der sich von den normalen Verträgen des rechtsgeschäftlichen Verkehrs unterscheide, betonen ebenfalls, jedoch ohne konkrete Folgerungen hinsichtlich der Frage der Geschäftsfähigkeit, Dahm § 42 IX 1 und Siebert, Das Recht der Familie, S. 82—84 und DtRWiss S. 210 f.

personenrechtlich"[267]. Denn auch im Bereich des Vermögensrechts, und zwar im Schuldrecht, wirkt sich der Gegensatz von Individual- und Sozialrecht aus und hat dort, namentlich im Recht der Gesellschaft (§§ 705 ff. BGB)[268], zu ähnlichen Streitigkeiten über die Anwendbarkeit der allgemeinen Vorschriften des Ersten und Zweiten Buches des BGB geführt wie im Verlöbnisrecht. Ja, gerade dort hat die Auffassung, daß die Vorschriften des Allgemeinen Teils nicht für alle Rechtsgeschäfte Gültigkeit haben, sondern auf gewissen Gebieten nur mit Vorbehalt anzuwenden sind, ihre eigentliche Verbreitung gefunden und durch ihr Einwirken auf die Rechtsprechung auch praktische Bedeutung erlangen können[269]. Das Gegenstück zum sozialrechtlichen Vertrag ist danach nicht schlechthin der Vertrag des Vermögensrechts[270], sondern nur der vermögensrechtliche Austauschvertrag[271], der sich durch die individuelle Gegensätzlichkeit der Einzelinteressen von den gemeinsame Zwecke verfolgenden Sozialvereinbarungen unterscheidet. Diese Klarstellung war erforderlich, um das Argument der sozialrechtlichen Eigenart in seinem spezifischen Charakter zu erfassen und es einerseits von dem Argument der nichtvermögensrechtlichen Natur und andererseits von den noch zu behandelnden speziell personenrechtlichen Argumenten abzugrenzen.

Was nun das Verlöbnis anbelangt, so ist sein sozialrechtlicher Charakter nicht zu verkennen. Wie schon früher bemerkt[272], gehört das Verlöbnis ebenso wie auch die Ehe zu der Kategorie des Gemeinschaftsrechts, zu dem außer den Gemeinschaften des Familienrechts die „Gesellschaften"[273] gehören, die den engeren Bereich des sogenannten Gesellschaftsrechts bilden. Die Richtigkeit der Prämisse, das Verlöbnis sei ein sozialrechtliches Verhältnis, ist demnach nicht zu bestreiten.

---

[267] Dieser Eindruck könnte dadurch erweckt werden, daß Lehmann a. a. O. (S. 26 u.) von den Tatbeständen des „individualrechtlichen, vermögensrechtlichen Verkehrs" spricht und nach Mitteis a. a. O. das Verlöbnis ein „personenrechtlicher oder sozialrechtlicher Vertrag" ist.

[268] Weitere Beispiele aus dem Schuldrecht sind das Arbeitsverhältnis und die sonstigen Fälle, in denen die sog. Lehre vom faktischen Vertrag wegen sozialen Kontakts, sozialtypischen Verhaltens oder sozialer Leistungsverpflichtung Vertragsverhältnisse von den Vorschriften des Allgemeinen Teils ausnehmen will (vgl. dazu Enneccerus-Lehmann § 26 IV).

[269] Zu denken ist hier z. B. an die heute gefestigte Rechtsprechung, wonach eine in Vollzug gesetzte Gesellschaft nicht mehr gemäß §§ 119 ff. BGB mit ex-tunc-Wirkung angefochten werden kann. Vgl. für die Gesellschaft des BGB (§§ 705 ff.) RG DR 1943, 801 Nr. 1.

[270] Wovon Dietz § 13 I 1, 2 a und Zechnall S. 94 (unter c) in mangelnder oder jedenfalls zu wenig prägnanter Distinktion der Begriffe „Vermögensrecht" und „Individualrecht" auszugehen scheinen.

[271] Vgl. Dahm § 42 IX vor 1; Mitteis, Familienrecht, S. 15.

[272] S. oben S. 33.

[273] Dieser Begriff ist hier im weitesten Sinne gemeint, so daß die Vereine und Gesellschaften im engeren Sinne dazu gehören.

Was aber folgt aus dieser sozialrechtlichen Eigenart? Allenfalls (sofern man die für die faktische Gesellschaft entwickelten Grundsätze übernehmen will), daß nicht alle Vorschriften des Allgemeinen Teils anwendbar sind; nicht jedoch ein Ausschluß der §§ 106 ff. BGB. Denn gerade für das gesamte Gesellschaftsrecht hat der Bundesgerichtshof[274] in Übereinstimmung mit dem gesellschaftsrechtlichen Schrifttum[275] den allgemeinen Grundsatz betont, daß der Minderjährigenschutz Vorrang vor jedem sonstigen Schutz, namentlich auch dem Vertrauensschutz der anderen Vertragspartei, genießt und daher die Lehre von den faktischen Vertragsverhältnissen vor den §§ 106 ff. BGB halt zu machen hat. Mit dieser Betonung des lückenlosen Minderjährigenschutzes, der dem Verkehrsschutz vorgeht, ist aber die Geltung der §§ 106 ff. BGB auch für das Sozialrecht anerkannt. Der BGH hebt den Zweck dieser Vorschriften, die vertragliche Begründung von Verpflichtungen Minderjähriger ohne Zustimmung des gesetzlichen Vertreters zu verhindern, besonders hervor und wendet diesen Zweckgedanken nicht nur auf die sich aus dem Gesellschaftsvertrag ergebende Einlageverpflichtung, sondern auch auf die gesellschaftliche Treupflicht an. Überträgt man diese Grundsätze auf das Verlöbnis, so bedeutet dies, daß die Entstehung jedweder Verpflichtung aus dem Verlöbnis, sei es, daß man sie als Mitwirkungspflicht zur Eheschließung oder als eine allgemeine auf den Einsatz der Persönlichkeit gerichtete Grundpflicht[276] oder als Treupflicht oder dergleichen qualifiziert, für den Minderjährigen an die Zustimmung des gesetzlichen Vertreters gebunden ist. Auch die Andersartigkeit sozialrechtlicher Pflichten gegenüber individualrechtlichen Leistungspflichten vermag somit an der Fähigkeit eines Minderjährigen, Sonderbindungen einzugehen, nichts zu ändern[277].

Ein Grund, das Verlöbnis nicht den Geschäftsfähigkeitsregeln zu unterstellen, ergibt sich danach auch nicht aus seiner sozialrechtlichen Eigenart.

dd) Das Argument der personen- und persönlichkeitsrechtlichen Eigenart des Verlöbnisses

Eine weitere Gruppe von Argumenten gegen die herrschende Auffassung läßt sich unter dem Stichwort „Personen- und Persönlichkeitsrecht" zusammenfassen. Sie fußen auf dem gemeinsamen Grundgedanken,

---

[274] BGHZ 17, 160 (166 ff.).

[275] Vgl. die Nachweise in BGHZ 17, 160 (166/167).

[276] So Siebert, Das Recht der Familie, S. 84 o.

[277] Die vom BGH (a. a. O. S. 167) offengelassene Frage, ob der Minderjährige trotz der Nichtigkeit des Gesellschaftsvertrages oder seiner Beitrittserklärung Rechte gegenüber der faktischen Gesellschaft oder den Mitgesellschaftern erwirbt, z. B. auf die Beteiligung an von ihm miterwirkten Gewinnen, würde im Falle ihrer Bejahung zu ähnlichen Ergebnissen führen wie die Mittelmeinung, die wir für das Verlöbnis bereits (aus anderen Gründen) abgelehnt haben (vgl. oben S. 32 u.—39 o.).

das Sich-Verloben sei eine höchstpersönliche Angelegenheit, die jeder Verlobte allein entscheiden müsse ohne Einmischung eines anderen, auch nicht des gesetzlichen Vertreters.

α. Das älteste Argument dieser Art kleidet sich in den Vorwurf der Inkonsequenz, der der herrschenden Auffassung daraus gemacht wird, daß sie beim Rücktritt vom Verlöbnis selbst die Vorschriften der §§ 106 ff. BGB, also insbesondere § 111 BGB, außer acht lasse[278] und hiermit der alleinigen und selbständigen Entscheidung des beschränkt Geschäftsfähigen über seinen Eheentschluß Rechnung trage[279]. Diese „höchstpersönliche Natur" sei aber nicht nur dem Rücktritt, sondern dem ganzen Verlöbnis eigen[280].

Was den Hinweis auf den höchstpersönlichen Charakter des Verlöbnisses anbelangt, so ist nicht zu erkennen, was er in diesem Zusammenhang beweisen soll. Höchstpersönliche Geschäfte und Handlungen sind ein in der Privatrechtsordnung geläufiger Begriff, der seine Bedeutung im rechtsgeschäftlichen Bereich bei den Fragen der Stellvertretung (§§ 164 ff. BGB) und im tatsächlichen Bereich bei der Frage der Vertretbarkeit der Ausführung (§§ 887 f. ZPO) erlangt[281]. Die höchstpersönliche Natur des Verlöbnisses wird daher bei der Frage der Stellvertretung[282] zu beachten sein. Dagegen ist im ganzen Privatrecht kein Grundsatz bekannt, wonach die Höchstpersönlichkeit eines Rechtsgeschäfts bei beschränkt geschäftsfähigen Personen die Zustimmung des gesetzlichen Vertreters entbehrlich machen würde. Die Ehe (vgl. § 13 EheG) und die Adoption nach dem vor dem 1. 1. 1962 geltenden Recht (vgl. § 1750 Abs. 1 BGB a. F.)[283] sind vielmehr Beispiele dafür, daß die Höchstpersönlichkeit an dem Erfordernis der Geschäftsfähigkeit grundsätzlich[284] nichts ändert (vgl. § 3 Abs. 1 EheG und § 1751 BGB a. F.). Die hiernach nicht recht erklärliche Argumentation mit dem höchstpersönlichen Charakter des Verlöbnisses bei Mitteis und Zechnall ist wohl darauf zurückzuführen, daß das Reichsgericht[285] die Ausschaltung der §§ 106 ff. BGB beim Rückttritt vom Verlöbnis unter anderem mit einem Hinweis auf die höchstpersönliche Natur des Rücktritts begründet hat.

Es bleibt aber noch zu prüfen, ob der Vorwurf der Inkonsequenz gegen die herrschende Auffassung zu Recht erhoben wird. Dafür ist zu-

---

[278] Vgl. dazu oben S. 21/22.

[279] Das Argument der Inkonsequenz wird vorgebracht von Junghanns S. 180; Mitteis RG-Praxis S. 186; Zechnall S. 95. — S. oben S. 22 Fußn. 103.

[280] Zechnall a. a. O.; dem Sinne nach auch Mitteis a. a. O.

[281] Außerdem spielt der Begriff der Höchstpersönlichkeit noch bei Ansprüchen für die Übertragbarkeit und Vererblichkeit eine Rolle.

[282] S. unten S. 136 ff.

[283] Heute nur noch die Vertragserklärung des Kindes über 14 Jahren (§ 1751 Abs. 2 BGB n. F.).

[284] Für die höchstpersönlichen Rechtsgeschäfte des Erbrechts (vgl. §§ 2064, 2274 BGB) gilt wegen der besonderen Testierfähigkeit (§ 2229 BGB) teilweise etwas anderes, teilweise aber auch nicht (vgl. § 2275 BGB, insbesondere Abs. 2).

[285] RGZ 98, 13 (15).

nächst einmal der Grund klarzustellen, der die meisten Vertreter der herrschenden Auffassung, diesmal in Einmütigkeit mit ihren Gegnern, beim Rücktritt auf die Zustimmung des gesetzlichen Vertreters verzichten läßt.

Daß der Hinweis auf die höchstpersönliche Natur des Rücktritts in RGZ 98, 13 (15) keine hinreichende Begründung darstellt, folgt aus dem oben Gesagten. Hier würde auch die Inkonsequenz klar auf der Hand liegen; denn warum sollte die Verlobung keine höchstpersönliche Angelegenheit sein?

Daß aber wegen der persönlichen Natur des Verlöbnisses in der Zustimmung zum Verlöbnis zugleich auch die Einwilligung in einen etwaigen Rücktritt liege[286], ist eine reine Fiktion. Wenn nun der Vater einem Verlöbnis seines Sohnes so begeistert zustimmt, daß er ihn gleichzeitig eindringlich verwarnt, nur ja nicht dieses Verlöbnis wieder zu lösen?

Als eine befriedigende Erklärung kann es auch nicht angesehen werden, wenn das Kammergericht[287] ausführt, der Rücktritt vom Verlöbnis sei keine rechtsgeschäftliche Willenserklärung. Denn einmal ist die Rechtsnatur des Rücktritts vom Verlöbnis innerhalb der herrschenden Auffassung selbst bestritten[288] [289]; zum anderen aber fragt es sich gerade, warum der Rücktritt im Gegensatz zur Verlobung kein Rechtsgeschäft sein soll, wo doch beim normalen Vertrag mit Rücktrittsrecht sowohl Vertragsschluß wie Rücktritt Rechtsgeschäfte sind. Gerade hier versagt der Versuch einer begrifflichen Erklärung aus der Rechtsnatur völlig.

Die Frage, ob der Rücktritt vom Verlöbnis eine rechtsgeschäftliche Willenserklärung ist oder nicht, kann aber auch dahingestellt bleiben[290]; denn der tiefere Grund, aus dem auch die herrschende Auffassung beim Rücktritt überwiegend vom Zustimmungserfordernis absieht und der in jedem Falle durchgreift, ist folgender:

---

[286] So Neumann § 1298 Note I 2 b.

[287] OLG 15, 397.

[288] Für die Rechtsgeschäftsnatur: Beitzke, Familienrecht, 10. Aufl., § 5 III vor 1; Crome § 550 Fußn. 14; Dittenberger S. 124; Enneccerus-Wolff § 6 III vor 1; Glaser S. 31 f.; Luther RvglHWB S. 205 l. Sp.; Opet § 1298 Anm. 1; Palandt-Lauterbach § 1298 Anm. 1; Soergel-Vogel § 1298 Anm. 1; Staudinger-Engelmann Vorb. V e vor § 1297; RGZ 98, 13 (15); Hamburg OLG 15, 396 (397).

Gegen die Rechtsgeschäftsnatur: Planck-Unzner § 1298 Anm. 13; KG OLG 15, 397.

Unklar: Neumann § 1298 Note I 2.

[289] Auch die Gegner sind nicht einhelliger Meinung.

Für die Rechtsgeschäftsnatur: Beitzke in den Vorauflagen, § 5 III vor 1; Mitteis, Familienrecht, S. 21.

Gegen die Rechtsgeschäftsnatur: Junghanns S. 180; Kohler § 5 V (S. 40); Matthiaß § 223 II A.

[290] So verzichten denn auch einige Vertreter der herrschenden Auffassung auf eine besondere Stellungnahme zur Rechtsnatur des Rücktritts vom Verlöbnis, nämlich BGB-RGRK § 1298 Anm. 1; Eggel in Achilles-Greiff § 1298 Anm. 2 und Goldmann-Lilienthal-Sternberg § 2 II.

Aus der besonderen Vorschrift des § 1297 (Abs. 1 und 2) BGB folgt, daß eine Ehe nur in völliger Willensfreiheit geschlossen werden soll[291], daß also bis zur Eingehung der Ehe niemand, auch nicht der rechtswirksam Verlobte, gegen seinen Willen gebunden sein soll[292]. Die Besonderheit des Verlöbnisses gegenüber anderen Verträgen besteht auf Grund dessen darin, daß zu der Abschlußfreiheit noch eine Erfüllungsfreiheit, genauer gesagt, noch eine Aufrechterhaltungsfreiheit hinzutritt. Zwar geht der Verlobte eine rechtlich bedeutsame Sonderbindung ein, aber diese Bindung ist in ihrem positiven Bestand davon abhängig, daß sie aus freiem Willen bejaht wird. Eine unfreiwillige Wirkung erzeugt sie nur im negativen Sinne, nämlich in dem Entstehen einer Schadensersatzpflicht. Ihrer positiven Verwirklichung wird kein rechtlicher Nachdruck verliehen.

Wendet man diese sich aus § 1297 BGB ergebenden Grundsätze auf das rechtswirksame Verlöbnis eines beschränkt Geschäftsfähigen an, so zeigt sich, daß es an einer freiwillig bejahten Bindung schon dann fehlt, wenn der Geschäftsbeschränkte seinen gegenteiligen Willen erklärt (Rücktritt), ohne daß es dazu noch einer Äußerung des gesetzlichen Vertreters bedürfte. Der Begriff der Freiwilligkeit gehört nicht in die Kategorie des Geschäftswillens, sondern des natürlichen Willens. Der freiwilligen rechtlichen Betätigung werden allerdings von der Rechtsordnung gelegentlich durch das Erfordernis der Geschäftsfähigkeit und damit des Geschäftswillens Schranken gesetzt, so z. B. in § 107 BGB zum Schutze des Minderjährigen. Wenn es aber darum geht, die Freiwilligkeit der Eheschließung zu gewährleisten, so kann die Anerkennung des freien Willens nicht auf den Geschäftswillen beschränkt sein; denn dann würde der in § 1297 BGB liegende Schutz vor Unglück verheißenden, nicht gewollten Ehen gerade dem schutzbedürftigen Minderjährigen und sonstigen Geschäftsbeschränkten entzogen.

Fordern nun diese Überlegungen nicht auch mit gleicher Stringenz die Anerkennung der selbständigen Verlobungsfähigkeit des beschränkt Geschäftsfähigen? Nein; denn so gewiß auch gesagt werden kann, daß eine gegen den Willen des Minderjährigen aufrechterhaltene Bindung kein Glück verheißt, mag sie auch dem objektiven Standpunkte Dritter noch so günstig erscheinen, so wenig läßt sich auf der anderen Seite behaupten, eine vom objektiven Standpunkte aus unvorteilhafte, jedoch vom Minderjährigen gewollte Bindung fördere sein Bestes. Dies ist der tiefere Grund, weshalb es nicht inkonsequent ist, dem Minderjährigen zwar die Lösung eines Verlöbnisses freizustellen, nicht jedoch die Eingehung. Die Freiwilligkeit der Bindung ist aber in beiden Fällen gewahrt, wenn man bei

---

[291] Also der Grundsatz: matrimonia libera esse debent.

[292] Dies ist zugleich die überwiegende Begründung, vgl. Beitzke § 5 III vor 1; Enneccerus-Nipperdey § 151 Fußn. 10; Erman-Seibert § 1298 Anm. 2; Planck-Unzner § 1298 Anm. 13; RGZ 98, 13 (15); KG OLG 15, 397.

der Verlobung einen wirklich freien Entschluß des beschränkt Geschäftsfähigen verlangt und den gesetzlichen Vertreter nur auf eine Zustimmung ohne jede Bevormundung beschränkt[293].

Verstößt es nun aber nicht gegen den Gedanken des Minderjährigenschutzes, wenn sich der Minderjährige durch einen selbständigen Rücktritt vom Verlöbnis mit den Folgen der §§ 1298 ff. BGB belastet? Könnte nicht hierin die Inkonsequenz liegen?

Hier erweist sich die von Endemann[294] vorgenommene scharfe Trennung der verschiedenen unter dem Begriff „Rücktritt vom Verlöbnis" zusammengefaßten Tatbestände als für ein tieferes Verständnis sehr nützlich. Zugleich zeigt sich dabei die Unzulänglichkeit einer Betrachtung des Rücktritts vom Verlöbnis unter dem Aspekt, ob er ein Rechtsgeschäft ist oder nicht. Mit Endemann müssen wir nämlich zwei verschiedene Fälle auseinanderhalten: einmal den begründeten Rücktritt, der keine Ersatzverpflichtungen nach sich zieht, und zum anderen den grundlosen Rücktritt sowie die schuldhafte Veranlassung des Rücktritts des anderen Teils, die man unter dem Begriff „Verlöbnisbruch" zusammenfassen kann[295]. Nur hier entsteht die Schadensersatzpflicht und damit die oben gestellte Frage. Im Falle der Veranlassung des Rücktritts des anderen Verlobten kann von einer Willenserklärung schon gar keine Rede mehr sein und die Frage nach der Zustimmung des gesetzlichen Vertreters ernsthaft nicht mehr gestellt werden. Es würde nun aber schon vom Ergebnis her seltsam anmuten, wenn sich der selbständig handelnde beschränkt Geschäftsfähige im Falle des § 1299 BGB haftbar machen würde, jedoch bei eigenem grundlosen Rücktritt mangels Einwilligung seines gesetzlichen Vertreters von der Haftungsfolge des § 1298 BGB verschont bleiben sollte. Zudem hat sich vernünftigerweise die Meinung durchgesetzt, daß eine analoge Haftung auch den Verlobten trifft, der nicht den Rücktritt erklärt, sondern schuldhaft das Unmöglichwerden der Eheschließung herbeiführt[296]. Aus alledem folgt, daß man dem eigentlichen einheitlichen Haftungsgrund der §§ 1298 ff. BGB besser mit dem Begriff des Verlöbnisbruchs als mit dem bloßen Tatbestandsmerkmal des Rücktritts gerecht wird.

---

[293] Vgl. dazu unten S. 86 o.

[294] § 151 a Nr. 4 (S. 57 ff.).

[295] Auch Mitteis (RG-Praxis S. 185) betont den Unterschied von berechtigtem und unberechtigtem Rücktritt.

[296] Vgl. Beitzke Fall 4 (S. 20 o. und S. 185); Endemann § 151 a Nr. 4 b, 2 und 3 mit Fußn. 59 a. E., 61 (S. 60) (dieser allerdings in unmittelbarer Anwendung des § 1298 BGB, indem er den Begriff „Rücktritt" durch den Begriff „Verlöbnisbruch" ersetzt); Enneccerus-Wolff § 6 IV (S. 29) (dieser in unmittelbarer Anwendung des § 280 BGB hinsichtlich des Grundes und analoger Anwendung der §§ 1298 ff. BGB bezüglich der Höhe); Goldmann-Lilienthal-Sternberg § 2 III 2; Zechnall S. 92/93.

Für den Fall der anderweitigen Heirat auch Dittenberger S. 125 mit umständlicher Konstruktion.

Denken wir aber nun an die Ähnlichkeit des Verlöbnisbruchs mit der Vertragsverletzung, die sich aus unserer Auseinandersetzung mit den Deliktstheorien[297] ergab[298], so wird es nicht nur von den Ergebnissen, sondern auch vom Rechtssystem her klar, daß von einer Inkonsequenz der herrschenden Auffassung nicht die Rede sein kann. Ist es doch für die Haftung wegen Vertragsbruchs eine selbstverständliche Sache, daß sie den Geschäftsfähigkeitsregeln nur insoweit unterstellt ist, als der Abschluß eines wirksamen Vertrages durch einen beschränkt Geschäftsfähigen der Zustimmung des gesetzlichen Vertreters bedarf, nicht jedoch auch die Vertragsverletzung[299]. Das gleiche gilt für die Haftung aus culpa in contrahendo; es genügt, wenn der Minderjährige die Einwilligung zur Anbahnung des Vertragsschlusses bzw. zum Vertragsschluß hat, seine Verletzungshandlung braucht davon nicht gedeckt zu sein[299]. Die Verantwortlichkeit für die (relativ) rechtswidrige Handlung des Vertragsbruchs oder der culpa in contrahendo als solche richtet sich wie bei jeder rechtswidrigen Handlung (also auch der absoluten des Delikts) nach der Deliktsfähigkeit[300]. Mehr kann auch für die sich als Verlöbnisbruch darstellenden Handlungen (als da sind: ausdrückliche Rücktrittserklärung ohne Grund, im Sinne einer solchen Erklärung schlüssiges Handeln, Verursachung der Unmöglichkeit der Eheschließung und Veranlassung des begründeten Rücktritts des anderen Teils) nicht gefordert werden. Die Vorschriften über die Geschäftsfähigkeit schützen eben den Minderjährigen beim Eingehen von Sonderbindungen. Ist aber für den Minderjährigen (wegen der Zustimmung des gesetzlichen Vertreters) einmal eine Sonderbindung wirksam zustandegekommen, so ist er in ihrem Rahmen auch wie im allgemeinen Rechtsleben (Deliktsverkehr) verantwortlich. Andernfalls wäre er ja gerade beim Vertragsschluß nicht schutzbedürftig, wenn er bei den Vertragsverletzungen noch einmal geschützt würde.

Inkonsequent ist also nach einer Betrachtung des bürgerlich-rechtlichen Haftungs- und Minderjährigenschutz-Systems nicht die herrschende Auffassung mit ihrer Verschiedenbehandlung von Verlobung und Verlöbnisbruch, sondern gerade der gegen sie gerichtete Vorwurf der Inkonsequenz selbst.

Daß trotzdem ein so haltloser Vorwurf ernsthaft vorgebracht wird, ist ein Beweis dafür, wie sehr ein juristisches Begriffsdenken — hier der Schluß von dem Begriff „Rücktritt vom Verlöbnis" über den Rechtsgeschäftsbegriff auf § 111 BGB — sogar den Blick in rechtssystematische Zusammenhänge verbauen kann. Bei einer so spärlichen gesetzlichen Rege-

---

[297] Oben S. 41 ff.

[298] Vgl. auch Mitteis RG-Praxis S. 185: „Der unberechtigte Rücktritt kann nicht wohl gut etwas anderes sein als Vertragsverletzung".

[299] Dies wurde schon oben in Fußn. 217 angedeutet.

[300] Vgl. Enneccerus-Nipperdey § 138 II 3, § 212 I und § 216 II 3 mit Fußn. 14.

lung wie der des Verlöbnisses gibt es keine begrifflichen Deduktionen. Hier muß jedes Problem aus der Tiefe heraus induktiv aufgebaut werden. Dazu beizutragen, ist das Anliegen dieser Ausführungen.

Begriffliche Konsequenz kann sich sonach als rechtssystematische Inkonsequenz entlarven. In einem solchen Falle muß die begriffliche Konsequenz geopfert werden; denn der Systembegriff („Willenserklärung" etc.) dient nur der Darstellung des Systems. Das Rechtssystem aber ist ein gewolltes gedankliches Ganzes.

So übersehen die Gegner der herrschenden Auffassung, daß sie eine ganz ähnliche begriffliche Inkonsequenz wie die, die sie der herrschenden Auffassung vorwerfen, gemeinsam mit dieser in Kauf nehmen müssen. Es herrscht nämlich Einmütigkeit darüber, daß ein gegen die guten Sitten verstoßendes Verlöbnis keine Rechtswirksamkeit entfaltet[301]. Für die einen folgt dies aus § 138 Abs. 1 BGB unmittelbar, für die anderen aus einem dem § 138 BGB zugrundeliegenden Rechtsgrundsatz, der auch für nichtrechtsgeschäftliche Handlungen gilt. „Folgerichtig" (im Sinne des dem Vorwurf zugrunde gelegten Begriffs der Konsequenz) müßte man denn auch einer gegen die guten Sitten verstoßenden Rücktrittserklärung ihre Rechtswirksamkeit und damit die Haftungsfolgen der §§ 1298 ff. BGB absprechen. Diese „Konsequenz" zieht aber niemand[302], ohne daß irgendwo der tiefere Grund dafür genannt würde. Es ist derselbe Grund wie für die Verschiedenbehandlung hinsichtlich der Geschäftsfähigkeit: Der grundlose Rücktritt wird nur unter dem Aspekt des Verlöbnisbruchs richtig erfaßt. Als solcher ist er eine rechtswidrige oder zumindest sittenwidrige Handlung[303]. Für solche aber gilt (wie z. B. § 826 BGB beweist) der § 138 BGB nicht.

Der unbegründete Rücktritt vom Verlöbnis, auch als Rechtsgeschäft aufgefaßt, stellt sich somit als ein bloßes Tatbestandsmerkmal des Verlöbnisbruchs dar. Seine Besonderheit liegt, wenn man das Verlöbnis als Vertrag auffaßt, darin, daß er eine Vertragsverletzung durch bloße Erklärung ist. Hinsichtlich der Erklärungsmodalitäten mögen daher die Vorschriften über Willenserklärungen Anwendung finden, so typisch der § 130 BGB[304]. Im übrigen aber werden die für die Wirksamkeit von Rechtsgeschäften geltenden Bestimmungen (so typisch die §§ 107 ff., 134, 138 BGB) dadurch ausgeschaltet, daß es sich hier nicht um die typische,

---

[301] S. dazu unten S. 127 ff.

[302] Vgl. Glaser S. 31.

[303] S. dazu unten S. 147 ff.

[304] Die Anwendung des § 130 BGB entspricht ganz herrschender Auffassung. Vgl. BGB-RGRK § 1298 Anm. 1; Beitzke § 5 III vor 1; Dittenberger S. 124 mit Fußn. 3; Enneccerus-Wolff § 6 III vor 1; Erman-Seibert § 1298 Anm. 2; Glaser S. 31 mit einer Ausnahme in Fußn. 30 (betr. Eingehung einer anderen Ehe); Goldmann-Lilienthal-Sternberg § 2 II Fußn. 6; Kohler § 5 V; Luther RvglHWB S. 205 l. Sp.; Mitteis, Familienrecht, S. 21; Neumann § 1298 Note I 2 a; Opet § 1298 Anm. 1; Palandt-Lauterbach § 1298 Anm. 1; Schmidt, A. B. Vorb. IV 4

dem Kreise der rechtmäßigen Handlungen angehörende Willenserklärung handelt, sondern um eine in das Gewand einer Willenserklärung gekleidete rechtswidrige oder zumindest sittenwidrige Handlung. Damit aber hat unsere Untersuchung mehr ergeben als eine Rechtfertigung der herrschenden Auffassung gegenüber dem Vorwurf der Inkonsequenz. Es hat sich außerdem noch gezeigt, daß es sich hier nicht um eine spezielle Frage der Geschäftsfähigkeitsvorschriften und damit der persönlichen Wirksamkeitsvoraussetzungen handelt. Der Hinweis auf die unterschiedliche Behandlung des Rücktritts vom Verlöbnis trägt nur die Maske eines personen- oder persönlichkeitsrechtlichen Arguments; denn die Nichtanwendung des § 138 BGB entzieht sich beispielsweise jeder personenrechtlichen Begründung. Es ist daher verfehlt, wenn Mitteis[305] in der Anerkennung eines selbständigen, zustimmungsfreien Rücktritts Minderjähriger vom Verlöbnis einen Schritt auf dem Wege zur Anerkennung „personenrechtlicher Verfügungen" erblickt, die den Vorschriften der §§ 106 ff. BGB nicht unterliegen. Dabei versteht er unter personenrechtlichen Verfügungen „Rechtsgeschäfte, die eine unmittelbare Einwirkung auf die Persönlichkeitssphäre enthalten"[306].

Aber vielleicht findet sich die Anerkennung solcher zustimmungsfreien personen- und persönlichkeitsrechtlichen Geschäfte auf anderem Gebiete? Mitteis[306] nennt selbst die Einwilligung in einen ärztlichen operativen Eingriff als weiteres Beispiel, das er in seinem Sinne entschieden sehen möchte. Damit sind wir bei dem zweiten, modernen Argument aus dem Bereiche des Personen- und Persönlichkeitsrechts.

β. Neben Mitteis haben in jüngster Zeit Boehmer[307] und Schnitzerling[308] den Fall der Einwilligung eines Minderjährigen in körperliche Eingriffe mit dem Verlöbnis eines Minderjährigen in Beziehung gebracht und für beide Fälle die Erforderlichkeit eines Konsenses des gesetzlichen Vertreters verneint. Das tertium comparationis ist der höchstpersönliche Charakter der zu entscheidenden Angelegenheit[309]. Die rechtliche Behandlung der Einwilligung in Körperverletzungen ist dadurch zu einem modernen Argument des Verlöbnisrechts geworden, daß die neuere Rechtsprechung hier im Gegensatz zur Rechtsprechung des Reichsgerichts[310] die Anwendbarkeit der §§ 106 ff. BGB, insbesondere des § 111 BGB, verneint hat[311].

---

vor § 1297; Soergel-Vogel § 1298 Anm. 1; Staudinger-Engelmann Vorb. V e vor § 1297; Stutz S. 78 o.; RGZ 105, 245 (246); Hamburg OLG 15, 396 (397).

A. A.: Crome § 550 Anm. 14; Dernburg § 7 III; Endemann § 151 a Fußn. 59 a. E.

[305] RG-Praxis S. 186.

[306] A. a. O. S. 186.

[307] MDR S. 707.

[308] StAZ S. 186 und ZblJugR S. 294.

[309] Vgl. besonders Boehmer a. a. O.

[310] Vgl. RGZ 141, 262 (265).

[311] Vgl. BGHZ 29, 33 = NJW 1959, 811 Nr. 1; OLG München NJW 1958, 633.

Zwingt diese Entwicklung, die auch noch dadurch eine Parallele zum Verlöbnisrecht aufweist, daß die Rechtsprechung im Strafrecht bei der Einwilligung schon immer von der Zustimmung des gesetzlichen Vertreters abgesehen hat[312], nicht zu einem Umdenken bei der herrschenden Auffassung im Verlöbnisrecht?

Auch hier ist es zunächst wieder erforderlich, die Gründe klarzustellen, die zu der Anerkennung einer konsenslosen Einwilligung des Minderjährigen in köperliche Eingriffe geführt haben.

Als erstes wird darauf hingewiesen, daß die Einwilligung in die Verletzung sogenannter Rechtsgüter (wie Leben, Gesundheit, körperliche Integrität usw.) kein Rechtsgeschäft sei, so daß eine unmittelbare Anwendung der §§ 106 ff. BGB entfalle[313].

Hieraus ergeben sich für unsere Frage des Verlöbnisrechts keine Konsequenzen, weil wir sie unabhängig von der Frage der Rechtsnatur des Verlöbnisses entscheiden wollen. Immerhin enthält die für die Praxis bahnbrechende Entscheidung des Bundesgerichtshofs keine Anerkennung höchstpersönlicher Rechtsgeschäfte, die den Vorschriften der §§ 107 ff. BGB nicht unterständen; denn sonst hätte der BGH nicht zuerst die Frage zu entscheiden brauchen, ob die Einwilligung in Rechtsgutsverletzungen ein Rechtsgeschäft sei.

Demgegenüber ist die Begründung, mit der der Bundesgerichtshof die Rechtsgeschäftsnatur ablehnt, für einen Vergleich mit dem Verlöbnisrecht nicht ohne Bedeutung. Der BGH zieht folgenden Schluß: die genannten Rechtsgüter seien keine subjektiven Rechte, also sei die Verfügung über ein solches Rechtsgut im Wege der Einwilligung nicht die Verfügung über eine Sache, ein dingliches Recht oder ein Rechtsverhältnis und somit kein Rechtsgeschäft.

Mit dieser Argumentation wird einer Besonderheit der Einwilligung in Rechtsgutsverletzungen Rechnung getragen. Sie ist ein unmittelbar rechtsändernder und damit seine Wirkung erschöpfender Akt. Als Rechtsgeschäft würde sie in die Kategorie der Verfügungen gehören, zu denen als Musterbeispiele die Übereignung und die Zession zählen. So spricht denn auch, wie wir uns jetzt erinnern mögen[314], Mitteis[315] von der Anerkennung personenrechtlicher Verfügungen, die den §§ 106 ff. BGB nicht unterstehen sollen, worunter er Rechtsgeschäfte mit unmittelbarer Einwirkung auf die Persönlichkeitssphäre versteht. Hier zeigt sich nun schon im Begrifflichen[316] ein Unterschied zwischen dem Verlöbnis und der Einwilligung in eine Rechtsgutsverletzung, den Mitteis übersieht,

---

[312] Vgl. RGSt 41, 392 (395).

[313] BGH a. a. O. S. 36.

[314] S. oben S. 65.

[315] RG-Praxis S. 186.

[316] Nicht im Rechtsgeschäftsbegrifflichen! Der Unterschied folgt aus der Natur der Sache und besteht auch dann, wenn man in Verlobung und Operationseinwilligung keine Rechtsgeschäfte erblickt.

wenn er beide Fälle als personenrechtliche Verfügungen zusammenfaßt. Während sich die Einwilligung in körperliche Eingriffe in einer einmaligen unmittelbaren Rechtswirkung, nämlich der Rechtfertigung der Verletzung, in der Gegenwart erschöpft, wirkt sich die Verlobung unmittelbar und gegenwärtig nur dahin aus, daß sie einen Zustand des Gebundenseins[317] schafft, der seine eigentlichen und für den Minderjährigen gefährlichen Folgen erst in der Zukunft in dem im voraus ungewissen Fall eines Verlöbnisbruchs zeitigt. Die Verlobung würde demnach, als Rechtsgeschäft betrachtet, nicht wie die Eingriffseinwilligung den Verfügungen zugezählt werden können; sie würde vielmehr eine größere Verwandtschaft mit den Verpflichtungsgeschäften aufweisen[318].

Diese begriffliche Distinktion verdichtet sich zum wertenden Systemdenken, wenn wir uns den weiteren Grund vergegenwärtigen, aus dem der Bundesgerichtshof eine analoge Anwendung der §§ 106 ff. BGB auf die Operationseinwilligung eines Minderjährigen abgelehnt hat[319]. Der BGH hat ausgeführt, ein besonderer Minderjährigenschutz, wie ihn die §§ 106 ff. BGB bezwecken, sei bei der Einwilligung in einen körperlichen Eingriff dann entbehrlich, wenn der Minderjährige nach seiner geistigen und sittlichen Reife die Bedeutung und Tragweite des Eingriffs und seiner Gestattung ermessen könne.

Diese Entbehrlichkeit des Minderjährigenschutzes bei genügender Einsicht entspricht aber dem Grundgedanken der Deliktsfähigkeit in § 828 Abs. 2 BGB und der Strafmündigkeit Jugendlicher in § 3 Satz 1 JGG. Der Vergleich mit der Strafmündigkeit ist keinesfalls abwegig, wenn man an ein weiteres Argument für die selbständige Einwilligungsfähigkeit Minderjähriger denkt[320]. Es lautet dahin, daß es — namentlich im Hinblick auf § 823 Abs. 2 BGB — nicht angehe, bei der Einwilligung eines genügend einsichtsfähigen Minderjährigen in eine Körperverletzung zwar kein strafrechtliches, wohl aber ein zivilrechtliches Delikt anzunehmen. Diese besondere deliktsrechtliche Komponente des Einwilligungsproblems bei den körperlichen Eingriffen offenbart denn auch eine tiefere rechtssystematische Verschiedenheit zwischen Verlobung und Einwilligung in Rechtsgutsverletzungen, als sie die oben auf Grund der äußeren Folgen mit dem Begriff „Verpflichtung und Verfügung" vorgenommene Unterscheidung erkennen ließ. Es ist nicht nur der Unterschied, wie er normalerweise zwischen Verpflichtungs- und Verfügungsgeschäften besteht; dieser würde ja auch für die Anwendung der Geschäftsfähigkeitsregeln keine unmittelbare Bedeutung haben, da diese für beide Arten von Rechtsgeschäften

---

317 Darauf, daß das Verlöbnis einen Zustand des Gebundenseins schafft, weist als Begründung für die Anwendung der §§ 106 ff. BGB Gareis (§ 107 Anm. 4) hin.

318 Was nicht bedeuten muß, daß sie als Schuldvertrag im Sinne des § 305 BGB aufzufassen wäre. So begründet auch Seibert (Erman-Seibert Vorb. 3 vor § 1297), der im Verlöbnis einen familienrechtlichen Vertrag sieht, die Anwendung der Geschäftsfähigkeitsregeln damit, daß das Verlöbnis Verpflichtungen schaffe.

319 A. a. O. S. 36.

320 Vgl. besonders OLG München NJW 1958, 633 (634).

gleichermaßen gelten. Es ist vielmehr noch folgende Verschiedenartigkeit: Während die Verlobung die für die Frage der Geschäftsfähigkeit wesentlichen Merkmale eines Verpflichtungsgeschäfts erfüllt, nämlich die Schaffung einer rechtlich bedeutsamen Sonderbindung, deren Verletzung ersatzpflichtig macht, weicht die Einwilligung in eine Rechtsgutsverletzung gerade in dem Punkte von den sonstigen Verfügungsgeschäften ab, in dem sich ihr rechtsgeschäftlicher Charakter beweist, nämlich in der Teilnahme am Rechtsverkehr durch gewollte Veränderung von Rechtsverhältnissen. Die Einwilligung in eine Rechtsgutsverletzung bedeutet nicht Teilnahme am Rechtsverkehr, sondern am Unrechtsverkehr[321]. Der einwilligende Minderjährige disponiert nämlich lediglich über die Rechtswidrigkeit von Verletzungshandlungen, zu deren haftungsbegründender Vornahme Deliktsfähigkeit genügt[322] und die er darum umgekehrt auch selbst rechtswirksam begehen könnte. Der Gegenstand der Verfügung gehört also einem Bereich an, in dem der Minderjährige kraft seiner Deliktsfähigkeit selbst mündig ist. Hier kann er daher eigenverantwortlich handeln und auch seine Interessen wahren. Zudem erfüllt der Eingriff in die körperliche Integrität immer den Tatbestand eines Delikts, so daß der Minderjährige nur im Bereich der absoluten Rechtsgebote und -verbote tätig wird, den er leichter überschauen kann als den Bereich der Sonderrechtsverhältnisse. Im Gegensatz dazu ist ein Verpflichtungsgeschäft begriffsnotwendig die Quelle besonderer, über den Kreis des allgemein gebotenen Verhaltens hinausgehender Bindungen und erfordert damit schlechthin eine größere Einsicht und Urteilsfähigkeit als die Deliktsfähigkeit.

Es sind daher gerade die Gründe, die sich in der Auseinandersetzung mit dem Argument der deliktsartigen Verlöbnisfolgen gegen die Deliktsfähigkeit und für die Geschäftsfähigkeit ergaben[323], die auch hier wieder gegen eine Übertragung der für die Einwilligung in Rechtsgutsverletzungen aufgestellten Grundsätze auf das Verlöbnis sprechen.

Schließlich darf auch der wesentliche Umstand nicht übersehen werden, daß der in die Operation einwilligende Minderjährige nur über seine eigene Persönlichkeit verfügt, deren Bewertung ihm bei der nötigen geistigen und sittlichen Reife zugetraut werden kann. Die Verlobung dagegen ist wie die Ehe in erster Linie Partnerwahl. Es geht hier also vor allem um die Beurteilung der Persönlichkeit des anderen Teils, die hier ungleich

---

[321] Zu verstehen im Sinne der rechtswidrigen Handlungen (Delikte und Forderungsverletzungen umfassend).

[322] Das gilt, wie oben S. 63 hervorgehoben, auch für die Vertragsverletzung, so daß es an dem Gesagten nichts ändert, wenn durch die Einwilligung des Minderjährigen auch eine vertragliche Haftung des operierenden Arztes ausgeschlossen wird. Daß für die Rechtswidrigkeit der Vertragsverletzung nichts anderes gelten kann als für die deliktische und strafrechtliche Rechtswidrigkeit, betont OLG München NJW 1958, 633 (634).

[323] S. oben S. 46/47.

wichtiger ist als bei den Gesellschaften und Verträgen des Vermögensrechts. An diese Beurteilungsfähigkeit sind aber schon vom Tatsächlichen her wesentlich höhere Anforderungen gestellt als an die Beurteilung einer Verletzung des eigenen Körpers. Diesem tatsächlichen Umstand muß die rechtliche Behandlung Rechnung tragen.

γ. Hiermit sind wir schließlich schon bei einer Kritik angelangt, die auch das dritte und letzte der personen- und persönlichkeitsrechtlichen Argumente trifft, nämlich das ebenfalls moderne Argument vom Persönlichkeitsrecht des Minderjährigen im Sinne des Art. 2 GG. Dieses Argument findet sich bei Krüger[324] und Schnitzerling[325]. Danach soll aus dem auch dem Minderjährigen zustehenden Recht auf freie Entfaltung seiner Persönlichkeit folgen, daß sich der Minderjährige ohne Zustimmung seines gesetzlichen Vertreters verloben kann. Konsequenterweise müßte man dann allerdings auch in § 3 EheG eine Verletzung des Persönlichkeitsrechts sehen, die allerdings durch die verfassungsmäßige Ordnung[326] gedeckt sein mag (vgl. Art. 2 Abs. 1 GG). Dann bleibt allerdings immer noch die Frage, ob nicht das Verlöbnis im Wege einer Analogie zu § 3 Abs. 1 EheG an diesem Vorbehalt gegenüber Art. 2 Abs. 1 GG partizipiert oder ob nicht die §§ 106 ff. BGB, wenn sie grundsätzlich auch für personenrechtliche Rechtsgeschäfte gelten, Einschränkungen des Persönlichkeitsrechts rechtfertigen. Das Argument des Persönlichkeitsrechts ist also schon methodisch höchst zweifelhaft.

Aber überzeugt es denn sachlich? Vermag es die aus einer umfassenden Systembetrachtung gewonnene Erkenntnis, daß das Verlöbnis zur Geschäftsfähigkeitsregelung eine nähere innere Beziehung hat als zum Rechtsbereich der Deliktsfähigkeit und damit der individuellen Einsichtsfähigkeit, grundlegend zu beeinflussen?

So wie für den sich Verlobenden schon das eigene Interesse neben der Bewertung der eigenen Persönlichkeit auch die Beurteilung der Persönlichkeit des Partners verlangt, ebenso bedeutet die Verlobung im Gegensatz etwa zur einwilligenden Disposition über die eigene körperliche Integrität auch eine Verfügung über die Persönlichkeit des anderen Teils. Gerade die sozialrechtliche Eigenart des Verlöbnisses zeigt, daß hier nicht wie beim individualrechtlichen Austauschvertrag mit gegensätzlichen Einzelinteressen jeder Partner seine Zwecke verfolgt und damit, weil die Zwecke personen- oder persönlichkeitsrechtlicher Art sind, nur seine eigene Persönlichkeit entfaltet.

Hier liegt auch der wesentliche Unterschied zu dem von Boehmer[327] angeführten weiteren Beispiel einer partiellen Mündigkeit des Minder-

---

[324] In Krüger-Breetzke-Nowack E 287 (S. 197 f.).

[325] StAZ S. 186 und ZblJugR S. 293/294.

[326] Die verfassungsrechtliche Streitfrage, welche Normen zur verfassungsmäßigen Ordnung im Sinne des Art. 2 Abs. 1 GG gehören, ob dies gar die gesamte Rechtsordnung ist, soll hier dahingestellt bleiben.

[327] MDR S. 707.

jährigen auf persönlichkeitsrechtlichem Gebiet, nämlich der Entscheidung über die eigene Religionszugehörigkeit (§ 5 RelKErzG)[328]. Dies ist eine ganz und gar individuelle Entscheidung, sie betrifft sozusagen das forum internum der Persönlichkeit. Ebenso entscheidet der Minderjährige, der eine Gefahr in Kauf nimmt oder gar in eine Verletzung einwilligt, nur über sich selbst, so daß er eine Haftung im Wege des Mitverschuldens (§ 254 BGB in Verbindung mit § 828 Abs. 2 BGB) oder der rechtfertigenden Einwilligung mindern oder ausschließen kann.

Eine ganz andere Art, seine Persönlichkeit zu entfalten, ist aber die, durch Sonderverbindungen mit anderen Personen oder durch Einordnung in eine bestehende Gemeinschaft eine gemeinsame Persönlichkeitsentfaltung zu erstreben, die dem Einzelnen für sich allein nicht möglich ist. Dies ist die soziale Entfaltung der Persönlichkeit. Sie setzt gerade eine Beschränkung der individuellen Persönlichkeit voraus. Sie ist Persönlichkeitsentfaltung und Persönlichkeitseinschränkung zugleich. Sie erfordert eine Abwägung zwischen den eigenen und den anderen Interessen, eine Entscheidung in der Wertkollision zwischen den durch die Gemeinschaftsverbindung eröffneten Möglichkeiten und den ihr zu opfernden unbeschränkten eigenen Möglichkeiten. Es dürfte einleuchten, daß diese Art der Persönlichkeitsentfaltung eine größere Reife erfordert als die nur individuelle Persönlichkeitsentfaltung. Dagegen dürfte es kaum verständlich erscheinen, warum diese Art sozialer Bindung geringere Anforderungen an die Fähigkeit zu rechtswirksamem Handeln stellten sollte als die Bindung im Rahmen eines Rechtsgeschäfts des Individualrechtsverkehrs, also eines Schuldvertrags. Gehen doch Ehe und Verlobung als die Institute engster persönlicher Bindung und der stärksten Einschränkung und Umgestaltung der Individualsphäre der Persönlichkeit über alle sonstigen Sonderbindungen des Rechtsverkehrs hinaus, ohne das personale Merkmal aller sonstigen rechtsgeschäftlichen und rechtsgeschäftsähnlichen Betätigung zu entbehren, das den tiefsten Grund aller Haftung auf Grund relativen Unrechts (also auch im Individualrecht) darstellt, nämlich die Vertrauenserweckung und den Vertrauensbruch gegenüber dem Partner.

Es geht also bei der Verlobung nicht nur um die Entfaltung der eige-

---

[328] Der weitere Hinweis Boehmers a. a. O. darauf, daß ein Vierzehnjähriger ohne seinen Willen weder für ehelich erklärt (§ 1728 Abs. 2 BGB) noch adoptiert werden kann (§ 1750 BGB a. F. und § 1751 BGB n. F.), beweist nur, daß in diesen persönlichen Angelegenheiten nicht über den Kopf des vierzehnjährigen Minderjährigen hinweg entschieden werden kann, was ja auch die herrschende Auffassung für die Verlobung nicht zuläßt, indem sie den gesetzlichen Vertreter nur auf eine wirkliche Zustimmung beschränkt (vgl. unten S. 86). Die Testierfähigkeit des Sechzehnjährigen schließlich, auf die Boehmer noch verweist, ist eine gesetzliche Besonderheit des Erbrechts, die keinen Schluß auf familienrechtliche Sachverhalte zuläßt. Würde sie aus einem allgemeinen Persönlichkeitsrecht folgen, seine Hinterlassenschaften zu regeln, so müßte sie auch für die Verfügung von Todes wegen in Form eines Erbvertrages gelten, was nach § 2275 BGB nicht der Fall ist.

nen Persönlichkeit und auch nicht nur um die Hinnahme von Einbußen der eigenen Persönlichkeit, sondern in ihrem gerade für das bürgerliche Recht bedeutsamen Teil auch um die Erweckung des Vertrauens einer anderen Person in die Unverbrüchlichkeit des zu einer freiwilligen Sonderbindung gegebenen Worts. Das aber ist typische rechtsgeschäftliche oder rechtsgeschäftsähnliche Betätigung[329], für die auch sonst nur[330] nach Geschäftsfähigkeitsgrundsätzen gehaftet wird.

Daß es aber auch im persönlichkeitsrechtlichen Bereich für das Erfordernis der Geschäftsfähigkeit darauf ankommt, ob es nur um die eigene Persönlichkeit geht oder ob auch in die Persönlichkeit und das Vertrauen eines anderen eingegriffen wird, beweist gerade der § 3 Abs. 1 EheG.

e) Das Argument der allgemeinen Lebensanschauung

Nachdem die vorausgegangenen rechtssystematischen Untersuchungen gezeigt haben, daß es dem System des Gesetzes entspricht, das Verlöbnis den Geschäftsfähigkeitsregeln zu unterstellen, und auch die juristische Sondernatur des Verlöbnisses diesem Ergebnis nicht entgegensteht, sondern es geradezu bestätigt, bedarf es noch eines kurzen Eingehens auf den gelegentlichen Einwand[331], dieses Ergebnis stehe im Widerspruch zur allgemeinen Lebensauffassung. So behaupten Lehmann[332] und Titze[333], die Gesellschaft lege keinen Wert auf Geschäftsfähigkeit, und Junghanns äußert die Ansicht, es widerspreche dem Volksempfinden und der allgemeinen Meinung über den Begriff des Verlöbnisses, wenn man die Verlobung eines minderjährigen Mädchens ohne Zustimmung seines gesetzlichen Vertreters für unwirksam halte.

Dem ist entgegenzuhalten, daß angesichts des oben dargestellten Standpunktes des Gesetzes eine abweichende Laienbewertung außer Betracht zu bleiben hat[334]. Eine abweichende allgemeine Anschauung könnte an dem aus dem Gesetz abgeleiteten Ergebnis nur etwas ändern, wenn ihr die Bedeutung eines derogierenden Gewohnheitsrechts zukäme. Davon kann jedoch keine Rede sein.

Behandelt denn aber die Volksanschauung wirklich das Verlöbnis anders als ein Rechtsgeschäft? Das erscheint zumindest sehr zweifelhaft. Es ist natürlich schwer, sich hier ein zuverlässiges Bild zu verschaffen,

---

[329] Vgl. Eltzbacher S. 183, der als Gegner der Vertragstheorie einräumt, daß das Verlöbnis von allen unmaßgeblichen Willensäußerungen den Willenserklärungen am nächsten stehe, so daß eine analoge Anwendung der Vorschriften des Allgemeinen Teils geboten sei.

[330] Auch bei der culpa in contrahendo (vgl. oben S. 47 f.).

[331] Vgl. Junghanns S. 180; Lehmann (1. Aufl.) § 6 II vor 1; Titze S. 19.

[332] A. a. O.

[333] A. a. O.

[334] So selbst vom Standpunkt der Gegenmeinung aus Hellmann (S. 219 l. Sp. u.) gegenüber einem Hinweis Endemanns (§ 151 a Nr. 1) auf die allgemeine Rechtsanschauung, die in der Verlobung ein Rechtsgeschäft erblicke.

weil man zu diesem Zwecke viele Durchschnittslaien fragen müßte und das Ergebnis dann sehr von der Fragestellung abhängen würde. Sicherlich wäre für den juristischen Laien die Frage, ob man der entehrten und verlassenen minderjährigen Braut, die sich ohne Zustimmung ihres gesetzlichen Vertreters verlobt habe, gegen den volljährigen Partner einen Anspruch geben solle, eine Suggestivfrage[335]. Das gleiche würde gelten, wenn man der Fragestellung einen der unerfreulichen Fälle der Gegenmeinung[336] zugrunde legen würde. Wenn beide Auffassungen gewisse Härten in Kauf nehmen müssen, ist die Berücksichtigung des Volksempfindens im Bereich solcher Beispiele wertlos.

Die allgemeine Lebensauffassung muß dann schon an der neutralen Grundsatzfrage geprüft werden, ob man ein Verlöbnis hinsichtlich der Zustimmung des gesetzlichen Vertreters anders behandeln soll als etwa einen Kaufvertrag, den Beitritt zu einer Gesellschaft oder eine Eheschließung. Ich bin überzeugt[337], daß der Durchschnittsbürger hinsichtlich der selbständigen Fähigkeit eines Minderjährigen, einen Kauf zu tätigen oder sich zu verloben, keinen Unterschied machen wird. Wo es ihm merkwürdig erscheint, daß ein Zwanzigjähriger zur Verlobung noch der Zustimmung seines gesetzlichen Vertreters bedarf, wird es ihm zugleich auch seltsam vorkommen, daß dasselbe noch für einen Kaufvertrag des Zwanzigjährigen gilt.

Wenn daher für die Zeit des Inkrafttretens des BGB und die vorausgehende Zeit eine umgekehrte Lebensanschauung behauptet wird, wonach die Verlobung ein die Geschäftsfähigkeit erfordernder Vertrag sei[338], und sich diese Anschauung in neuerer Zeit gewandelt haben sollte[339], so dürfte das vielmehr das Symptom einer viel allgemeineren Veränderung des Gesellschaftslebens sein, nämlich dafür, daß die Reife und Selbständigkeit Minderjähriger und ihre Anerkennung durch die Gesellschaft heute faktisch früher eintreten und die Mündigkeitsgrenze von 21 Jahren dem nicht mehr Rechnung trägt. Es mag daher diskutiert werden, ob die für die Erreichung der Geschäftsfähigkeit bestimmte Altersgrenze noch in Einklang mit den Vorstellungen der Gesellschaft steht. Daß dagegen die Volksanschauung speziell für den Abschluß eines rechtlich bindenden Verlöbnisses eine frühere Reife annehme als für die Eingehung sonstiger Verträge, wird sich nicht nachweisen lassen.

---

[335] Zumal für das Laienempfinden hier auch vermutlich der außereheliche Beischlaf gegenüber der wirksamen oder unwirksamen Verlöbnisbindung bei der Bewertung der Haftungsfrage im Vordergrund stehen würde.

[336] Vgl. oben S. 31 m., 31/32. S. auch S. 40 u.

[337] Und stütze diese Überzeugung auf gemachte Proben.

[338] Vgl. Endemann § 151 a Nr. 1 und Hellmann S. 219 l. Sp. u.

[339] Wie ja Junghanns, Lehmann und Titze an dem oben in Fußn. 331 angegebenen Ort behaupten und wie Kohler § 5 V Fußn. 2 (S. 40) es gegenüber der historischen Kontinuität der Vertragstheorie ausdrückt: „jeder Rückgriff auf frühere Zeit ist verfehlt: denn wir sind moderne Menschen."

Eine andere Frage ist die, ob die Gesellschaft bei einem Liebesverhältnis Minderjähriger unabhängig von der Zustimmung des gesetzlichen Vertreters zwischen einer jeden sittlichen Ernstes baren „Liebschaft“ und einem durch sittlichen Ernst ausgezeichneten „bräutlichen Liebesverhältnis“ unterscheidet und beide Fälle verschieden wertet. Diese Frage ist allerdings zu bejahen, und zwar gerade auch vom Standpunkt der herrschenden Auffassung aus; denn das zweite Verhältnis kann durch nachträgliche Zustimmung des gesetzlichen Vertreters zivilrechtliche Bedeutung erlangen, das erste dagegen nicht.

Hierbei handelt es sich aber für die rechtliche Bewertung um eine reine Tatfrage. Daran ändert auch der Umstand nichts, daß die Gesellschaft die beiden Fälle nicht nur unterscheidet, sondern auch verschieden wertet, indem sie dem zweiten Verhältnis zumindest nicht jene Nichtbeachtung oder gar Mißbilligung zuteil werden läßt wie dem ersten. Eine Bindung der Sitte oder Sittlichkeit ist zwar innerhalb der Anstands- oder Moralordnung ein normativer Begriff, für die Rechtsordnung dagegen zunächst einmal ein faktischer Begriff. Es bleibt immer noch die Frage, ob die Rechtsordnung die Wertung der anderen Ordnungen übernimmt und ihr damit auch rechtliche Relevanz verleiht oder nicht. Mit anderen Worten: Daraus, daß die Gesellschaft unter dem Aspekt von Sitte und Sittlichkeit auch die konsenslos verlobten Minderjährigen als Brautleute auffassen würde, würde ebensowenig eine rechtliche Bindung folgen, wie beispielsweise aus dem Umstand, daß die Gesellschaft jemanden, der eine Einladung gegeben hat, auch für verpflichtet hält, zum verabredeten Zeitpunkt zu Hause zu sein.

Auf ein abweichendes Anstands- oder Sittlichkeitsbewußtsein der Gesellschaft kommt es also nicht an, sondern lediglich auf das davon zu unterscheidende Rechtsbewußtsein. Nur dieses könnte auch zu einem derogierenden Gewohnheitsrecht führen. Ein solches abweichendes Rechtsbewußtsein ist aber, wie oben dargelegt, nicht feststellbar.

Hat sich aber nicht die Rechtsordnung selbst jene Vorstellungen der Sitte und Sittlichkeit auf anderem Gebiete, nämlich im Straf- und Prozeßrecht, zu eigen gemacht? Ist es dann nicht schon aus Gründen der Einheitlichkeit und Gleichheit rechtlicher Bewertung angebracht, auch im Zivilrecht diesem Standpunkt zu folgen? Damit hat sich die herrschende Auffassung abermals gegenüber dem Vorwurf der Inkonsequenz[340] zu rechtfertigen. Dies ist zugleich der letzte Stein des Anstoßes, der zur Klärung und Lösung unserer Streitfrage aus dem Weg zu räumen ist.

f) Das Argument der straf- und prozeßrechtlichen Behandlung des Verlöbnisses

Die Wirksamkeitsvoraussetzungen des Verlöbnisses werden maßgeblich von den Rechtsfolgen her bestimmt. So waren es unter dem Aspekt des Minderjährigenschutzes die Auswirkungen und unter dem Gesichts-

[340] Vgl. Kohler S. 39 Fußn. 1.

punkt der vertragsähnlichen oder deliktsähnlichen Haftung der Rechtsgrund der Verlöbnisfolgen, die uns bezüglich des bürgerlich-rechtlichen Verlöbnisses der herrschenden Auffassung folgen ließen. Bei der Frage, ob sich dieser Standpunkt mit der abweichenden Behandlung des Verlöbnisses im Straf- und Prozeßrecht vereinbaren läßt, ist daher entsprechend von den besonderen straf- und prozeßrechtlichen Auswirkungen des Verlöbnisses auf den beschränkt geschäftsfähigen Verlobten sowie ihrem eigentlichen Rechtsgrund auszugehen.

Was die Auswirkungen des Verlobtseins angeht, so bestehen diese im materiellen Strafrecht in einem zusätzlichen Schuldausschließungsgrund wegen Notstands (§§ 52 Abs. 1, 54 StGB), der Straffreiheit in den Fällen der §§ 139 Abs. 3 Satz 1, 257 Abs. 2 und § 257a Abs. 3 StGB, der Umwandlung eines Offizialdelikts in ein Antragsdelikt (§§ 247, 263 Abs. 5, 294 StGB) sowie der Rücknahmefähigkeit beim Strafantrag (§ 303 Abs. 4 StGB). Es handelt sich hier ausschließlich um Privilegierungen. Ebenso wirkt sich das Verlöbnis im Prozeßrecht für den Verlobten nur vorteilhaft aus, indem es ein Zeugnisverweigerungsrecht (§§ 52 Abs. 1 Nr. 1 StPO, 383 Abs. 1 Nr. 1 ZPO), Gutachtenverweigerungsrecht (§§ 76 Abs. 1 Satz 1 StPO, 408 Abs. 1 Satz 1 ZPO) und Eidesverweigerungsrecht (§ 63 StPO) gewährt.

Nun liegt es nahe zu sagen, der Minderjährige bedürfe hier nach dem Grundgedanken des § 107 BGB keines Schutzes. Damit wäre aber noch keine Begründung für die Verschiedenbehandlung des Verlöbnisses im privaten und öffentlichen Recht gegeben; denn es geht nicht an, das Verlöbnis bezüglich seiner vorteilhaften und nachteiligen Folgen in seiner Wirksamkeit aufzuspalten; ein Gesichtspunkt, den wir oben schon gegen die Mittelmeinung ins Treffen geführt haben[341]. Da das Verlöbnis jedenfalls gemäß den §§ 1298 ff. BGB auch nachteilige Wirkungen hat, muß es bezüglich aller seiner Wirkungen der Zustimmung des gesetzlichen Vertreters bedürfen, wenn sich nicht auch ein Unterschied im Rechtsgrund ergibt.

Im Falle einer Inkonsequenz der herrschenden Auffassung, also wenn sich ein innerer Grund für die Verschiedenbehandlung von zivilrechtlichem und strafrechtlichem Verlöbnis nicht ersehen ließe, würde es demnach richtiger erscheinen, das öffentlich-rechtliche Verlöbnis dem zivilrechtlichen anzupassen als umgekehrt[342].

---

[341] Allerdings liegt der Fall hier insofern wesentlich anders, als die Solidarität und Gleichbehandlung in jedem Falle gewahrt wäre, weil die vorteilhaften Wirkungen für beide Partner entstehen würden, während die Mittelmeinung nicht real, sondern personal aufspaltet, indem sie vorteilhafte und nachteilige Wirkungen nur auf einer Seite entstehen läßt.

[342] Überhaupt liegen Tatbestandswirkungen vom Bürgerlichen Recht auf das Straf- und Prozeßrecht näher als umgekehrt, wie schon Art. 33 EGBGB und das Fehlen entsprechender Vorschriften im EGStGB, EGStPO und EGZPO zeigen.

Nun bestehen aber tatsächlich innere Gründe dafür, das Verlöbnis bezüglich seiner öffentlich-rechtlichen Wirkungen von dem zivilrechtlich wirksamen Verlöbnis abzuspalten.

Daß die straf- und prozeßrechtlichen Privilegierungen nicht zu den günstigen Folgen gehören, die nach dem Grundgedanken der §§ 107 ff. BGB nur zusammen mit den lästigen Wirkungen bei Zustimmung des gesetzlichen Vertreters entstehen, folgt schon daraus, daß in § 107 BGB nur privatrechtliche Vor- und Nachteile gemeint sind[343]. Die unmittelbare Wirkung der §§ 106 ff. BGB erschöpft sich daher im Bereich des Privatrechts, und auch da nur im rechtsgeschäftlichen und rechtsgeschäftsähnlichen Bereich.

Eine andere Frage ist die, ob die §§ 106 ff. BGB nicht auch auf bestimmte öffentlich-rechtliche Tatbestände entsprechend anwendbar sind[344]. Hierbei ist aber folgendes zu beachten. So wie schon das bürgerliche Deliktsrecht (§ 828 BGB) eine Mitwirkung des gesetzlichen Vertreters nicht kennt, so erst recht nicht das Strafrecht (§§ 1 Abs. 3, 3 JGG). In beiden Fällen gibt es nur eine bedingte Mündigkeit, nicht jedoch eine (durch einen gesetzlichen Vertreter) beschränkte Handlungsfähigkeit. Auch das Zivilprozeßrecht kennt keine beschränkte Prozeßfähigkeit in dem Sinne, daß ein beschränkt Geschäftsfähiger mit Zustimmung seines gesetzlichen Vertreters wirksame Prozeßhandlungen vornehmen könnte[345] [346].

Bereits der Unterschied von privatem[347] und öffentlichem[348] Recht rechtfertigt daher eine verschiedene Behandlung des Inhalts, daß der Minderjährige in dem einen Rechtsbereich selbständig handeln kann, in dem anderen dagegen nur mit Zustimmung seines gesetzlichen Vertreters.

Der tiefere Grund für die abweichende Behandlung des Verlöbnisses geschäftsbeschränkter Personen im Straf- und Prozeßrecht aber ergibt sich aus dem Zweck der dort vorgesehenen Privilegierungen.

Das gesetzgeberische Motiv für die Strafbefreiung in den Fällen, in denen ein Angehöriger eine Notstandshandlung zugunsten eines Angehörigen vorgenommen (§§ 52 Abs. 1, 54 StGB), einen Angehörigen nicht angezeigt (§ 139 Abs. 3 Satz 1 StGB) oder mit dem Ziel, ihn der Bestrafung oder der Vollstreckung einer Sicherungs- und Besserungsmaßregel zu entziehen, begünstigt hat (§§ 257 Abs. 2, 257 a Abs. 3 StGB), liegt in dem Gedanken, auf den Widerstreit von Rechtspflichten mit natürlichen

---

343 So wird z. B. ein Rechtsgeschäft nicht dadurch onerös im Sinne des § 107 BGB, daß sich eine Steuerpflicht daran knüpft.

344 Vgl. Staudinger-Coing § 107 Anm. 10; Forsthoff § 10 (S. 166 f.).

345 Vgl. Baumbach-Lauterbach § 52 Anm. 1 B b.

346 Es gibt lediglich eine gegenständlich beschränkte Prozeßfähigkeit (z. B. im Rahmen des § 112 BGB). Vgl. Baumbach-Lauterbach § 51 Anm. 1, § 52 Anm. 1 C.

347 Im rechtsgeschäftlichen und rechtsgeschäftsähnlichen Bereich.

348 In dem hier interessierenden Bereich des Straf- und Prozeßrechts.

Pflichten Rücksicht zu nehmen, die sich aus bestimmten nahen persönlichen Beziehungen ergeben[349]. Hierbei handelt es sich um natürliche Beziehungen, wie sie durch Blutsverwandtschaft oder der Blutsverwandtschaft ähnliche Verhältnisse entstehen[350].

Der Sinn, Straftaten zwischen Angehörigen zu Antragsdelikten zu erklären (§§ 247, 263 Abs. 5, 294 StGB) ist ein ähnlicher. Er besteht in dem Zurücktreten des unbedingten staatlichen Strafverfolgungsrechts hinter der Rücksicht auf die nahen persönlichen Beziehungen in dem oben beschriebenen Sinne[351].

Entsprechend beruhen die Vorschriften über das Zeugnisverweigerungsrecht Angehöriger (§§ 52 Abs. 1 Nr. 1 StPO, 383 Abs. 1 Nr. 1 ZPO) auf der Rücksicht, die das Gesetz auf den seelischen Konflikt nimmt, in dem sich der Angehörige angesichts der Rechtspflicht, dem Gericht die Wahrheit zu sagen, und der natürlichen Neigung, den ihm durch enge persönliche Bande (im oben beschriebenen Sinne) nahestehenden Angeklagten, Kläger oder Beklagten zu schonen, befindet[352].

Es kommt also in allen Fällen auf das Bestehen eines natürlichen Verhältnisses naher persönlicher Verbundenheit nach Art der Blutsverwandtschaft an, nicht dagegen auf das Bestehen einer rechtlichen Bindung. Dies allein entspricht dem Zweck der gesetzlichen Regelung; denn der Konflikt, auf den das Gesetz in den Fällen der Strafbefreiung und des Zeugnisverweigerungsrechts Rücksicht nimmt, ist unabhängig von der rechtlichen Wirksamkeit einer Bindung; er entsteht auch ohne rechtliche Anerkennung der natürlichen Beziehungen[353]. Bei den Angehörigkeitsverhältnissen im Straf- und Prozeßrecht und damit auch bei dem Verlöbnis in diesem Sinne handelt es sich demgemäß um rein faktische Begriffe, mit denen einer besonderen psychischen Situation des Täters oder Zeugen Rechnung getragen wird. Es geht also hier, anders als im Zivilrecht, in dem

---

349 BGHSt 3, 215 (216) mit Anm. Geier LM § 52 StGB Nr. 4; RGSt 10, 117. (118); 61, 270 (271).

350 RGSt 10, 117 (118); 61, 270 (271).

351 BGHSt 3, 215 (216) mit Anm. Geier LM § 52 StGB Nr. 4; BGHSt 10, 400 (403); RGSt 10, 117 (118); 61, 270 (271).

352 RGSt 14, 7 (8); 31, 142 (143); Stein-Jonas-Schönke-Pohle § 383 Anm. II Fußn. 10 a.

353 Vgl. Fuchs Sp. 23/24.

Das Reichsgericht hat dies außer für das Verlöbnis auch noch ausdrücklich für die Schwägerschaft anerkannt in RGSt 10, 117 (119) (betr. den Rechtszustand vor dem BGB, als es eine dem § 1590 Abs. 2 BGB entsprechende Vorschrift nicht überall gab). Dasselbe ist im Strafrecht für die aus einer unehelichen Vaterschaft (vgl. §§ 1589 Abs. 2 und 1590 Abs. 1 BGB) herrührende Verwandtschaft und Schwägerschaft anerkannt (vgl. BGHSt 7, 245; 10, 400 [403] = NJW 57, 1933 [1934]). Anders allerdings im Prozeßrecht, wo Art. 33 EGBGB als formaler Hinderungsgrund für eine abweichende Beurteilung im Wege steht (vgl. BGH MDR 1956, 372 Nr. 357), der aber für das Verlöbnis nicht gilt, so daß hier keine Tatbestandswirkung geboten ist.

die tatsächlichen soziologischen Phänomene Verwandtschaft, Ehe, Verlöbnis etc. zum Gegenstand rechtlicher Regelung gemacht worden sind, nicht um die normative Kategorie rechtlicher Bindung, sondern um die psychologische Kategorie innerer Bande, des Zusammengehörigkeitsgefühls und der Neigung.

Allerdings erkennt das Straf- und Prozeßrecht nicht jede rein faktische Beziehung enger Verbundenheit als Angehörigkeitsverhältnis im obigen Sinne an. Eine solche würde ja auch bei einer bloßen Liebschaft oder einem Konkubinat vorliegen, ohne daß wie beim Verlöbnis eine sittlich ernste Ausrichtung auf die Ehe bestände. Hier wird der besondere Angehörigenschutz verweigert mit der Begründung, daß das Verhältnis nicht auf einer sittlich erlaubten Grundlage beruhe[354]. Auch hier kann der seelische Konflikt entstehen; aber er ist nicht schutzwürdig, weil er durch persönliche Bande hervorgerufen wird, die die Gesellschaft mißbilligt[355].

Auch der Begriff des straf- und prozeßrechtlichen Verlöbnisses enthält somit eine normativ wertende Komponente; diese gehört aber dem Bereich der Sitte und Sittlichkeit an. Es ist nicht die Wertung des Gesetzes, sondern eine vorgefundene, durch die Moral- und Anstandsordnung geprägte Auswahl unter den verwandtschaftsähnlichen Verhältnissen. Mit der Berücksichtigung dieser gesellschaftlichen Beurteilung wird nicht etwa doch auf eine rechtliche, sondern lediglich auf eine sittliche Bindung[356] abgestellt.

Das Straf- und Prozeßrecht legt somit nicht nur keinen zivilrechtlichen Verlöbnisbegriff, sondern überhaupt keinen Rechtsbegriff des Verlöbnisses zugrunde[357], also auch nicht einen eigenen, vom Zivilrecht abweichenden. Weil es ja nur natürliche Verhältnisse und Pflichten im Widerstreit mit Rechtspflichten berücksichtigen will, kann ihm an einer rechtlichen Normierung des Verlöbnisses nichts gelegen sein. Wenn das Straf- und Prozeßrecht demnach bei der Frage, ob ein Verhältnis tatsächlicher Verbundenheit als Verlöbnis anzusehen ist, auch auf die allgemeine Volkssitte, auf die sittliche Auffassung und auf religiöse Gebote abstellt[358], so kann keine Rede davon sein, daß es sich diese Vorstellungen zu eigen macht, sondern nur davon, daß es sie berücksichtigt.

Damit ist auch der gegen die Irrelevanz eines abweichenden Anstands- und Sittlichkeitsbewußtseins beim zivilrechtlichen Verlöbnis denkbare Einwand entkräftet, die Rechtsordnung habe sich auf dem Gebiete des Straf- und Prozeßrechts selbst die Vorstellungen der Sitte und Sittlichkeit zu eigen gemacht. Die Frage, ob das Recht diese Vorstellungen als

---

354 RG Rspr. 6, 50 (53); RGSt 14, 7 (8); 35, 49 (52 o.).

355 Vgl. RGSt 14, 7 (8).

356 Vgl. OLG Koblenz NJW 1958, 2027 Nr. 20 (2028 r. Sp.).

357 Andernfalls läge nicht mehr eine Kollision natürlicher und rechtlicher Begriffe, Vorstellungen und Bindungen, sondern ein Fall interrealer Rechtskollision vor.

358 RGSt 35, 49 (51).

eigene Wertung übernehmen will, entsteht vielmehr nur im Bürgerlichen Recht. Nur hier ist das Verlöbnis zu einer Rechtsinstitution in dem Sinne erhoben, daß es typische Rechtsfolgen erzeugt (§§ 1298 ff. BGB), während es im Straf- und Prozeßrecht nur als ein soziologisches Phänomen erscheint, das berücksichtigungswerte psychologische Situationen auslöst. Mit der Schaffung eigener Rechtsfolgen aber, die in der normativen Welt von Sitte und Sittlichkeit — im Gegensatz etwa zur Treueverpflichtung — kein Vorbild haben[359], ist das Recht auch genötigt, einen eigenen Verlöbnisbegriff mit eigenen Voraussetzungen aufzustellen. Dieser muß mit dem vorgefundenen, vom Anstands- und Sittlichkeitsbewußtsein geprägten Begriff nicht in allen Einzelheiten übereinstimmen, da die rechtliche Normierung neben der im einzelnen bestehenden Volksanschauung (soweit sie nicht gewohnheitsrechtlicher Natur ist) auch noch die gerechte Abgewogenheit und Ausgewogenheit des gesamten Rechtssystems zu berücksichtigen hat. (Wozu insbesondere gehört, daß für gleichartige Rechtsfolgen auch gleichartige Voraussetzungen aufgestellt werden.) Solche Gründe aber rechtfertigen, wie unsere Untersuchung ergeben hat, im Zivilrecht eine Abweichung vom Anstandsgefühl jener, die auch einen konsenslos verlobten Minderjährigen für gebunden halten. Zudem darf die Unterschiedlichkeit in den Sanktionen des Verlöbnisbruchs durch Recht und Sitte nicht übersehen werden. Es ist daher noch sehr die Frage, ob jenes Anstandsgefühl auch die Annahme einer Schadensersatzverpflichtung des konsenslos verlobten Minderjährigen im Falle unbegründeten Rücktritts umfaßt.

6. Ergebnis

Unsere Erörterung schließt mit dem Ergebnis, daß die herrschende Auffassung von der Zustimmungsbedürftigkeit des Verlöbnisses beschränkt geschäftsfähiger Personen den Vorzug verdient und die zahlreichen, namentlich auch in neuerer Zeit gegen sie vorgebrachten Argumente nicht zu überzeugen vermögen. Insbesondere ist die herrschende Auffassung nicht durch die moderne Rechtsentwicklung auf anderen Gebieten überholt. Es bestehen somit keine Bedenken gegen die Anwendung der §§ 106 ff. BGB beim Verlöbnis.

Die abweichende Behandlung des Verlöbnisses im Straf- und Prozeßrecht aber rechtfertigt sich aus der Verschiedenheit der Rechtszwecke.

---

[359] Anstands- und Moralordnung kennen in ihrer typischen vom Recht unterschiedenen Begrifflichkeit nur die Sanktionen des Schuldvorwurfs in Form von Mißbilligung der Tat und Mißachtung des Täters (z. B. Meidung) sowie des Schuldgefühls. Aber auch wenn man sittliche Schadensersatz- und Rückgabeverpflichtungen annehmen will, so unterscheiden sich diese von den Folgen der §§ 1298 ff. BGB noch wesentlich unter dem Gesichtspunkt rechtlicher Durchsetzbarkeit.

B. Die Zustimmung sonstiger sorgeberechtigter Personen

Die Frage, ob das Verlöbnis eines Minderjährigen für den bürgerlichrechtlichen Bereich nicht auch noch der Zustimmung sonstiger sorgeberechtigter Personen bedarf, ist, wie ein Blick auf andere Rechtsordnungen beweist, nicht abwegig. So verlangen das dänische[360], finnische[361], isländische[362], italienische[363], peruanische[364], schwedische[365] und spanische[366] Recht die Zustimmung der Personen, die in die Ehe des Minderjährigen einzuwilligen haben. Das gleiche bestimmte z. B. auch das preußische Allgemeine Landrecht[367]. Alles nach dem Vorbild des klassischen römischen Rechts[368]. Angesichts des § 3 Abs. 2 EheG (früher §§ 1305 ff. BGB) wäre bei einer solchen Regelung die oben gestellte Frage zu bejahen.

Eine dementsprechende Vorschrift fehlt jedoch in den §§ 1297 ff. BGB[369]. Es kann somit nur darum gehen, ob § 3 Abs. 2 EheG auf das Verlöbnis analog anzuwenden ist. Diese Frage stellt sich lediglich für die Vertreter der herrschenden Auffassung, da ihre Gegner ohnehin jede Zustimmungsbedürftigkeit ablehnen.

In der älteren Literatur ist die Frage vielfach erörtert worden[370], jedoch ohne einen Streit auszulösen. Man hat sie übereinstimmend verneint[370]. Das neuere Schrifttum befaßt sich kaum noch mit ihr[371]. Es kann daher als einhelliges Ergebnis festgehalten werden: Minderjährige bedürfen zur rechtswirksamen Verlobung nicht auch noch der Zustimmung sonstiger sorgeberechtigter Personen[372]. Man hat die Analogie zu §§ 1305 ff. BGB (jetzt § 3 Abs. 2 EheG) damit abgelehnt, daß es sich hier um eine

---

[360] § 3 EheG (vgl. zu diesem und den folgenden Zitaten oben S. 25).

[361] § 6 Abs. 2 EheG.

[362] § 4 EheG.

[363] Art. 81 Cc.

[364] Art. 76 BGB.

[365] § 4 EheG.

[366] Art. 44 Cc.

[367] § 78 II 1 ALR.

[368] Paulus Dig. 23, 1, 7: „In sponsalibus etiam consensus eorum exigendus est, quorum in nuptiis desideratur."

[369] Lediglich Engelmann, A. § 244 (S. 636) stellt für das Verlöbnis einen solchen ungeschriebenen Rechtssatz auf, indem er sagt: „Ist Einwilligung der Eltern oder des Vormundes zur Eheschließung nothwendig, so ist sie auch für das Verlöbnis erforderlich."

[370] Vgl. Cramer S. 27 u.; Crome § 550 Nr. 1 Fußn. 4; Dernburg § 7 II 3 mit Fußn. 7; Dittenberger S. 90 f. und 109/110; Endemann § 151 a Nr. 2 b Fußn. 12 unter d (S. 49); Glaser S. 27 u.; Goldmann-Lilienthal-Sternberg § 1 II 2; Groeper S. 79; Luther RvglHWB S. 201 (unter 3); Opet Vorb. 5 a vor § 1297; Planck-Unzner Vorb. 3 e vor § 1297; Sasse S. 59; Schmidt, A. B. Vorb. III 4 c *α* vor § 1297; Staudinger-Engelmann Vorb. IIIc vor § 1297; Stutz S. 67 ff.

[371] Die Nichtanwendbarkeit des § 3 Abs. 2 EheG erwähnen noch Erman-Seibert Vorb. 3 vor § 1297; Soergel-Vogel § 1297 Anm. 1.

[372] Einzige Ausnahme: Engelmann, A., vgl. oben Fußn. 369.

Sonderregelung handle, die sich nur aus der grundsätzlichen Unlöslichkeit der Ehe rechtfertige[373]. Wegen dieser Besonderheit der Ehe seien außerordentliche Maßnahmen gegen übereilte Eheschließungen erwünscht[373]. Auf das Verlöbnis passe diese ratio wegen seines ephemeren Charakters nicht[374].

Ergebnis und Begründung erwecken keine Bedenken. Der Schutz des Minderjährigen, wie ihn die §§ 107 ff. BGB für den gesamten sonstigen rechtsgeschäftlichen Verkehr vorsehen, erscheint für das Verlöbnis als ausreichend. Eine Abweichung von diesen allgemeinen Vorschriften durch eine Ausdehnung der eherechtlichen Spezialnorm des § 3 Abs. 2 EheG auf das Verlöbnis erweist sich nicht als zwingend geboten.

C. Die Verlöbnismündigkeit

1. Problemstellung

Näher liegt eine Angleichung an das Eherecht bei der Frage, ob man über die allgemeine Geschäftsfähigkeit hinaus eine besondere Verlöbnismündigkeit fordern soll. Während sich nämlich bei der Frage einer Analogie zu § 3 Abs. 2 EheG das Rechts- und Billigkeitsempfinden mit dem allgemeinen Schutz der Zustimmung des gesetzlichen Vertreters zufrieden geben konnte, erscheint es einer natürlichen, von den herrschenden Vorstellungen unserer Kultur geleiteten Betrachtung grotesk, das Verlöbnis eines Zehnjährigen oder gar eines Siebenjährigen für rechtswirksam zu halten, wenn ihm der gesetzliche Vertreter zugestimmt hat. Hier wird man sich nicht mit dem Argument beruhigen können, die vorübergehende Natur des Verlöbnisses erfordere nicht eine ähnliche besondere Geschäfts- oder Handlungsfähigkeit wie die prinzipiell unlösliche Ehe. Es handelt sich hier vielmehr um ein zweites echtes Problem des Verlöbnisrechts, das mit der Frage der Anwendbarkeit der §§ 106 ff. BGB eng verbunden ist und wie diese einer eingehenden Erörterung bedarf.

Die Meinungen im Schrifttum sind denn auch hier wieder von größerer Vielfalt[375]. Rechtsprechung gibt es zu dieser Frage nicht, weil ein grotesker Fall wie der oben gebildete bislang nicht zur Entscheidung der Gerichte gekommen ist[376]. Da es aber nicht schlechthin ausgeschlossen ist, daß ein solcher Fall praktisch wird, hat sich die literarische Behandlung des Ver-

---

[373] Stutz S. 68.

[374] Opet Vorb. 5 a vor § 1297.

[375] S. unter 2 (Meinungsübersicht) (S. 81—83).

[376] Zwar fordert die Rechtsprechung in Strafsachen die erforderliche Reife und Einsicht und damit praktisch auch eine Verlöbnisfähigkeit. Da diese aber dort an die Stelle der Geschäftsfähigkeit tritt, kann die Strafrechts-Judikatur für die Frage einer besonderen Verlöbnismündigkeit neben dem Geschäftsfähigkeitserfordernis nichts ergeben. Vgl. auch unter 2 (Meinungsübersicht).

löbnisrechts mit ihm zu befassen. Es geht daher nicht an, die Frage mit dem Hinweis zu übergehen, Fälle der oben bezeichneten Art kämen nicht vor[377].

Zudem ist dieses Problem mit der oben abgehandelten Frage nach der Anwendbarkeit der §§ 106 ff. BGB verflochten und verdient schon deshalb Berücksichtigung. So haben auch wir hier einen Wechsel einzulösen, den wir oben[378] ausgestellt haben, als wir die Einschränkung machten, die Zustimmung des gesetzlichen Vertreters müsse frei von jeder Bevormundung des Minderjährigen sein, also zu einer freien, unbeeinflußten Entscheidung des Mündels erteilt werden. Damit haben wir die Fähigkeit des Minderjährigen zu einer eigenen Beurteilung des Verlöbnisses, die wiederum nicht denkbar ist ohne eine Einsicht in das Wesen der Ehe, als Erfordernis eines gültigen Verlöbnisses vorausgesetzt. Wir müssen uns jetzt fragen, ob an diese Befähigung strengere Anforderungen zu stellen sind als an die Fähigkeit zum Abschluß sonstiger Rechtsgeschäfte, beispielsweise eines Kaufs, und, wenn ja, ob sie etwa mit der Ehemündigkeit gleichzusetzen ist.

Zuvor aber soll der Meinungsstand dargestellt werden. Um ein vollständiges Bild über die verschiedenen literarisch vertretenen Möglichkeiten zu geben, ist auch hier wieder der Verknüpfung mit dem abgehandelten Problem der Zustimmungsbedürftigkeit (§§ 106 ff. BGB) Rechnung zu tragen, so daß auch noch einmal die Stimmen wiederzugeben sind, die eine Zustimmung des gesetzlichen Vertreters ablehnen und von denen daher schon feststeht, daß wir uns ihnen nicht anschließen.

2. Meinungsübersicht

Die verschiedenen Auffassungen gruppieren sich zwischen zwei Extremen.

Das eine bildet die Ansicht, die jeden Minderjährigen ab 7 Jahren für verlöbnisfähig hält, ohne daß er der Zustimmung des gesetzlichen Vertreters bedürfte[379].

Das andere Extrem nehmen die Autoren ein, die außer der Geschäftsfähigkeit und damit gegebenenfalls der Zustimmung des gesetzlichen Vertreters auch noch die Ehemündigkeit verlangen[380]. Nach dieser Meinung könnte sich z. B. ein Mann vor Vollendung des 18. Lebensjahres nie rechtswirksam verloben (vgl. § 1 Abs. 2 EheG).

Das Mittelfeld nehmen drei weitere Anschauungen ein.

---

[377] Mit einem solchen Hinweis tut Mohr S. 56 o. die Frage ab.

[378] S. 61/62.

[379] So Eccius S. 718 a. E.; Goldmann S. 433 l. Sp.

[380] So Endemann § 151 a Nr. 2 c 2; Fraenkel S. 2; Simitis S. 381 f. (insbesondere S. 382). Ebenso de lege ferenda für ein nationalsozialistisches Familienrecht Gfrörer S. 152.

Eine davon verlangt (beschränkte) Geschäftsfähigkeit, daneben aber keine besondere Verlöbnisfähigkeit[381]. Hiernach könnte sich also ein Siebenjähriger mit Zustimmung seines gesetzlichen Vertreters wirksam verloben[382].

Nach einer anderen Ansicht erfordert das Verlöbnis eines Minderjährigen Verlöbnismündigkeit, aber nicht die Zustimmung des gesetzlichen Vertreters[383]. Die Verlöbnismündigkeit soll nach dem Kriterium der genügenden geistigen und sittlichen Reife individuell bestimmt werden[384]. Sie wird von den Vertretern dieser Auffassung mit „Verlobungsfähigkeit" bezeichnet[385]. Dieser Ausdruck empfiehlt sich zur Unterscheidung von der Verlöbnismündigkeit, die nach dem Vorbild der Ehemündigkeit neben die Geschäftsfähigkeitsregelung treten soll.

Eine solche Verlöbnismündigkeit fordert die dritte Meinung entsprechend der Regelung der §§ 1 bis 3 EheG neben der Zustimmung des gesetzlichen Vertreters[386]. Auch diese Verlöbnismündigkeit ist individuell zu bestimmen nach dem Maß der Einsicht in die Bedeutung des Verlöbnisses[387].

Für das straf- und prozeßrechtliche Verlöbnis wird die Auffassung von der an die Stelle der Geschäftsfähigkeit tretenden, individuell zu bestimmenden Verlobungsfähigkeit vertreten. Der Begriff einer Verlöbnismündigkeit oder -fähigkeit taucht zwar im einschlägigen Schrifttum und

---

[381] So ausdrücklich Dittenberger S. 87 und 109; Enneccerus-Wolff § 5 III mit Fußn. 6; Luther, Ehemündigkeit, S. 52/53 und RvglHWB S. 201 (unter 4); Mohr S. 55; Opet Vorb. 5 a vor § 1297; Schmidt, A.B. Vorb. III 4 c α vor § 1297; Stutz S. 62 und 64 Fußn. 3.

Derselben Ansicht sind offenbar die Vertreter der Zustimmungsbedürftigkeit, die sich darauf beschränken, das Erfordernis der Ehemündigkeit abzulehnen: BGB-RGRK Vor § 1297 Anm. 2; Cosack § 31 II 2 a.E.; Crome § 550 Nr. 1 Fußn. 4; Dernburg § 7 II 4; Engelmann, A. § 244 (S. 636); Erman-Seibert Vorb. 3b vor § 1297; Goldmann-Lilienthal-Sternberg § 1 II 2 mit Fußn. 12; Sasse S. 59o.; Soergel-Vogel § 1297 Anm. 1; Staudinger-Engelmann Vorb. IIIb vor § 1297.

[382] So ausdrücklich Dittenberger S. 87.

[383] So Boehmer MDR S. 707 und JZ S. 267; Lehmann § 6 II 2; Matthiaß § 223 III; Mitteis RG-Praxis S. 186; Nathan S. 85; Zechnall S. 94. Etwas unbestimmt setzt auch Hellmann S. 221 l. Sp. eine Verlöbnismündigkeit voraus, wenn er „Kinder unter und über 7 Jahren" nicht für fähig hält, ein gültiges Verlöbnis einzugehen.

[384] Vgl. insbesondere Boehmer JZ a. a. O.; Frohnhausen S. 37; Lehmann a. a. O.; Nathan a. a. O.

[385] So von Lehmann a. a. O. und Zechnall a. a. O.

[386] So Planck-Unzner Vorb. 3c vor § 1297.

[387] Planck-Unzner a. a. O.

der Rechtsprechung in Strafsachen nicht auf. Der Sache nach besteht aber Übereinstimmung darin, daß es auf die nötige Einsicht in die Bedeutung des Verlöbnisses ankommt[388].

3. Vergleich mit anderen Rechtsordnungen

Die gesetzlich nicht geregelte und in so vielgestaltigem Streit befangene Frage der Verlöbnismündigkeit reizt besonders zu einem Vergleich mit anderen Rechtsordnungen.

a) Früheres Recht

Es zeigt sich, daß die überwiegende Ansicht, wonach sich ein Minderjähriger ab 7 Jahren mit Zustimmung des gesetzlichen Vertreters verloben kann, auf das römische Recht zurückgeht. In den Digesten des Corpus Juris findet sich nämlich der Satz: „In sponsalibus contrahendis aetas contrahentium definita non est ut in matrimoniis. quapropter et a primordio aetatis sponsalia effici possunt, si modo id fieri ab utraque persona intellegatur, id est, si non sint minores quam septem annis."[389]

Diesen Rechtssatz übernahmen das mittelalterliche kanonische und das gemeine Recht[390], das kanonische Recht allerdings mit der Einschränkung, daß solche schon im frühesten Minderjährigenalter (also etwa mit 8 Jahren) Verlobte (sogenannte impuberes) nach Erlangung der Geschlechtsreife ein Rücktrittsrecht hatten[391].

Das germanische Recht kannte keine besondere Verlöbnismündigkeit. Das ist nicht verwunderlich, weil dort erst sehr spät die Verlobung ein Vertrag der Brautleute selbst wurde und sich dann bald das kirchliche Eherecht durchsetzte. Objekte einer Verlobung durch den Gewalthaber aber konnten ja auch Kinder sein, weil es auf ihren persönlichen Willen nicht ankam[392].

---

388 Vgl. Jagusch in LK § 52 Anm. 5h, der das richtige Verständnis für die Bedeutung der Bindung voraussetzt; Schwarz-Dreher § 52 Anm. 5E, der von „einigermaßen erwachsenen Personen" spricht; BGH LM § 222 StGB Nr. 25, der Bedenken gegen die Annahme eines gültigen Minderjährigenverlöbnisses damit ausräumt, daß die Verlobten der Volljährigkeit nahegerückt gewesen seien; RGSt 38, 242 (244), wo Einschränkungen bezüglich Minderjähriger gemacht werden, die „noch dem Kindesalter näher stehen".

389 Modestinus Dig. 23, 1, 14.

390 Vgl. Dittenberger S. 7 u. und S. 8.

391 Vgl. Hanstein § 7 II 1a.

Zwar gewährte auch die Praxis des gemeinen Rechts dem Minderjährigen die sogenannte in integrum restitutio, sofern der Bräutigam nicht seine Braut geschwängert hatte (vgl. RGZ 21, 181). Diese Restitution wurde aber den Minderjährigen aller Altersstufen nach Erlangung der Volljährigkeit zugebilligt (vgl. RG a. a. O. insbesondere S. 183), so daß im gemeinen Recht der siebenjährige Minderjährige nicht weniger verlobungsmündig war als der zwanzigjährige.

392 Als Beispiel diene die hl. Elisabeth von Thüringen (1207—1231), die schon

b) Kanonisches Recht

Auch das heutige kanonische Recht verlangt grundsätzlich nur die allgemeine, auch für sonstige Verträge geltende Handlungsfähigkeit[393]. Es wird jedoch von der Lehre vielfach eine Einschränkung gemacht, die verschieden formuliert wird, aber übereinstimmend auf eine individuell zu ziehende Grenze hinausläuft. Während Holböck[394] sehr allgemein „das hinreichende Alter" verlangt[395], halten Eichmann-Mörsdorf[396] das „Reifealter" für erforderlich. Im Gegensatz dazu läßt Hanstein[397] die Kenntnis vom Wesen der Ehe im Sinne des can. 1082 § 1 CIC genügen, die auch impuberes haben können, wofür allerdings keine Vermutung spricht (can. 1082 § 2 CIC).

c) Ausländisches Recht

Was schließlich die Gesetze anderer Staaten anbelangt, so enthalten auch sie keine Bestimmungen über eine besondere Verlöbnismündigkeit mit Ausnahme von Mexiko. Dort ist das Verlobungs-Mindestalter für Männer auf 16 und für Frauen auf 14 Jahre festgesetzt (Art. 140 Cc). Diese Verlöbnismündigkeit entspricht der Ehemündigkeit (vgl. Art. 146 Cc).

Wissenschaftlicher Streit über das Erfordernis einer Verlöbnismündigkeit herrscht aber auch im Ausland. So vertritt z. B. in neuester Zeit für das spanische Recht García Cantero[398] die Meinung, es sei auch für das Verlöbnis Ehemündigkeit[399] zu fordern.

Es hat sich gezeigt, daß sich in anderen Rechtsordnungen für fast alle in unserem Schrifttum vertretenen Versionen Parallelen finden lassen, nämlich sowohl für die mit 7 Jahren beginnende Verlöbnisfähigkeit als auch für die Berücksichtigung individueller Merkmale der Einsicht und Reife wie auch schließlich für das Erfordernis der Ehemündigkeit. Die größte Kontinuität zu den vorausgegangenen und rezipierten Rechten bewahrt allerdings die überwiegende Ansicht, die keine Verlöbnismündigkeit

---

als 4jähriges Kind dem 12jährigen Landgrafen Ludwig von Thüringen verlobt wurde (Trauung 1221). (Vgl. Heusler S. 289 o. und Brockhaus unter „Elisabeth").

[393] Vgl. Ebers § 129 Nr. 1 a; Hanstein § 7 II 1 a; Holböck S. 618 o.; Pöschl § 57 I (S. 306).

[394] S. 618 o.

[395] Das Ehemündigkeitsalter ist damit offenbar nicht gemeint. Daß dieses für das Verlöbnis nicht erforderlich ist, hebt Müssener S. 136 (unter 3) hervor.

[396] § 134 I 1.

[397] § 7 II 1 a. Ebenso Pöschl § 57 I (S. 306), der „Verständnis von Verlöbnis und Ehe" fordert.

[398] S. 48 mit Fußn. 42. Vgl. auch die Besprechung seiner Schrift durch Simitis S. 381 ff.

[399] Die Ehemündigkeit tritt in Spanien bei Männern mit dem 14., bei Frauen mit dem 12. Lebensjahr ein (Art. 83 Nr. 1 Cc).

fordert, sondern einen Minderjährigen ab 7 Jahren mit Zustimmung seines gesetzlichen Vertreters für fähig hält, ein gültiges Verlöbnis einzugehen.

4. Stellungnahmen aus den gesetzgeberischen Vorarbeiten

Aus den Gesetzesmaterialien sind folgende Stellungnahmen zu erwähnen:

Gegenüber dem Entwurf erster Lesung bemerkt von Scheurl unter anderem kritisch, es sollte für gültige Verlobungen das Erfordernis eines bestimmten Alters aufgestellt werden[400].

Der Reichstags-Kommission lag der Antrag vor, in den Entwurf III (Reichstagsvorlage) als § 1280 a[401] eine Bestimmung einzuschalten, in der außer der Geschäftsfähigkeit auch die Ehemündigkeit als Voraussetzung für ein rechtswirksames Verlöbnis gefordert werden sollte[402]. Der Antrag wurde abgelehnt. Auf der einen Seite wurde die Meinung vertreten, Eheunmündigkeit sei bei fehlender Zustimmung des gesetzlichen Vertreters in der Regel ein wichtiger Grund zum Rücktritt; auf der anderen Seite wurde die Ansicht geäußert, ein Verlöbnis, das in einem jüngeren Alter als dem Alter der Ehemündigkeit geschlossen werde, könne durchaus vernünftig sein.

Diese Stellungnahmen zeigen, daß von Anfang an Stimmen laut geworden sind, die hinsichtlich der Verlobungsfähigkeit einen Bruch mit der auf dem römischen Recht fußenden Tradition erstrebten und es für das neue Recht nicht mehr als angemessen erachteten, Minderjährige bei Zustimmung des gesetzlichen Vertreters schon von 7 Jahren an als wirksam Verlobte anzuerkennen.

5. Sachliche Erörterung

Zwei der oben dargestellten Auffassungen scheiden von vornherein aus, weil sie die Anwendung der §§ 106 ff. BGB ablehnen. Es sind dies die Ansicht, jeder Minderjährige ab 7 Jahren könne sich ohne Zustimmung des gesetzlichen Vertreters verloben, sowie die Lehre von einer an die Stelle der Geschäftsfähigkeit tretenden Verlobungsfähigkeit. Es bleiben demnach drei Meinungen zu erörtern, die sich dadurch unterscheiden, daß sie zusätzlich zur Geschäftsfähigkeit noch die Ehemündigkeit oder eine besondere Verlöbnismündigkeit oder nichts von beiden fordern.

Gehen wir von der zuletzt genannten und wohl herrschenden Auffassung aus.

Gegen sie ist eingewendet worden, sie verletze den höchstpersönlichen Charakter des Verlöbnisses, weil die von ihr zugelassene Verlobung Minderjähriger aller Altersstufen mit Zustimmung ihres gesetzlichen Ver-

---

[400] Zus. d. gutachtl. Äuß. IV S. 15 (unter 3).

[401] Vgl. dazu oben auf S. 27 wiedergegebenen Wortlaut.

[402] Bericht S. 78 r. Sp.

treters bei sehr jungen Menschen praktisch auf eine Verlobung durch den gesetzlichen Vertreter hinauslaufe[403].

Dieser Vorwurf trifft allerdings nicht ins Schwarze. Er vermengt zwei Grundfragen des Verlöbnisrechts miteinander, nämlich die Fragen der Verlöbnismündigkeit und der Stellvertretung im Willen. Nur mit der letzten hat der Begriff der Höchstpersönlichkeit etwas zu tun[404].

Eine Stellvertretung beim Verlöbnis und damit eine Verlobung des Minderjährigen durch den gesetzlichen Vertreter lehnt aber auch die herrschende Auffassung ab[405] (vgl. unten S. 136 ff.). Entsprechend wird man auch von ihrem Standpunkt aus einem Minderjährigen-Verlöbnis die Anerkennung versagen können, bei dem sich der gesetzliche Vertreter formell auf eine bloße Zustimmungserklärung beschränkt, in Wirklichkeit aber seinen Mündel in der Entscheidung bevormundet hat[406]. Um in solchen Fällen zu richtigen Ergebnissen zu kommen, bedarf es daher nicht der Aufstellung des Begriffs einer Verlöbnismündigkeit. Zudem wäre hiermit die Frage einer Bevormundung gar nicht befriedigend zu lösen, weil der Fall einer unzulässigen Einflußnahme des gesetzlichen Vertreters auf den höchstpersönlichen Entschluß des Mündels auch bei einem Verlöbnismündigen eintreten kann.

Bei der Frage der Verlöbnismündigkeit geht es vielmehr darum, ob ein Verlöbnis, das ein dem Kindesalter noch nahestehender Minderjähriger ohne jede Beeinflussung durch den gesetzlichen Vertreter abschließt, rechtliche Bedeutung erlangen kann, wenn ihm der gesetzliche Vertreter zustimmt. Dies wird allerdings von der überwiegenden Ansicht bejaht. Leider findet sich hierfür jedoch nirgends eine eingehende Begründung, offenbar weil man sich damit beruhigt, solche Fälle würden ohnehin nicht praktisch. Dieser Gedanke könnte es aber höchstens rechtfertigen, die Frage unentschieden zu lassen. Eine Entscheidung in einer zweifelhaften Frage erfordert dagegen eine Begründung ebensogut bei geringer wie auch bei großer praktischer Bedeutung. Wo man bei der herrschenden Auffassung eine Begründung antrifft, lautet diese etwa dahin, mit dem Erfordernis der Zustimmung des gesetzlichen Vertreters seien die Interessen des Minderjährigen hinreichend gewahrt; denn ein noch sehr junger Min-

---

403 So Zechnall S. 94/95; ähnlich Endemann § 151 a Fußn. 16 (S. 50).

404 Ein ähnlicher Fehlschluß auf Grund einer Fehlinterpretation des Begriffes „Höchstpersönlichkeit“ begegnete uns oben S. 59. Argumentationen mit dem höchstpersönlichen Charakter des Verlöbnisses sind daher mit Vorsicht zu genießen.

405 Eccius S. 718 rennt daher offene Türen ein, wenn er der herrschenden Auffassung vorwirft, sie führe zur Anerkennung eines Verlöbnisses, das zwei gesetzliche Vertreter ohne Wissen ihrer Mündel in deren Namen geschlossen hätten.

406 Anders Goldmann-Lilienthal-Sternberg § 1 II 2 Fußn. 12 (S. 6), die allerdings dann in der Bevormundung einen wichtigen Rücktrittsgrund erblicken.

derjähriger werde zu einem unvernünftigen Verlöbnis nicht die Zustimmung seines gesetzlichen Vertreters erhalten[407].

Diese Argumentation verkennt indes die Bedeutung der höchstpersönlichen Natur der Verlobung. Es kommt nicht auf eine objektive Interessenwahrung an, die ja auch dann gewährleistet sein kann, wenn ein gesetzlicher Vertreter selbst im Namen seines Mündels ein Geschäft abschließt. Es kommt vielmehr wegen der Höchstpersönlichkeit der Entscheidung auch auf die subjektiven Interessen des Minderjährigen an; es muß sich also um einen Entschluß handeln, zu dem der Minderjährige auch steht, weil er ihn selbst gefaßt hat. Diese Kombination objektiver und subjektiver Interessenwahrung bedeutet in der praktischen Durchführung folgendes: Man kann einem eigenen Entschluß des Minderjährigen rechtliche Wirksamkeit versagen, weil er seinen objektiven Interessen zuwiderläuft. Dies geschieht durch das Erfordernis der Zustimmung des gesetzlichen Vertreters. Man kann aber umgekehrt nicht den Minderjährigen an einer ihm objektiv günstigen Maßnahme festhalten, wenn er sie nicht selbst aus innerstem eigenem Entschluß bejaht. Diesem Gedanken wird durch das Erfordernis höchstpersönlichen Abschlusses Rechnung getragen. Ihm sind wir bereits bei der Frage begegnet, ob der Minderjährige zum Rücktritt vom Verlöbnis der Zustimmung des gesetzlichen Vertreters bedarf[408]. Für die uns jetzt beschäftigende Frage folgt aus dem Gesagten:

Es genügt nicht, daß bei dem Verlöbnis eines Minderjährigen dessen objektive Interessen durch die Zustimmung seines gesetzlichen Vertreters gewahrt sind. Es ist vielmehr noch erforderlich, daß der Minderjährige auch selbst für sich beurteilen kann, ob die von ihm vorgenommene Handlung richtig ist. Daß es sich nur um einen tatsächlich eigenen Entschluß ohne Bevormundung durch den gesetzlichen Vertreter handelt, reicht nicht aus. Dem eigenen Entschluß kann nur dann rechtliche Bedeutung beigemessen werden, wenn ihm die nötige Beurteilungsfähigkeit zugrunde liegt und er daher von der Rechtsordnung auch ernst genommen werden kann.

Das ist der Sinn aller Vorschriften über Handlungsfähigkeit, zu der die Geschäftsfähigkeit und Ehemündigkeit gehören und auch eine besondere Verlöbnismündigkeit zählen würde. So wird ja auch dem tatsächlich selbst gefaßten und geäußerten Willen eines Fünfjährigen, eine Sache zu kaufen, keine rechtliche Bedeutung beigemessen.

Es fragt sich daher: Kann die Rechtsordnung den eigenen Entschluß eines Siebenjährigen, sich zu verloben, ernst nehmen? Kann sie davon ausgehen, daß der Siebenjährige die Bedeutung seines Schrittes ermessen und die Richtigkeit oder Unrichtigkeit seiner Handlung vernünftig bewerten kann? Ich meine, diese Frage zu stellen, hieße schon, sie zu verneinen. Wenn ein siebenjähriger Junge und ein gleichaltriges Mädchen einander erklären, sich heiraten zu wollen, so ist das nach natürlicher Lebensan-

---

[407] So Dittenberger S. 87; ähnlich Goldmann-Lilienthal-Sternberg § 1 II Fußn. 12 und Mohr S. 55.

[408] S. oben S. 61/62.

schauung nicht anders zu bewerten, als wenn ein solcher Junge den festen Willen äußert, Lokomotivführer zu werden, ein Entschluß, von dem er meist später nichts mehr wissen will, weil sich seine Persönlichkeit in eine ganz andere Richtung entwickelt hat[409]. Die Gesellschaft mißt denn auch solchen Erklärungen keine besondere Bedeutung bei, weil sie weiß, wie leicht ein Mensch dieses Alters seine Ansichten noch völlig ändert. Niemand wird sich daher darauf verlassen, daß der siebenjährige Junge seine oben beispielhaft genannten Entschlüsse auch verwirklichen wird, und daraufhin etwa Vermögensdispositionen vornehmen (§ 1298 BGB!). Die gewisse Persönlichkeitsreife, die den Minderjährigen erst zu sicheren Zukunftsprognosen und damit auch zu einer realeren und ernsthafteren Beurteilung des Eheversprechens befähigt, tritt nicht schon mit Vollendung des 7. Lebensjahres ein. An die Fähigkeit, Entscheidungen zu treffen, die die gesamte Persönlichkeit ergreifen, sind eben doch größere Anforderungen zu stellen als an die Fähigkeit, Geschäfte des Vermögensverkehrs wie beispielsweise einen Kauf abzuschließen.

Die Bedeutung der Persönlichkeitsreife für das Verlöbnis hat aber noch einen zweiten Aspekt. Solange sich die Persönlichkeit nicht in eine gewisse Richtung entwickelt und wenigstens schon in bestimmten Ansätzen auszuprägen begonnen hat, fehlt nicht nur dem Minderjährigen selbst, sondern auch jedem anderen die Möglichkeit zur vernünftigen Beurteilung eines Verlöbnisses. Bei dem siebenjährigen Jungen und seiner gleichaltrigen „Braut" kann niemand, auch nicht der gesetzliche Vertreter, sagen, ob sie in ihrer Wesensart zueinander passen und die Zuneigung daher Bestand verspricht. Darauf ist aber im Zeitalter der Neigungsehe zum Wohle des Minderjährigen großer Wert zu legen. Hier konnte eine — nicht allzu fern zurückliegende — Zeit anders urteilen, in der Zuneigung und innere Harmonie für die Ehe keine so große Rolle spielten und Konvenienz- und Geldheiraten in weiten Kreisen guter Sitte entsprachen[410]. Zu solchen Zeiten bezüglich der Frage der Verlöbnismündigkeit rechtliche Kontinuität zu bewahren, ist nicht angängig.

Die Kategorie der allgemeinen Geschäftsfähigkeit reicht daher heute nicht mehr aus, um die persönlichen Voraussetzungen für den Abschluß eines Verlöbnisses angemessen zu erfassen.

Nun hat das Gesetz der Bedeutung der Persönlichkeitsreife für die Beurteilung einer Lebensverbindung selbst an anderer Stelle Rechnung getragen, nämlich in den Bestimmungen über die Ehemündigkeit (§ 1 EheG). Liegt es da nicht nahe, diese Regelung für das Verlöbnis zu übernehmen, zumal es um denselben Beurteilungsgegenstand, nämlich die Einsicht in die Bedeutung der Ehe, geht und diese Regelung mit ihren festen Altersgrenzen den Vorzug besonderer Handlichkeit bietet?

---

[409] Frohnhausen S. 24 bemerkt, die Zulassung solcher Verlobungen spreche der Zweckbestimmung der Ehe Hohn.

[410] Vgl. Stutz S. 4 mit Fußn. 3.

Allerdings fordern unsere oben angestellten Überlegungen folgerichtig eine Analogie zu den Bestimmungen über die Ehemündigkeit. Eine Analogie hat aber jeweils den Besonderheiten der verglichenen Tatbestände Rechnung zu tragen und darf nicht zu einer schematischen Gleichbehandlung ähnlicher Fragen führen. So darf auch hier ein Wesenszug in der Relation von Verlöbnis und Ehe nicht übersehen werden, nämlich die ihr zwingend eigentümliche zeitliche Reihenfolge. Das Verlöbnis dient institutionell der Anbahnung und Vorbereitung der Eheschließung; es ist daher im Verhältnis zur Ehe begrifflich ein prius.

Nun hat allerdings die Analogie nur auf solche Verschiedenheiten Rücksicht zu nehmen, die mit der durch den Ähnlichkeitsschluß zu lösenden Frage in einem adäquaten Sinnzusammenhang stehen. Es fragt sich daher, ob die zeitliche Relation von Verlöbnis und Ehe einen für die zu entscheidende Frage erheblichen Gesichtspunkt bildet. Hier ist nun zu beachten, daß alle Mündigkeitsvorschriften eine juristische Zeitkategorie darstellen, insofern sie einen terminus ante quem non bestimmen. Da sie zudem für die verschiedensten Handlungsbereiche unterschiedliche Altersgrenzen festsetzen und somit den Minderjährigen nicht in einer abrupten Zäsur, sondern in systematischem Fortschreiten von Stufe zu Stufe der vollen juristischen Handlungsfähigkeit entgegenführen[411], ist der Gesichtspunkt einer harmonisch-ungezwungenen und den natürlichen Entwicklungsstufen angepaßten Mündigkeitsregelung von ausschlaggebender Bedeutung. Diesem Gesichtspunkt aber trägt die Auffassung, die für die Eingehung eines Verlöbnisses Ehemündigkeit verlangt, nicht Rechnung, indem sie für zwei Rechtsakte, die nur nacheinander denkbar sind, die Handlungsfähigkeit gleichzeitig eintreten läßt. Das bedeutet für alle diejenigen, die im gesetzlich zulässigen Mindestalter heiraten, die völlige Streichung des Verlöbnisses als einer juristischen Kategorie. Nun ist zwar das Verlöbnis keine notwendige Vorstufe der Ehe[412], aber es geht doch jedenfalls den weitaus meisten Ehen voraus[413]. Es muß daher

---

[411] Vgl. die privatrechtlich bedeutsamen Altersstufen: 7 Jahre (§§ 106, 828 Abs. 2 BGB), 10 Jahre (§§ 2 Abs. 3 Satz 5, 3 Abs. 2 Satz 5 RelKErzG), 12 Jahre (§ 5 Satz 2 RelKErzG), 14 Jahre (§ 5 Satz 1 RelKErzG, §§ 1751 Abs. 2, 1728 Abs. 2 BGB), 16 Jahre (§ 1 Abs. 1 EheG, § 2229 Abs. 1 BGB), 18 Jahre (§ 1 Abs. 2 EheG, §§ 3 Abs. 1, 828 Abs. 2 BGB), 21 Jahre (§ 2 BGB, § 1 Abs. 1 EheG).

[412] Die von Dittenberger (S. 15 u.), Nathan (S. 71 Fußn. 4), Schmidt, A. B. (Vorb. I vor § 1297) und Stutz (S. 24 u.) vertretene Auffassung, das Verlöbnis sei notwendige Voraussetzung der Eheschließung, ist heute überwunden. Der Ausdruck „Verlobte" in den §§ 12 ff. EheG läßt sich zwanglos als eine wenig glückliche Verdeutschung des treffenden Fremdwortes „Nupturienten" erklären. Es geschieht ja öfter, daß solche Verdeutschungsversuche zu schiefen Ausdrücken führen.

[413] Man muß sich nur von der landläufigen Auffassung frei machen, die in der „Verlobung" eine feierliche Erklärung an die Öffentlichkeit sieht. Verlobung im Rechtssinne ist ja nur die verbindliche Übereinkunft zweier Personen ver-

als eine Anomalie empfunden werden, wenn für eine bestimmte Altersstufe, nämlich der des Ehemündigkeits-Mindestalters, nur verlöbnislose Ehen möglich sein sollen, also Ehen, denen kein rechtlich anerkannter Brautstand als Vorbereitungsstadium vorausgeht. Diese Nupturienten, die sofort mit Erreichung des 16. bzw. des 21. Lebensjahres oder bei Dispens mit dem entsprechenden früheren Alter heiraten wollen, wären „Verlobte zweiter Klasse"; könnten sie doch im Falle des grundlosen Rücktritts des anderen Teils vor Erreichung des Heiratstermins für ihre Aufwendungen im Hinblick auf die Ehe keinen Ersatz verlangen. Warum soll aber derjenige, der mit 18 Jahren heiraten darf, nicht schon mit 17 Jahren in einem rechtlich (durch die §§ 1298 ff. BGB) geschützten Vertrauen auf die Eheschließung Vermögensdispositionen vornehmen dürfen, nachdem er sich der ernsten Heiratsabsicht seines Partners und der Zustimmung seines gegesetzlichen Vertreters vergewissert hat?

Und noch etwas: Eine Eheschließung wird nicht von heute auf morgen geplant. Ihr geht in der Regel eine längere Zeit der Vorbereitung voraus, die wiederum einen ersten ernsthaften Heiratsentschluß voraussetzt. Bei der Ehe fallen also Entschluß und Abschluß (schon wegen der Bestimmungen über das Aufgebot) zeitlich immer auseinander, und zwar meistens im Gegensatz zu anderen Verträgen für einen größeren Zeiraum. Diesen typischen Lebenstatbestand kann das Gesetz nicht ignorieren. Wenn es also für den Abschluß der Ehe ein bestimmtes Alter festsetzt, so erkennt es damit praktisch einen schon einige Zeit früher gefaßten Heiratsentschluß als auf genügend reifer Beurteilung beruhend an[414].

Nach alledem entspricht es nicht nur der natürlichen Lebensanschauung, sondern — bei zweckwertender Auslegung — auch dem Standpunkt des Gesetzes, die Verlöbnismündigkeit nicht mit der Ehemündigkeit gleichzusetzen, sondern in einem angemessenen Verhältnis früher eintreten zu lassen.

Es ist daher zwar in Analogie zur eherechtlichen Regelung (§§ 1—3 EheG) eine neben die Geschäftsfähigkeitsregeln tretende Verlöbnismündigkeit zu fordern; diese ist jedoch abweichend von der Ehemündigkeit zu bestimmen. Damit haben wir uns der bisher nur von Planck-Unzner[415] vertretenen Auffassung angeschlossen. Dort ist allerdings lediglich von der nötigen „Einsicht in die Bedeutung des Verlöbnisses" die Rede, ohne daß „ein bestimmtes Lebensalter" gefordert wird. Im Gegensatz dazu können wir auf Grund unserer oben angestellten Überlegungen den Begriff der Verlöbnismündigkeit im Interesse besserer Faßlichkeit und größerer Handlich-

schiedenen Geschlechts, einander zu heiraten. Ein instruktives Beispiel für diese Doppeldeutigkeit des Wortes „Verlobung" bietet die Entscheidung RG JW 1928, 3047 Nr. 18.

[414] Ähnlich Frohnhausen S. 25 o., der ausführt, daß jemand, der am Ehemündigkeitstage die Ehe schließen dürfe, „logischerweise" vorher in der Lage sein müsse, ein Verlöbnis abzuschließen.

[415] Vorb. 3 c vor § 1297.

keit noch stärker konkretisieren. Auszugehen ist dabei von den durch das Gesetz gezogenen äußersten Grenzen, nämlich der beschränkten Geschäftsfähigkeit einerseits und der Ehemündigkeit andererseits.

Die Bestimmung der Obergrenze zeigt, daß es nicht nur auf eine Bewertung der individuellen Reife ankommt, sondern die Anpassung an die eherechtlichen Vorschriften auch einen gewissen Schematismus erfordert. So ist ein 16jähriges Mädchen ohne Rücksicht auf seine individuelle Reife immer verlöbnismündig. Das folgt zwingend im Wege eines argumentum a fortiori aus § 1 Abs. 1 EheG. Hierdurch wird zugleich noch einmal die Unhaltbarkeit aller jener Auffassungen bewiesen, die die Verlöbnismündigkeit nach der Deliktsfähigkeit beurteilen wollen. Danach würde ein Mädchen erst mit 18 Jahren unbedingt verlöbnisfähig, während es schon 2 Jahre früher ehemündig ist.

Eine Herabsetzung der Obergrenze für eine Prüfung der individuellen Einsichtsfähigkeit könnte sich aus der Dispensmöglichkeit des § 1 Abs. 2 EheG ergeben. Hier ist aber zu beachten, daß die praktische Bedeutung für den Mann ungleich größer ist, während das ohnehin niedrige Ehemündigkeitsalter der Frau selten unterschritten wird. Eine Herabsetzung der absoluten Verlöbnismündigkeitsgrenze dürfte daher nur beim Mann angebracht sein. Volljährigkeits- und Ehefähigkeitserklärungen 18jähriger Männer erfolgen nämlich nicht selten. Es erscheint daher unbedenklich, die Grenze der unbedingten Verlöbnismündigkeit für Männer auf 18 Jahre zurückzuverschieben.

Umgekehrt ist die bei 7 Jahren liegende äußerste Untergrenze bis zu dem Zeitpunkt vorzuverlegen, in dem normalerweise der Eintritt der Geschlechtsreife vollendet ist; denn vorher kann von einer für die Anbahnung einer Lebensverbindung hinreichend gefestigten Persönlichkeit noch nicht gesprochen werden. Die sich danach ergebende Untergrenze, bis zu der Verlöbnisunmündigkeit anzunehmen ist, dürfte für Frauen etwa bei 14 und für Männer etwa bei 16 Jahren anzusetzen sein.

Die Alterszone, in der Zweifel bestehen können und in der es daher auf eine Prüfung der individuellen Einsichtsfähigkeit und Persönlichkeitsreife durch den Richter ankommt, ist danach verhältnismäßig kurz. Sie reicht aber aus, um auch den im gesetzlichen Mindestalter Heiratenden im Einzelfall (sofern nämlich die erforderliche Reife vorhanden ist) eine angemessene Verlobungszeit als verbindliche Vorbereitungszeit zu ermöglichen. Dabei ist berücksichtigt, daß die allgemeinen Ehevorbereitungszeiten heute länger sein dürften als früher, weil der Aussteueranspruch der Braut (§ 1620 BGB a. F.) weggefallen und damit juristisch wie praktisch[416] für die Brautleute die Notwendigkeit entstanden ist, sich ihre Aussteuer zu ersparen.

Der Zeitabschnitt der individuell zu bestimmenden Verlöbnisreife liegt also bei Mädchen zwischen 14 und 16 sowie bei Jungen zwischen 16 und

---

[416] Vom Normalfall her betrachtet.

18 Jahren. Es ist dies der Abschnitt der bedingten Verlöbnismündigkeit (der bedingten Deliktsfähigkeit gemäß § 828 Abs. 2 BGB vergleichbar).

Gegen die Aufstellung eines Begriffs der bedingten und unbedingten Verlöbnismündigkeit mit festen Altersgrenzen trotz Schweigens des Gesetzes bestehen keine Bedenken. Ähnliches hat die neuere Rechtspraxis bei der Frage der Verkehrstüchtigkeit im Sinne des § 2 Abs. 1 StVZO getan, indem sie ohne gesetzlichen Anhalt die Begriffe der absoluten und relativen Verkehrsuntüchtigkeit mit festen Promillwerten als Grenzen (1,5 ‰ für Kraftwagenführer; 1,3 ‰ für Kraftradführer usw.) entwickelt hat[417].

Mit unserer Kombination individueller Bewertung und generalisierender Betrachtungsweise dürften allzu große praktische Schwierigkeiten bei der Feststellung der Verlöbnismündigkeit vermieden sein. Die an die praktische Handhabung unseres Begriffs der Verlöbnismündigkeit gestellten Anforderungen sind nicht größer als bei der Deliktsfähigkeit. Die Lösung scheint mir gegenüber allen anderen vertretenen Auffassungen den Vorzug zu haben, Praktikabilität, Rechtssicherheit und individuelle Gerechtigkeit in einem angemessenen Verhältnis zu gewährleisten.

Das zur Verlöbnismündigkeit Ausgeführte muß auch für das straf- und prozeßrechtliche Verlöbnis gelten; denn das Erfordernis einer besonderen Verlöbnismündigkeit ergab sich aus einer Berücksichtigung unserer herrschenden Kulturvorstellungen. Diese sind aber in besonderer Weise für den straf- und prozeßrechtlichen Verlöbnisbegriff maßgebend, der, wie wir oben[418] gesehen haben, gerade auf ein durch die Sitte anerkanntes Verlöbnis abstellt.

III. Zusammenfassung

Zumindest die nunmehr in der Erörterung abgeschlossene erste Grundfrage würde, wenn sich einmal eine Einhelligkeit in der wissenschaftlichen Beurteilung ergeben würde und damit die von den Vätern des BGB ausdrücklich der Wissenschaft überlassene Aufgabe erfüllt wäre, eine gesetzliche Klarstellung verdienen, wie sie das Eherecht enthält und wie sie verschiedene andere Rechtsordnungen auch für das Verlöbnis geben. Wir wollen daher für die Zusammenfassung unserer Ergebnisse die Form eines Paragraphen wählen, wie er in die Regelung der §§ 1297 ff. BGB einzuschalten wäre:

§ 1297 a

(1) Ein Mann soll nicht vor Vollendung des sechzehnten, eine Frau nicht vor Vollendung des vierzehnten Lebensjahres ein Verlöbnis eingehen. Ein Mann, der das sechzehnte, aber nicht das achtzehnte Lebensjahr vollendet hat, kann sich nur verloben, wenn er die zur

---

417 Vgl. z. B. BGHSt 13, 278.

418 S. 77.

Beurteilung des Verlöbnisses erforderliche Einsicht hat. Das gleiche gilt für eine Frau, die das vierzehnte, aber nicht das sechzehnte Lebensjahr vollendet hat.

(2) Wer geschäftsunfähig ist, kann ein Verlöbnis nicht eingehen.

(3) Wer minderjährig oder aus anderen Gründen in der Geschäftsfähigkeit beschränkt ist, bedarf zu einem Verlöbnis der Zustimmung des gesetzlichen Vertreters nach Maßgabe der §§ 108, 109, wenn die in diesem Gesetz bestimmten Rechtsfolgen eintreten sollen.

§ 4

Zweite Grundfrage: Das Verlöbnis und die §§ 119 ff. BGB

I. Übersicht über den Meinungsstand

Die Anwendbarkeit der Anfechtungsregeln (§§ 119—124 BGB in Verbindung mit §§ 142—144 BGB) auf das Verlöbnis ist sehr umstritten. Während es früher herrschender Auffassung entsprach, die genannten Vorschriften beim Verlöbnis uneingeschränkt gelten zu lassen und somit den Rechtsbehelf der ex tunc beseitigenden Anfechtung wahlweise neben dem ex nunc auflösenden Rücktritt zuzulassen, haben sich in neuerer Zeit die Stimmen ständig gemehrt, die das Institut der Anfechtung angesichts der umfassenden Rücktrittsregelung ganz aus dem Verlöbnisrecht verbannen wollen. Es bietet sich heute folgendes Meinungsbild:

Von der ersten Gruppe[419] haben sich für eine Anwendung der §§ 119 ff. BGB ausgesprochen:

BGB-RGRK Vor § 1298 Anm. 2;
Cramer S. 32;
Crome § 550 Nr. 1 Fußn. 5;
Dittenberger S. 74—84;
Dniestrzanski S. 143;
Donig §§ 23—25;
Endemann § 151 a Nr. 2 d mit Fußn. 21 (S. 51);
Enneccerus-Wolff § 5 IV und § 6 Fußn. 7;
Glaser S. 26 mit Fußn. 18 und S. 27;
Groeper S. 80;
Jacobi S. 19 Fußn. 16 a;
Kuhlenbeck Vorb. vor § 1297 (S. 343);
Mohr S. 57 o.;
Neubecker S. 263—265;
Neumann § 1297 Note II 1 und § 1298 Note I 1 b;
Opet Vorb. 6 vor § 1297;
Planck-Unzner Vorb. 1 vor § 1297 und § 1298 Anm. 7 a β;

---

[419] Im Sinne der oben S. 7 ff. vorgenommenen Einteilung.

Sasse S. 60;
Schmidt, A. B. Vorb. V vor § 1297;
Staudinger-Engelmann Vorb. VI vor § 1297;
Stutz S. 62/63;
RG JW 1936, 863 Nr. 7.

Cosack, Krückmann und Müller-Meikel behandeln die Frage der Willensmängel nicht. Sie gehen aber von der Anwendung der Vorschriften des Allgemeinen Teils aus und sind daher mangels abweichender Stellungnahme zu dieser Frage den obigen Stimmen zuzuzählen.

Folgende Vertreter der ersten Gruppe lehnen die Anfechtung des Verlöbnisses ab:

Beitzke, Familienrecht, § 5 I 3 und JR S. 141—143;
Eggel in Achilles-Greiff § 1298 Anm. 2;
Erman-Seibert Vorb. 3 d vor § 1297;
Goldmann S. 433 (unter II);
Goldmann-Lilienthal-Sternberg § 1 II 6;
Palandt-Lauterbach Einf. 1 vor § 1297;
Soergel-Vogel § 1297 Anm. 2.

Unklar ist der Standpunkt von Manigk (S. 737), der die Vorschriften der §§ 116 ff. BGB über Nichtigkeit und Anfechtbarkeit auf Grund von Willensmängeln nicht ohne weiteres anwenden, sondern die §§ 1323 ff. BGB a. F. (= §§ 16 ff. EheG) vorbildlich sein lassen will. Wahrscheinlich will Manigk die Anfechtungsgründe einschränken, nicht aber das Institut der Anfechtbarkeit ausschalten.

Die zweite Gruppe enthält nur einen uneingeschränkten Befürworter der Anfechtbarkeit beim Verlöbnis, nämlich

Eltzbacher S. 183.

Außer ihm läßt Zechnall S. 96 f. noch die Anfechtung für die Fälle grober Täuschung und widerrechtlicher Drohung zu.

Gegen eine Anwendung der §§ 119 ff. BGB sprechen sich aus:

Lehmann, 3. Aufl., § 6 II 4;
Mitteis, Familienrecht, S. 20 (wenn auch nicht mit letzter Entschiedenheit);
Schnitzerling StAZ S. 186 (unter e);
Zechnall S. 96 f. bezüglich des Irrtums.

Die übrigen Vertreter der zweiten Gruppe nehmen zu dieser Frage nicht Stellung.

Aus der dritten Gruppe wird die Anwendung der Anfechtungsvorschriften von Luther RvglHWB S. 204 r. Sp. und anscheinend auch von Kohler § 5 V befürwortet.

Dagegen lehnen die Anfechtung eines Verlöbnisses gemäß den §§ 119 ff. BGB ab:

Dietz § 13 I 2 b γ;
Frohnhausen S. 26 f.;
Hellmann S. 221 l. Sp.;

Lehmann, 1. Aufl., § 6 II 4;
Matthiaß § 223 III;
Meisner S. 5;
Nathan S. 85—87;
Siebert DtRWiss S. 211 (der zumindest die Anfechtung mit ex-tunc-Wirkung ablehnt).

Die übrigen Anhänger dieser Gruppe nehmen zur Frage der Anfechtbarkeit keine Stellung.

Bedenkt man, daß sich die Befürworter der Anfechtung beim Verlöbnis mit Ausnahme des BGB-RGRK ausschließlich in der älteren und, soweit es sich um Kommentare und Lehrbücher handelt (z. B. Enneccerus-Wolff, Planck-Unzner, Staudinger-Engelmann), noch nicht wieder neu aufgelegten Literatur finden, so dürfte die Übersicht zeigen, daß von einer herrschenden Lehre zugunsten der §§ 119 ff. BGB heute nicht mehr gesprochen werden kann, ja daß man mittlerweile wohl schon die gegenteilige Ansicht als die herrschende Auffassung bezeichnen kann. Ist dieser Meinungsumschwung als das Durchdringen eines besseren Verständnisses des Verlöbnisrechts zu begrüßen, oder müssen wir uns von dieser „neuen Richtung" ebenso distanzieren wie von den modernen Argumenten zur Frage des Minderjährigenverlöbnisses, die uns die althergebrachte Auffassung als die bessere erkennen ließen?

Zur Vororientierung in dieser Frage interessieren die praktischen Konsequenzen des Meinungsstreits.

II. Praktische Bedeutung

A. Verlöbnisauflösung

Was die einseitige Auflösung des Verlöbnisses anbelangt, so ist sie durch den Rücktritt immer möglich. Auf das Vorliegen eines Rücktrittsgrundes kommt es ja nur für den Schadensersatz, nicht aber für die Aufhebung des Verlöbnisses an (§ 1298 Abs. 3 BGB). Durch das Institut der Anfechtung werden somit keine zusätzlichen Auflösungsmöglichkeiten eröffnet. Die Anfechtung würde vielmehr, da sie an bestimmte Anfechtungsgründe geknüpft ist, nur in einer verhältnismäßig geringen Zahl von Fällen zum Rücktritt als weiterer Aufhebungsbehelf kumulativ hinzutreten. Als Auflösungsgrund hat sie somit keine praktische Bedeutung.

B. Sonstige Rechtsfolgen

Ein Unterschied mag sich allerdings hinsichtlich der Rechtsfolgen der Verlöbnisaufhebung ergeben; denn der Rücktritt wirkt ex nunc, während die Anfechtung das Verlöbnis ex tunc beseitigen würde (§ 142 Abs. 1 BGB). Wenn das Verlöbnis im Falle der Anfechtung als von Anfang an nichtig anzusehen ist, so bleibt für eine Anwendung der §§ 1298 ff. BGB sowie der sonstigen Vorschriften über Verlöbniswirkungen — zumindest der zivilrechtlichen — kein Raum mehr. Zu welchen Konsequenzen dies im einzelnen führt, soll im folgenden untersucht werden.

1. Schadensersatz

Die größte praktische Bedeutung hat die Schadensersatzfrage. Bei ihr gestaltet sich die Abwägung der Anfechtungs- und Rücktrittskonsequenzen komplizierter, da die §§ 119 ff. BGB in § 122 BGB eine besondere Schadensersatznorm enthalten.

a) Ersatzverpflichtung des auflösenden Teils

Als erstes sei die Frage einer Schadensersatzpflicht des die Auflösung herbeiführenden Teils erörtert. Nur für diese Frage hat § 122 BGB Bedeutung.

Da § 122 BGB zudem nur die Irrtumsfälle betrifft, sind die Fälle einer Anfechtung nach § 119 BGB sowie einer Anfechtung auf Grund des § 123 BGB für den Vergleich mit der Rücktrittsregelung zu trennen.

aa) Der Fall des anfechtungsberechtigenden Irrtums

Liegt ein Irrtum im Sinne des § 119 Abs. 1 (z. B. Irrtum über die Identität des Partners[420]) oder Abs. 2 (Irrtum über wesentliche Eigenschaften des Partners) vor, so würde sich die Ersatzpflicht des Irrenden im Falle einer Anfechtung des Verlöbnisses nach § 122 BGB regeln. Die §§ 1298 ff. BGB kämen wegen der rückwirkenden Beseitigung des Verlöbnisses nicht zur Anwendung. Nach § 122 BGB wäre das negative Interesse zu ersetzen, jedoch nicht über das positive Interesse hinaus. Positives Interesse aber würde dasjenige sein, was dem Anfechtungsgegner im Falle der Gültigkeit des Verlöbnisses zustände, und das wären die Ersatzansprüche nach den §§ 1298 ff. BGB. Hieraus ergibt sich ein für die folgenden Untersuchungen wichtiger Leitsatz:

Auf Grund des § 122 BGB kann es nie einen Schadensersatz geben, der nach den §§ 1298 ff. BGB ausgeschlossen ist[421].

Das hat Bedeutung für Grund und Höhe.

α. Die Haftung dem Grunde nach

Für die Frage, ob überhaupt eine Haftung eintritt oder nicht, ergibt sich unter Berücksichtigung des Leitsatzes folgendes:

αα. Es macht keinen Unterschied für die grundsätzliche Haftung aus § 122 Abs. 1 BGB oder §§ 1298 ff. BGB, ob man in dem zur Anfechtung

---

[420] Denkbar, wenn der eine Teil blind oder der andere Teil ein zum Verwechseln ähnlicher Zwilling ist.

[421] Vgl. Enneccerus-Wolff § 5 IV; Planck-Unzner § 1298 Anm. 7 a β.

nach § 119 BGB berechtigenden Irrtum zugleich auch einen wichtigen Grund zum Rücktritt im Sinne des § 1298 Abs. 3 BGB sieht oder nicht. Ist nämlich der Anfechtungsgrund zugleich ein Rücktrittsgrund, so gibt es weder nach § 1298 BGB noch auf Grund des § 122 BGB einen Schadensersatzanspruch gegen den anfechtenden bzw. zurücktretenden Teil. Handelt es sich dagegen bei dem Irrtum nicht um einen wichtigen Grund im Sinne des § 1298 Abs. 3 BGB, so macht sich der auflösende Teil sowohl nach § 1298 BGB durch Rücktritt wie auch nach § 122 Abs. 1 BGB durch Anfechtung ersatzpflichtig.

ββ. Ebensowenig ergibt sich ein Unterschied in der grundsätzlichen Haftung daraus, daß die Befreiung des § 1298 Abs. 3 BGB nicht zum Zuge kommt, wenn der Zurücktretende den Rücktrittsgrund selbst verschuldet hat[422]. In diesem Falle würde ja auch eine Ersatzpflicht nach § 122 Abs. 1 BGB begründet sein, weil diese Bestimmung weiter geht und nicht einmal voraussetzt, daß der Anfechtungsgrund verschuldet wurde.

γγ. Umgekehrt regelt § 122 Abs. 2 BGB eine Haftungsbefreiung, die es nach den §§ 1298 ff. BGB nicht gibt, weil dort bereits das Bestehen eines Rücktrittsgrundes die Ersatzpflicht unabhängig davon beseitigt, ob der andere Teil den Rücktrittsgrund kannte bzw. kennen mußte oder nicht.

Soweit sich Anfechtungs- und Rücktrittsgründe decken, ist daher das Ergebnis gleich. Im Falle der Anfechtung entfällt die Haftung nach § 122 Abs. 2 BGB, im Falle des Rücktritts nach § 1298 Abs. 3 BGB. Ob die Anfechtung wegen verschuldeten oder unverschuldeten Irrtums erfolgt, ändert an dem Haftungsausschluß des § 122 Abs. 2 BGB nichts[423]. Das muß auch für den Fall des Rücktritts gelten. Zwar darf sich, wie wir oben gesehen haben[424], niemand zu seiner Rechtfertigung und Haftungsbefreiung gemäß § 1298 Abs. 3 BGB auf einen von ihm selbst verschuldeten Rücktrittsgrund berufen. Ebensowenig darf sich aber auch der andere Teil auf einen Schaden berufen, den er durch Maßnahmen in Kenntnis oder schuldhafter Unkenntnis dieses Rücktrittsgrundes verursacht hat. Wenn dies auch nicht im Gesetz durch eine dem § 122 Abs. 2 BGB entsprechende Bestimmung zum Ausdruck gebracht ist — das ist nicht verwunderlich, weil der Gesetzgeber den Fall, daß sich der Zurücktretende trotz Bestehens eines wichtigen Grundes nach den §§ 1298 ff. BGB ersatzpflichtig machen kann, nicht bedacht hat —, so kann doch dem Grundgedanken des § 122 Abs. 2 BGB,

---

[422] Daß derjenige, der aus einem von ihm verschuldeten wichtigen Grund zurücktritt, ebenso haftet, wie wenn er ohne wichtigen Grund zurückgetreten wäre, ist ein fast allgemein anerkannter Satz.

Vgl. BGB-RGRK § 1298 Anm. 10; Beitzke, Familienrecht, § 5 III 2 und 3; Eggel in Achilles-Greiff § 1298 Anm. 10; Enneccerus-Wolff § 6 III 4; Erman-Seibert § 1298 Anm. 3 c; Lehmann (alle Aufl.) § 6 III 2 a α; Mitteis, Familienrecht, S. 22 (unter 2 c); Palandt-Lauterbach § 1298 Anm. 6 und § 1299 Anm. 1; OLG Königsberg HRR 1937, 555.

[423] Vgl. RGZ 57, 87. § 122 Abs. 2 BGB ist insofern lex specialis zu § 254 BGB.

[424] Vgl. Fußn. 422.

wie Beitzke[425] zutreffend vorschlägt, über das Begriffsmerkmal der „in Erwartung der Ehe“ (§ 1298 BGB) getroffenen Maßnahmen Rechnung getragen werden. Wer einen dem Partner verborgenen Rücktrittsgrund kennt oder kennen muß, handelt nicht in berechtigter Erwartung der Eheschließung, wenn er Dispositionen vornimmt, ohne den Partner aufzuklären und sich seines Festhaltens am Verlöbnis zu versichern.

Anders ist dagegen das Resultat, wenn man den Fall unterstellt, daß ein Irrtum im Sinne des § 119 BGB nicht zugleich einen wichtigen Grund zum Rücktritt bildet. Kannte hier der andere Teil den Irrtum oder war er in fahrlässiger Unkenntnis, so steht ihm bei der Anfechtung kein Schadensersatzanspruch zu (§ 122 Abs. 2 BGB), während er im Falle des Rücktritts nach den §§ 1298 ff. BGB Ersatz verlangen kann. Die Argumentation, der andere Teil habe nicht in berechtigter Erwartung der Ehe gehandelt, weil er den Rücktrittsgrund gekannt habe oder jedenfalls hätte kennen müssen, entfällt, wenn der Irrtum nicht als Rücktrittsgrund in Betracht kommt. Auf einen grundlosen Rücktritt (Verlöbnisbruch) braucht sich der andere Teil nicht einzurichten; sonst wäre ein Anspruch nach den §§ 1298 ff. BGB nie gerechtfertigt. Insoweit kann der Ansicht Beitzkes[426], dem § 122 Abs. 2 BGB komme schon deshalb keine praktische Bedeutung zu, weil in seinem Falle keine „in Erwartung der Ehe“ getroffenen Maßnahmen vorlägen, wie sie § 1298 BGB voraussetze, nicht zugestimmt werden. Weitere Voraussetzung ist vielmehr noch, daß sämtliche Anfechtungsgründe des § 119 BGB auch Rücktrittsgründe sind, wovon Beitzke gerade nicht ausgeht[427].

Es kommt also für die Frage der praktischen Bedeutung entscheidend darauf an, ob alle Anfechtungsgründe auch wichtige Gründe zum Rücktritt sind[428] oder nicht[429] oder ob der anfechtungsberechtigende Irrtum sogar nie einen Rücktrittsgrund darstellt[430].

Wenn man bedenkt, daß die Irrtümer, die die Voraussetzungen des § 119 BGB erfüllen, dem Gesetz Grund genug sind, rechtsgeschäftliche

---

[425] JR S. 142 (unter 2 b).

[426] A. a. O.

[427] A. a. O. S. 142 u.

[428] Daß dies stets so sei, nehmen an: Enneccerus-Wolff § 6 Fußn. 7 (S. 25); Hellmann S. 221 l. Sp.; Meisner S. 5; Nathan S. 85/86; Palandt-Lauterbach § 1298 Anm. 6; Soergel-Vogel § 1298 Anm. 2 b; Stutz S. 63 Fußn. 1.

Daß dies grundsätzlich bzw. regelmäßig so sei, nehmen an: RG JW 1936, 863 Nr. 7; BGB-RGRK § 1298 Anm. 11; Dietz § 13 I 2 b γ; Goldmann-Lilienthal-Sternberg § 1 Fußn. 23 (S. 9); Groeper S. 80; Mitteis, Familienrecht, S. 20 (unter 2 c) und S. 22 (unter 2 a); Staudinger-Engelmann § 1298 Anm. 1 c β.

[429] So Beitzke, Familienrecht, § 5 I 3 a. E. und JR S. 142 u.; Cramer S. 60; Eggel in Achilles-Greiff § 1298 Anm. 10; Neubecker S. 264; Planck-Unzner § 1298 Anm. 7 a β; Schmidt, A.B. § 1298 Anm. 6 c; Schnitzerling StAZ S. 186 (unter e).

[430] So Beitzke, Familienrecht, a. a. O. (anders derselbe in JR a. a. O.); Cramer a. a. O.; Neubecker a. a. O.; Schnitzerling a. a. O. (dieser unter irriger

Bindungen rückwirkend zu beseitigen und sogar die Ehe aufzuheben[431], so ist es verwunderlich, daß dieselben Irrtümer nach der Meinung einiger Autoren keinen hinreichenden Grund für eine gerechtfertigte ex-nunc-Lösung des Verlöbnisses abgeben sollen. Die Mindermeinung, wonach ein Irrtum im Sinne des § 119 BGB niemals ein wichtiger Grund zum Rücktritt sei, ist danach von vornherein abzulehnen. Die Meinung kann schon deshalb nicht richtig sein, weil man sich die meisten der zu § 1298 BGB anerkannten wichtigen Gründe auch als Gegenstand eines Irrtums vorstellen kann. Sollen sie ihre rechtfertigende Kraft etwa dadurch verlieren, daß der Zurücktretende sich zunächst einmal über sie geirrt hat und sie dann erst entdeckt? Das ist doch gerade der Normalfall. Dann aber käme man zu dem Ergebnis, daß Motivirrtümer, die § 119 BGB nicht als erheblich anerkennt, wichtige Gründe für den Rücktritt sein könnten, nicht aber die den strengeren Anforderungen des § 119 BGB genügenden Irrtümer.

Demgegenüber ist es reiner Formalismus und Schematismus, wenn Cramer[432] Anfechtungs- und Rücktrittsgründe danach unterscheiden will, daß die ersteren im Zeitpunkt der Verlobung vorhanden seien und die letzteren später entstünden. Daß die Anfechtungsgründe bereits im Zeitpunkt der Verlobung vorliegen müssen, ergibt sich aus dem Gesetz (vgl. § 119 Abs. 1: „bei der Abgabe der Willenserklärung"). Das ist ihre Besonderheit. Daß aber die Gründe für den allumfassenden Rücktritt erst frühestens einen Tag (oder eine Minute?) nach der Verlobung entstehen dürften, ist nicht ersichtlich. Zudem ist dem formalen Hindernis mühelos auszuweichen: Warum soll nicht die Entdeckung eines wesentlichen Irrtums als wichtiger Grund angesehen werden können? Sie liegt jedenfalls nach der Verlobung. Mit Recht geht daher die ganz herrschende Anschauung davon aus, daß auch die Rücktrittsgründe bereits im Zeitpunkt der Verlobung bestehen können[433].

Eine zweite Begründung, die sich bei Beitzke[434] und Neubecker[435] findet, stützt sich auf die in § 122 BGB normierte Ersatzpflicht des Irrenden. Damit diese (bei unverschuldetem Irrtum) nicht ganz entfalle, könne man den Irrtum nicht als Rücktrittsgrund gelten lassen. Warum nun die Ersatzpflicht des § 122 BGB bei unverschuldetem Irrtum nicht ganz wegfallen

---

Berufung auf Lehmann § 6 II 4, der nur bei verschuldetem Irrtum eine Haftung annimmt, und Lauterbach [Palandt-Lauterbach § 1298 Anm. 6], der stets einen Rücktrittsgrund anerkennt).

[431] Die zu § 119 Abs. 1 und Abs. 2 denkbaren Fälle des Verlöbnisrechts würden sämtlich auch die Voraussetzungen der §§ 31, 32 EheG erfüllen, wenn diese auf das Verlöbnis entsprechend anzuwenden wären.

[432] S. 60.

[433] So Dernburg § 8 II 1; Dittenberger S. 77 (Fußn. 1) ff., S. 149; Endemann § 151 a Fußn. 54 (S. 58); Enneccerus-Wolff § 6 III 1 (S. 24/25); Staudinger-Engelmann § 1298 Anm. 1 c β, wie überhaupt alle diejenigen, die Anfechtungsgründe als Rücktrittsgründe zulassen.

[434] Familienrecht, § 5 I 3 a. E.

[435] S. 264.

dürfe, ist nicht einzusehen. Das Ergebnis ist sicherlich nicht unbillig. Ich fände es im Gegenteil unangebracht, wenn die Haftung durch Motivirrtümer ausgeschlossen werden könnte, durch Geschäftsirrtümer dagegen nicht. Die Haftung des § 122 BGB gegenüber den §§ 1298 ff. BGB aufrechterhalten zu wollen und mit diesem Zweck eine sonst unerklärliche Interpretation des Begriffs „wichtiger Grund" zu motivieren, heißt aber doch praktisch, dem § 122 BGB gegenüber der Haftungs- (und Haftungsausschluß-) Regelung der §§ 1298 ff. BGB den Vorrang zu geben. Das aber begegnet erheblichen systematischen Bedenken, da das Gegenteil wesentlich näher liegt, nämlich in den Schadensersatzvorschriften der §§ 1298 ff. BGB eine lex specialis zu § 122 BGB zu sehen. Schließlich darf auch die praktische Bedeutung des § 122 BGB im sonstigen Rechtssystem nicht übersehen werden. Weil nämlich die sonstigen Verpflichtungsverträge (also die Schuldverträge) eine Haftung für das positive Interesse begründen, bedeutet § 122 BGB mit seiner Haftung auf das negative Interesse (unter Begrenzung auf das positive Interesse als Höchstbetrag) eine Haftungserleichterung gegenüber der durch den angefochtenen Vertrag begründeten Haftung. Mit diesem Gedanken einer Besserstellung gegenüber der Haftung aus dem gültigen Geschäft ist es aber durchaus vereinbar, in dem Sonderfall des Verlöbnisses, das schon bei gültigem Abschluß nur eine Haftung für den Vertrauensschaden eintreten läßt, auf Grund der Anfechtung eine Haftungsbefreiung anzunehmen. Es widerspricht daher auch nicht dem Grundgedanken des § 122 BGB selbst, seine Anwendung über § 1298 Abs. 3 BGB auszuschalten, indem man die zur Anfechtung berechtigenden Irrtümer als wichtige Gründe anerkennt. Eine Haftungserweiterung auf Grund des § 122 BGB würde aber umgekehrt gerade dem Grundgedanken der Verlöbnisregelung in den §§ 1297 ff. BGB zuwiderlaufen.

Es dürfte damit erwiesen sein, daß die Anfechtungsgründe des § 119 BGB grundsätzlich auch wichtige Gründe zum Rücktritt im Sinn des § 1298 Abs. 3 BGB sind.

Es bleibt noch zu erörtern, ob es jedenfalls Einzelfälle gibt, in denen ein zur Anfechtung berechtigender Irrtum nicht als Rücktrittsgrund angesehen werden kann. Es ist im Schrifttum auf zweifache Art versucht worden, für bestimmte Irrtumsfälle einen Unterschied zwischen Anfechtungs- und Rücktrittsgründen zu konstruieren.

Der eine Versuch dieser Art benutzt das Verschulden als Kriterium. Danach soll jeder unverschuldete Irrtum im Sinne des § 119 BGB ein wichtiger Grund zum Rücktritt sein, nicht dagegen ein verschuldeter Irrtum[436]. Planck-Unzner[437] begründen diese unterschiedliche Qualifizierung damit, daß § 119 BGB zwar ein Lösungsrecht gebe, jedoch, wie § 122 BGB zeige, nur ein mit einer Ersatzpflicht belastendes. Dieses Argument müßte

---

[436] So Planck-Unzner § 1298 Anm. 7 a β und, ihnen folgend, Dittenberger S. 78 f.; Enneccerus-Wolff § 5 IV; Schmidt, A. B. § 1298 Anm. 6 c; Zechnall S. 96/97.

[437] A. a. O.

allerdings folgerichtig dazu führen, auch in dem unverschuldeten Irrtum keinen Rücktrittsgrund im Sinne des § 1298 Abs. 3 BGB zu erblicken; denn auch für ihn gilt § 122 BGB. Tatsächlich handelt es sich aber bei der ganzen Unterscheidung nur um eine Zweckkonstruktion. Sie soll das als unbillig empfundene Ergebnis vermeiden, daß derjenige, der seinen Irrtum selbst verschuldet hat, sich ohne Ersatzpflicht von dem Verlöbnis lösen kann[438]. Dieser Zweckkonstruktion bedarf es indessen nicht; denn die Ersatzpflicht des schuldhaft Irrenden aus §§ 1298 ff. BGB ergibt sich, wie wir oben gesehen haben[439], auch dann, wenn man den Irrtum auf der ganzen Linie als wichtigen Grund zum Rücktritt anerkennt. Dann aber ist die Begriffsbildung unter allen Umständen klar und einfach zu halten und eine überflüssige Differenzierung zu vermeiden. Es bleibt also dabei, daß Irrtümer, die im Rahmen des § 119 BGB beachtlich sind, unabhängig vom Verschulden wichtige Rücktrittsgründe bilden.

Den anderen Versuch, Irrtumsfälle zu konstruieren, in denen zwar die Anfechtung, nicht aber der Rücktritt gerechtfertigt wäre, hat Beitzke[440] unternommen. Er sieht diesen Fall dann verwirklicht, wenn die Auflösung des Verlöbnisses zwar im Zeitpunkt der Eingehung berechtigt gewesen wäre, weil die Verlobung bei Kenntnis der Sachlage verständigerweise nicht zustandegekommen wäre, dies aber im Zeitpunkt des Rücktritts nicht mehr ist, weil sich die Dinge inzwischen anders entwickelt haben und die Eheschließung nunmehr zumutbar ist.

Dieser Fall ist sehr gekünstelt[441]. Er setzt voraus, daß ein Auflösungsgrund durch Zeitablauf sozusagen seine Kraft verliert; das aber auch nur zu einem Teil, insofern er nämlich die Auflösung durch Anfechtung immer noch gestattet, die Auflösung im Wege des Rücktritts dagegen nach einer gewissen Zeit nicht mehr. Angesichts der Tatsache, daß ein nach § 119 BGB beachtlicher Irrtum, solange er nicht entdeckt ist, 30 Jahre lang seine Bedeutung als Aufhebungsgrund behält (§ 121 BGB), ließe sich die Ansicht, daß gleichwohl nach einigen Jahren die Auflösung durch Rücktritt aus demselben Grund nicht mehr berechtigt sei, logisch überhaupt nur folgendermaßen halten: Man müßte in dem noch bestehen-

---

438 Vgl. Schmidt, A. B. a. a. O.

439 Vgl. Fußn. 422.

440 JR S. 142/143 (anders derselbe in Familienrecht § 5 I 3 a. E., wo er in einem Irrtum gem. § 119 BGB nie einen Rücktrittsgrund erblickt).

441 Beitzke a. a. O. bringt leider kein Beispiel. Man könnte an den Fall denken, daß der Bräutigam sich bei der Verlobung über eine das Aussehen betreffende Eigenschaft der Braut geirrt hat (z. B. Verlobung mit gefärbter Blondine), alsdann erblindet und nunmehr wegen der Entdeckung seines Irrtums das Verlöbnis lösen will. Soweit hier überhaupt eine im Verkehr als wesentlich angesehene Eigenschaft (vgl. § 119 Abs. 2 BGB) angenommen werden kann, dürfte das Beispiel kaum für die Meinung Beitzkes sprechen. Soll etwa die Erblindung dem Bräutigam das Festhalten an einem Verlöbnis zumutbar machen, das er zuvor mit Grund hätte lösen dürfen? Seine ästhetischen Vorstellungen sind wohl in beiden Fällen von gleicher Beachtlichkeit oder Unbeachtlichkeit.

den Anfechtungsrecht einen formaljuristischen Rechtsbehelf sehen, der einer moralischen Rechtfertigung entbehrte und daher den Rücktritt, der nach rein moralischen Gesichtspunkten zu messen wäre, nicht mehr rechtfertigen könnte. Eine solche Aufspaltung ist jedoch abzulehnen. Sie hat einer einheitlich rechtlich-ethischen Wertung zu weichen, die dazu führen muß, daß dort, wo eine ex-tunc-Beseitigung gestattet wird, nicht gut eine ex-nunc-Aufhebung unberechtigt sein kann.

Die Unterscheidung ist zudem unpraktikabel. Wie will man der auf Schadensersatz in Anspruch genommenen zurückgetretenen Partei im Urteil überzeugend darlegen, daß man zwar davon ausgehe, daß sie ohne den Irrtum sich mit dem anderen Teil verständigerweise nie verlobt hätte, sie aber nun doch den anderen Teil gut heiraten könne?

Auch der zweite Versuch, für bestimmte Einzelfälle das Anfechtungsrecht von dem Rücktrittsrecht zu trennen, ist demnach abzulehnen.

Als Ergebnis ist daher festzuhalten, daß jeder zur Anfechtung berechtigende Irrtum zugleich einen wichtigen Rücktrittsgrund im Sinne des § 1298 Abs. 3 BGB darstellt. Damit ergibt sich auch aus § 122 Abs. 2 BGB für die Frage einer grundsätzlichen Haftung kein Unterschied zwischen Anfechtung und Rücktritt[442].

Für die Frage einer Schadensersatzpflicht dem Grunde nach hat somit die Anfechtung neben dem Rücktritt keine praktische Bedeutung.

β. Der Haftungsumfang

Während also eine Ersatzpflicht desjenigen, der das Verlöbnis wegen eines Irrtums im Sinne des § 119 BGB löst, sowohl bei Rücktritt als auch bei Anfechtung grundsätzlich ausgeschlossen ist, entsteht in beiden Fällen dann eine Haftung, wenn der Irrtum selbstverschuldet und dem anderen Teil weder bekannt noch aus Fahrlässigkeit unbekannt war. In diesem Fall kann die Zulassung der Anfechtung neben dem Rücktritt praktische Bedeutung erlangen, wenn die Höhe des nach § 122 BGB oder nach den §§ 1298 ff. BGB zu leistenden Schadensersatzes verschieden ist.

Soweit der Haftungsumfang der §§ 1298 ff. BGB enger ist (vgl. z. B. § 1298 Abs. 2 BGB), ergibt sich aus dem oben aufgestellten Leitsatz[443], daß die Schadensersatzpflicht aus § 122 BGB nicht darüber hinausgeht. Umgekehrt aber übersteigt der Haftungsrahmen der §§ 1298 ff. BGB den des § 122 BGB insofern, als für immateriellen Schaden (§ 1300 BGB) und Aufwendungen dritter Personen (§ 1298 Abs. 1 Satz 1 BGB) Ersatz zu leisten ist. Hier ist eine ausdehnende Angleichung des § 122 BGB nicht gut möglich. Jedenfalls wird sie von denen, die die Anfechtungsregeln anwenden, nicht vertreten[444].

---

[442] Vgl. oben S. 97 f.

[443] S. S. 96.

[444] Beitzke, Familienrecht, § 5 I 3 und JR S. 142 (unter 2 a) hält es zwar vom Standpunkt der früher herrschenden Meinung aus für konsequent, den

Damit erlangt die Kontroverse um die Anwendbarkeit der §§ 119 ff. BGB beim selbstverschuldeten Irrtum eine praktische Bedeutung. Der Irrende wäre im Falle der Anfechtung günstiger gestellt, als wenn er zurückträte. Er würde nämlich dann nicht den Eltern seines Partners oder an ihrer Stelle handelnden Dritten haften und kein Kranzgeld schulden.

bb) Der Fall der arglistigen Täuschung oder widerrechtlichen Drohung

Wenn schon der anfechtungsberechtigende Irrtum stets einen Rücktrittsgrund im Sinne des § 1298 Abs. 3 BGB bildet, so gilt dies erst recht für die Anfechtungsgründe des § 123 BGB. Die Rücktrittsberechtigung des Getäuschten oder Bedrohten ist denn auch im Schrifttum noch weitgehender anerkannt als die bei einem Irrtum im Sinne des § 119 BGB[445].

Der auflösende Teil macht sich daher weder durch Anfechtung nach § 123 BGB, dem keine Haftungsnorm zur Seite gestellt ist, noch durch Rücktritt nach den §§ 1298 f. BGB ersatzpflichtig, zumal der Fall des selbstverschuldeten Rücktrittsgrundes hier nicht akut wird, weil stets ein überwiegendes Verschulden des anderen Teils vorliegt (Arglist und Drohung setzen vorsätzliches Handeln voraus).

Im Falle des § 123 BGB kommt daher der Anfechtung im Hinblick auf eine Ersatzpflicht des auflösenden Teils neben dem Rücktritt keine praktische Bedeutung zu.

---

§ 122 BGB auch insoweit an die Regelung der §§ 1298 ff. BGB anzupassen. Die Vertreter der Anfechtbarkeit des Verlöbnisses tun dies aber nicht.

So beschränken sich Enneccerus-Wolff § 5 IV a. E.; Neubecker S. 264; Neumann § 1298 Note I 1 b; Opet Vorb. 6 vor § 1297; Schmidt, A. B. § 1298 Anm. 6 c; Staudinger-Engelmann Vorb. VI vor § 1297 und Stutz S. 63 Fußn. 1 auf die Feststellung, daß der Ersatz nach § 122 BGB den auf Grund der §§ 1298 ff. BGB nicht übersteigen darf.

Dittenberger S. 79/80 und Planck-Unzner § 1298 Anm. 7 a β a. E. aber betonen ausdrücklich den durch den Ersatzanspruch dritter Personen nach § 1298 Abs. 1 Satz 1 BGB entstehenden Unterschied.

[445] So stets von Beitzke, Familienrecht, § 5 I 3 und JR S. 142 (unter 1); Dittenberger S. 149; Eggel in Achilles-Greiff § 1298 Anm. 10; Enneccerus-Wolff § 6 III 1 mit Fußn. 7 (S. 25); Hellmann S. 221 l. Sp.; Lehmann, 3. Aufl., § 6 II 4; Meisner S. 5; Mitteis, Familienrecht, S. 22 (unter 2 a); Nathan S. 85/86; Palandt-Lauterbach § 1298 Anm. 6; Planck-Unzner § 1298 Anm. 7 a δ, ε und Anm. 7 b; Schmidt, A. B. Vorb. V vor § 1297; Schnitzerling StAZ S. 186 (unter e); Soergel-Vogel § 1298 Anm. 2 b; Stutz S. 63 Fußn. 1; Zechnall S. 97.

Mit der Feststellung, daß die Anfechtungsgründe in der Regel Rücktrittsgründe seien, begnügen sich BGB-RGRK § 1298 Anm. 11; Dietz § 13 I 2 b γ; Goldmann-Lilienthal-Sternberg § 1 Fußn. 23 (S. 9); Groeper S. 80; Staudinger-Engelmann § 1298 Anm. 1 c β. Mangels einer Trennung der verschiedenen Anfechtungsgründe ist nicht ersichtlich, ob diese Autoren auch für die Fälle des § 123 BGB Ausnahmen zulassen wollen oder nur für den Irrtum.

Daß auch die Anfechtungsgründe des § 123 BGB nie einen wichtigen Grund für den Rücktritt darstellten, behauptet nur Cramer S. 60 in Konsequenz seiner Auffassung, daß Rücktrittsgründe erst nach der Verlobung entstehen könnten.

b) Ersatzberechtigung des auflösenden Teils

Umgekehrt fragt es sich, ob Anfechtung und Rücktritt nicht zu unterschiedlichen Ergebnissen führen, wenn es um einen möglichen Schadensersatzanspruch des anfechtenden bzw. zurücktretenden Verlobten gegen den anderen Teil geht.

Die §§ 119 ff. BGB normieren keine Schadensersatzpflicht des Anfechtungsgegners (wie es für die Fälle des § 123 BGB immerhin denkbar wäre). Dem Anfechtenden verbleiben daher nur Deliktsansprüche gegen den anderen Teil, die im Falle der arglistigen Täuschung oder der widerrechtlichen Drohung auf Grund der §§ 823 Abs. 2 BGB (in Verbindung etwa mit § 263 oder § 240 StGB) und 826 BGB begründet sein können, oder Ansprüche aus culpa in contrahendo nach den allgemeinen Grundsätzen, die in den Fällen des § 123 BGB immer (in der Regel wohl aber auch nur hier[446]) gegeben sein werden.

Im Falle des Rücktritts dagegen kommt außer den Ansprüchen aus unerlaubter Handlung der Anspruch auf Grund des § 1299 BGB gegen den anderen Verlobten in Betracht, der in den Fällen der arglistigen Täuschung und widerrechtlichen Drohung durch den Verlöbnispartner immer gegeben ist[447].

---

[446] Vgl. Enneccerus-Nipperdey § 171 Fußn. 4.

[447] Die Anwendbarkeit des § 1299 BGB wird von Dittenberger S. 165 mit Fußn. 2 und Endemann § 151 a Fußn. 59 bestritten, und zwar mit der nicht überzeugenden Begründung, das Verschulden bei der Verlobung sei noch kein Verschulden des Verlobten. Wenn man — wie auch Dittenberger a. a. O. und S. 77 ff., 149 sowie Endemann a. a. O. und Fußn. 54 — einen im Zeitpunkt der Verlobung vorliegenden Umstand als wichtigen Grund zum Rücktritt anerkennt, so kann man für diese Fälle nicht gut den Billigkeitsausgleich des § 1299 BGB ablehnen und dem aus einem solchen wichtigen Grund Zurücktretenden den Ersatzanspruch versagen, obwohl der Grund einwandfrei in einem Verschulden des anderen Teils besteht. Das relative Unrecht, für das die §§ 1298 ff. BGB eine Haftung eintreten lassen, kann auch — wie oben S. 45 ff. dargelegt — im Stadium der Anbahnung entstehen. Das übersieht Dittenberger S. 165, der ausführt, von einer Verletzung der Verlöbnispflichten könne erst nach Verlöbniseingehung die Rede sein. Da die §§ 1298 ff. BGB ohnehin nur eine Vertrauenshaftung regeln, liegt beim Verlöbnis kein Anlaß vor, zwischen einer Haftung auf das Erfüllungsinteresse wegen eines Verschuldens nach Vertragsschluß und einer Haftung auf das Vertrauensinteresse wegen eines Verschuldens beim Vertragsschluß zu unterscheiden. Warum soll man also in den §§ 1298 ff. BGB nicht sowohl eine Spezialregelung für die allgemeine Haftung wegen Nichterfüllung als auch für die Haftung aus culpa in contrahendo sehen?

Wie hier, also für eine Anwendung des § 1299 BGB auf die Fälle der Täuschung und Drohung bei der Verlobung, Beitzke JR S. 142 (unter 1) und Zechnall S. 97.

Daß das Verschulden, von dem § 1299 BGB spricht, schon bei Abschluß des Verlöbnisses vorliegen kann, wird auch sonst angenommen; vgl. Neumann § 1299 Note 4; Planck-Unzner § 1299 Anm. 5.

Die Anfechtung führt damit bezüglich der Ersatzansprüche des auflösenden Teils — die in der Regel nur in den Fällen des § 123 BGB in Betracht kommen werden — zwar nicht zu einem grundsätzlich anderen Ergebnis, wohl aber zu einem Unterschied im Haftungsumfang. Bei der Anfechtung wäre der andere Teil nämlich Ersatzansprüchen in geringerem Maße ausgesetzt als beim Rücktritt. Zwar würden, soweit ein Deliktstatbestand erfüllt ist, die §§ 825, 847 Abs. 2 BGB ein Äquivalent für den § 1300 BGB bieten. Immer aber wäre der auflösende Teil insofern durch die Anfechtung schlechter gestellt, als seine Eltern oder die an ihrer Stelle handelnden Dritten keinen Ersatz verlangen könnten (§ 1298 Abs. 1 Satz 1 BGB), während umgekehrt die Deliktshaftung, die den Umfang der §§ 1298 ff. BGB in sonstiger Hinsicht teilweise übersteigt, auch im Falle des Rücktritts gegeben wäre.

2. Rückgabe der Geschenke

Zu unterschiedlichen Ergebnissen führen Anfechtung und Rücktritt auch bezüglich der Verlobungsgeschenke. Im Falle der Anfechtung gibt es nämlich wegen der rückwirkenden Beseitigung des Verlöbnisses (§ 142 Abs. 1 BGB) konsequenterweise keinen Rückgabeanspruch auf Grund des § 1301 BGB[448]. Die Parteien sind infolgedessen auf einen allgemeinen Bereicherungsanspruch (§ 812 BGB) beschränkt[449], der nicht in demselben Umfang wie § 1301 BGB zur Rückgabe der Geschenke führt[450], weil das Verlöbnis für die Schenkungen nicht einen Rechtsgrund im Sinne des § 812 Abs. 1 Satz 1 BGB darstellt[451] und auch nicht bei allen Geschenken unter Verlobten die erwartete Eheschließung als sog. Motivcausa im Sinne des § 812 Abs. 1 Satz 2 Alt. 2 BGB angesehen werden kann[452].

3. Sonstige Verlöbniswirkungen im BGB

Bezüglich der sonstigen im Bürgerlichen Gesetzbuch geregelten Einzelwirkungen ist es ohne praktische Bedeutung, ob das Verlöbnis ex nunc oder ex tunc aufgelöst wird. Das gilt sowohl für die Fähigkeit zum Ab-

---

[448] Das ist allerdings unter denen, die die §§ 119 ff. BGB für anwendbar halten, nicht unstreitig.

Planck-Unzner § 1301 Anm. 2 a und Stutz S. 83 mit Fußn. 1 wollen § 1301 BGB bei allen Geschenken anwenden, die in Unkenntnis der Anfechtbarkeit gemacht worden sind.

Dittenberger S. 132 Fußn. 2 und S. 146 Fußn. 2 will § 1301 BGB im Falle der Anfechtung sogar immer anwenden. Wie hier, die herrschende Meinung (vgl. z. B. die Zitate in Fußn. 449).

[449] Vgl. BGB-RGRK § 1301 Anm. 2; Cramer S. 74; Endemann § 152 Fußn. 23 (S. 67); Goldmann-Lilienthal-Sternberg § 2 III 4 Fußn. 28 (S. 15); Staudinger-Engelmann § 1301 Anm. 3.

[450] Vgl. Enneccerus-Wolff § 6 V.

[451] Vgl. Goldmann-Lilienthal-Sternberg § 2 III 4 Fußn. 28 (S. 15).

[452] Vgl. Cramer S. 75; Dernburg § 8 IV Fußn. 22; Endemann § 152 Fußn. 25

schluß eines Ehevertrages (§ 1408 BGB) wie auch für die Erleichterungen beim Abschluß von Erbverträgen zwischen Verlobten (§§ 2275 Abs. 2, 3; 2276 Abs. 2 BGB); denn der Ehevertrag wie auch der Erbvertrag werden auch mit einer bloßen ex-nunc-Auflösung des Verlöbnisses hinfällig. Für den Ehevertrag folgt dies aus der Natur der Sache, weil er zur Entfaltung seiner Rechtswirkungen begrifflich die Eheschließung voraussetzt; für den Erbvertrag ergibt es sich aus den §§ 2279, 2077 Abs. 2 BGB. Auch die Erleichterung für die vertragliche Aufhebung von Erbverträgen (§ 2290 Abs. 3 BGB) verliert aus demselben Grunde im Falle der Verlöbnisauflösung jede Bedeutung.

Das gleiche gilt für den Erbverzichtsvertrag, der unter Verlobten vereinfacht geschlossen werden kann (§ 2347 BGB); er verliert mit jeder Verlöbnisauflösung naturgemäß seine Wirkung, weil es mangels Eheschließung nicht zur Entstehung des gesetzlichen Erbrechts kommt, das den Vertragsgegenstand bildet.

4. Öffentlich-rechtliche Verlöbniswirkungen

Demgegenüber wäre es für die öffentlich-rechtlichen Wirkungen des Verlöbnisses nicht unerheblich, ob man ein Verlöbnis mit rückwirkender Kraft beseitigen könnte oder nicht[453]. So wäre z. B. eine vor der Anfechtung zugunsten des Verlobten begangene Notstandshandlung im Sinne der §§ 52 oder 54 StGB strafbar, wenn man nach erfolgter Anfechtung davon auszugehen hätte, daß die Parteien nie verlobt gewesen wären. Allein, diese Konsequenz könnte man auch bei Bejahung der Anfechtbarkeit mit ex-tunc-Wirkung im Sinne der §§ 119 ff. BGB nicht ziehen, weil es, wie wir oben gesehen haben[454], im Straf- und Prozeßrecht nicht um die rechtliche Seite des Verlöbnisses geht, sondern um seine psychologische und gesellschaftlich-sittliche Realität, die nicht nachträglich mit einer juristischen Fiktion aus der Welt geschafft werden kann. Für das Verlöbnis im Sinne des Straf- oder Prozeßrechts scheidet daher eine rückwirkende Beseitigung in jedem Falle aus, so daß die Anfechtung hier keine praktische Bedeutung erlangt.

C. Zusammenfassung

Die Untersuchung hat gezeigt, daß die praktische Bedeutung des Meinungsstreits verhältnismäßig gering ist. Unterschiedliche Ergebnisse bieten die Anfechtungs- und Rücktrittsregelung nur in drei Fällen:

1. Beim selbstverschuldeten Irrtum führt die Anfechtung zu einer Schadensersatzpflicht mit geringerem Haftungsumfang als der Rücktritt.

(S. 67); Goldmann-Lilienthal-Sternberg § 2 III 4 Fußn. 28 (S. 15); OLG Köln NJW 1961, 1726 Nr. 12 l. Sp. u.

[453] Im einschlägigen Schrifttum findet sich zu dieser Frage keine Stellungnahme.

[454] S. 76 f.

2. Bei der von dem anderen Teil ausgehenden arglistigen Täuschung oder widerrechtlichen Drohung führt die Anfechtung zu Schadensersatzansprüchen mit geringerem Umfang als der Rücktritt.

3. Bezüglich der beiderseitigen Geschenke führt die Anfechtung zu einer nicht so weitgehenden Rückerstattung wie der Rücktritt.

III. Problemerörterung

1. Die Bewertung der praktischen Ergebnisse

Im Anschluß an die vorangegangene Untersuchung sollen die beiden gegensätzlichen Meinungen im Streit um die Anfechtbarkeit des Verlöbnisses zunächst nach ihren praktischen Auswirkungen bewertet werden, um vor den theoretisch-systematischen Erörterungen erst einmal zu klären, ob für die Zulassung der Anfechtung neben dem immer möglichen Rücktritt ein praktisches Bedürfnis besteht und ob ihre Ergebnisse wünschenswert sind.

Die Voruntersuchungen haben gezeigt, daß die Anfechtung nie weitergehende Rechte verleiht als der Rücktritt. Als Gestaltungsrecht ist sie neben dem allumfassenden Rücktritt bedeutungslos. Wo sie aber andere Rechtswirkungen im Gefolge hat als der Rücktritt, nämlich bei den Ansprüchen auf Schadensersatz und Rückgabe der Geschenke, vermindert sie die im Falle des Rücktritts bestehenden Rechte. Die Anfechtung gibt also keine zusätzlichen Rechte. Ihre Zulassung neben dem Rücktritt käme daher keinem Bedürfnis nach weitergehender Rechtsgewährung entgegen.

Umgekehrt kann aber auch die Minderung der Ansprüche durch die Anfechtung, für sich betrachtet, nicht ohne weiteres als ein nachteiliges und unerwünschtes Ergebnis bezeichnet werden; denn im Falle der Nichtigkeit eines Verlöbnisses (z. B. wegen verweigerter Zustimmung des gesetzlichen Vertreters bei Minderjährigen) verbleiben überhaupt keine Ansprüche nach den §§ 1298 ff. BGB[455], und das anfechtbare Verlöbnis ist schließlich auch ein in der Wurzel krankes Verlöbnis, das schon eine andere Behandlung rechtfertigen könnte als ein anfänglich gesundes Verlöbnis, das erst später zum Scheitern verurteilt wird.

Unerfreulich ist dagegen die Tatsache, daß die minderen Rechtswirkungen das anfechtbare Verlöbnis nicht schlechthin im Falle der Auflösung treffen, sondern nur, wenn der Rechtsbehelf der Anfechtung gewählt wird, während ebensogut auch die vollen Rechtswirkungen der Auflösung eintreten können, wenn statt der Anfechtung der Rücktritt erklärt wird. So hängt im einzelnen Falle alles davon ab, ob das Wort „Anfechtung“ oder „Rücktritt“ gebraucht wird. Dem Kundigen wird damit eine Manipulation ermöglicht[456]. Will er sich von dem anfechtbaren Verlöbnis lösen, so kann er diesem Bestreben zwei Namen geben. Er wird es Anfechtung

---

[455] Dies gilt allerdings nicht ausnahmslos, vgl. unten § 5 III 2 und § 6 II.

[456] Das wird von Frohnhausen S. 26 und Nathan S. 87 Fußn. 4 kritisiert.

nennen, wenn er sich bei der Verlobung schuldhaft geirrt hat und die Eltern der Braut Anschaffungen gemacht haben und die Braut ihm die Beiwohnung gestattet hat. Er braucht dann hierfür nicht aufzukommen. Ist er aber von dem anderen Teil arglistig getäuscht worden, so wird er, wenn seine Eltern oder an ihrer Stelle Dritte etwas in das Verlöbnis investiert haben, seinen „Rücktritt" erklären, um den hilfreichen Dritten Ersatz zu verschaffen. Wer Geschenke zurückfordern will, wird ebenfalls besser von Rücktritt reden, es sei denn, er habe wertvollere Geschenke erhalten als gegeben und wolle hier noch ein Geschäft machen. Dem Schlauen wird jedenfalls eine überschlägliche Rechnung nicht erspart bleiben, um festzustellen, was für ihn vorteilhafter ist; denn es kann ja sein, daß er im Hinblick auf den Schadensersatz besser anfechten, mit Rücksicht auf die Geschenke dagegen besser zurücktreten würde. Er wird dabei auch noch die schwierige rechtliche Prüfung anstellen müssen, welche Geschenke auch nach Bereicherungsrecht wiederzuerlangen bzw. zurückzugeben wären und welche nicht. Alles das kann für ihn so kompliziert werden, daß er am Ende gar nicht mehr weiß, ob er anfechten oder zurücktreten soll. Schließlich löst er doch am besten das Verlöbnis, ohne erkennen zu lassen, ob es eine Anfechtung oder ein Rücktritt sein soll. So wird es der Unkundige ohnehin machen, da ihm die Begriffe „Anfechtung" und „Rücktritt" nicht geläufig sind. Das Gericht mag sich dann später den Kopf zerbrechen, ob man die Erklärung als Anfechtung oder Rücktritt auslegen soll.

Das Nebeneinanderbestehen von Anfechtung und Rücktritt erweist sich somit als für das praktische Rechtsleben unerfreulich. Zwar gibt es auch sonst in der Rechtsordnung konkurrierende Rechte und Rechtsbehelfe, worauf Mohr[457] hinweist. Wenn dieser nun folgert, ähnlich könne auch die wahlweise Zulässigkeit von Anfechtung und Rücktritt beim Verlöbnis nicht beirren, weil es sich nur um die Verfolgung materieller Interessen handle, so kann dem nicht beigepflichtet werden. Wer ein Verlöbnis auflöst — sei es durch Anfechtung oder durch Rücktritt — will zunächst einmal nichts vordringlicher als dieses: sich von einer bestehenden (personalen) Bindung befreien. Von einer bloßen Verfolgung materieller Interessen kann also keine Rede sein. Was aber hier das Nebeneinanderbestehen verschiedener Möglichkeiten so unerwünscht erscheinen läßt, ist die Tatsache, daß die Wahl zwischen ihnen für den primär erstrebten Zweck ohne Bedeutung ist und sich erst in den — von einem Rechtsunkundigen nicht überschauten — sekundären Folgen auswirkt. Es liegt also nicht der unbedenkliche Fall vor, daß jemand zwischen verschiedenen mehr oder weniger günstigen tatsächlichen Möglichkeiten auswählen kann[458], sondern daß der Rechtsunkundige, der einen bestimmten Erfolg, nämlich die Auflösung des Verlöbnisses, herbeiführen will und dies in irgendeiner Form erklärt, durch die Wahl eines bestimmten Wortes („Anfechtung" oder „Rücktritt"), ohne es zu wissen, eine Wahl hinsichtlich des weiteren

[457] S. 57.

[458] Z. B. Erfüllung oder Schadensersatz wegen Nichterfüllung zu verlangen.

rechtlichen Schicksals des aufgelösten Verlöbnisses trifft. Mit anderen Worten: Die Zulassung der Anfechtung neben dem Rücktritt würde dazu führen, daß an ein und denselben Willen und Zweck, nämlich die Lösung des Verlöbnisses, nur auf Grund des (vielleicht unbewußt) gewählten Erklärungsmittels unterschiedliche Rechtsfolgen geknüpft werden[459], obwohl beide Erklärungsmittel denselben Willen erkennen lassen[460], oder aber, daß die Art der Rechtsfolgen nicht bestimmbar ist, weil nur feststeht, daß die Auflösung gewollt war, aber keine Anhaltspunkte für eine Auslegung im Sinne einer Anfechtung oder eines Rücktritts ersichtlich sind. Im letztgenannten Falle müßte man, um im Bereich der unterschiedlichen Ergebnisse die richtige Entscheidung treffen zu können, zu Vermutungen etwa des Inhalts greifen, daß bei ausdrücklicher Berufung auf den Auflösungsgrund des Irrtums, der Täuschung oder der Drohung im Zweifel Anfechtung, bei unmotiviert erklärter Lösung dagegen im Zweifel Rücktritt anzunehmen wäre.

Es kann nach alledem nicht bezweifelt werden, daß vom praktischen Ergebnis her die Meinung den Vorzug verdient, die die Anfechtungsregeln beim Verlöbnis ausschalten will. Sie schafft Klarheit und Rechtssicherheit. Sie ist auch gerechter, weil sie alle Fälle einer Verlöbnisauflösung wegen eines Anfechtungsgrundes gleichbehandelt. Sie ist schließlich auch moralischer, weil sie es verhindert, bei einem Rechtsinstitut enger persönlicher Verbundenheit formaljuristischen Manipulationen Raum zu geben.

Es fragt sich nun, ob sich das bessere Ergebnis auch rechtstheoretisch begründen läßt. Andernfalls müßten die unliebsamen Konsequenzen in Kauf genommen werden; denn eine sich nur von den Einzelergebnissen her legitimierende Jurisprudenz ist ebenso abzulehnen wie die reine Begriffsjurisprudenz.

2. Die rechtssystematische Prüfung

Die Befürworter der Anfechtbarkeit stützen sich zumeist auf die Vertragsnatur des Verlöbnisses, aus der die Anwendung der Vorschriften über Willenserklärungen (§§ 116—144 BGB) folge. Da wir uns jedoch bei der Erörterung und Beantwortung der einzelnen Grundfragen nicht auf den Streit um die Rechtsnatur des Verlöbnisses einlassen wollen, empfiehlt es sich, die Vertragsnatur, die am meisten für die Anwendung der §§ 119 ff. BGB zu sprechen scheint, zu unterstellen und zu prüfen, ob sich nicht gleichwohl die Ausschaltung der Anfechtungsregeln rechtssystematisch begründen läßt. So finden sich denn auch bei den Gegnern der Verlöbnisanfechtung zahlreiche von der Rechtsnatur unabhängige Argumente.

---

[459] So auch Nathan S. 87.

[460] Von dem für die normale Praxis nicht zugrundezulegenden Fall abgesehen, daß jemand zu erkennen gibt, daß er als von Anfang an nicht verlobt gelten möchte. Wer die gesetzliche Fiktion des § 142 Abs. 1 BGB dagegen nicht in seinen Willen aufnimmt, meint mit Anfechtung oder Rücktritt dasselbe, nämlich Lösung vom Bande des Verlobtseins.

Da die §§ 119 ff. BGB, deren Anwendbarkeit zur Diskussion steht, nicht nur eine zusätzliche Aufhebungsberechtigung, sondern auch einen selbständigen Schadensersatzanspruch (§ 122 BGB) normieren, bedarf die rechtssystematische Stellung der §§ 119 ff. und §§ 1298 ff. BGB zueinander einer Erörterung sowohl unter dem Gesichtspunkt der Verlöbnisauflösung als auch unter dem Aspekt der Verlöbnishaftung.

a) Der Gesichtspunkt der Verlöbnisauflösung

aa) Auflösungsmonopol des Rücktritts?

Häufig wird aus der Tatsache, daß die Möglichkeit des Rücktritts vom Verlöbnis schlechthin gegeben ist, ohne an besondere Voraussetzungen geknüpft zu sein, gefolgert, daß für weitere Auflösungsformen kein Raum mehr sei. Die allumfassende Natur des Rücktritts soll also auf eine Sonderregelung schließen lassen, die die Aufhebungsmodalitäten für das Verlöbnis abschließend normiert[461].

Faßt man nur die Lösung des Verlöbnisbandes ins Auge, so erscheint dieser Schluß gerechtfertigt. Wenn nämlich allen Aufhebungswünschen der Partner mit dem Institut des in den §§ 1298 ff. BGB geregelten Rücktritts ein ausreichendes Instrument zur Verfügung gestellt ist, so hat es keinen Sinn, daneben noch weitere Auflösungsmöglichkeiten, die an bestimmte Voraussetzungen geknüpft sind, zuzulassen, weil eben das Gesetz eine voraussetzungslose Lösbarkeit gewollt hat.

Bedenkt man aber die in den §§ 1298 ff. BGB geregelten Rücktrittsfolgen, so müßte man, wenn man ein „Auflösungsmonopol" des Rücktritts annehmen wollte, den Willen des Gesetzes unterstellen, daß die Parteien ein einmal wirksam zustandegekommenes Verlöbnis nie anders als mit den Folgen der §§ 1298 ff. BGB auflösen könnten. Eine solche strikte ratio legis läßt sich indes nicht nachweisen.

Tatsächlich wird auch von niemandem nach der Maßgabe einer Monopolstellung des Rücktritts für die willentliche Beendigung des Verlöbnisses verfahren. Vielmehr läßt man allgemein als weitere gewillkürte Auflösungsmöglichkeiten die vertragliche Aufhebung (Entlobung) und die auflösende Bedingung zu. Es handelt sich dabei um besondere, an bestimmte Voraussetzungen geknüpfte Endigungsgründe, die von den Parteien gewählt werden können, um die Rücktrittsfolgen der §§ 1298—1300 BGB auszuschalten. Es kann also keine Rede davon sein, daß als gewillkürter Aufhebungstatbestand für ein Verlöbnis nur der Rücktritt in Betracht komme. Aus der Tatsache allein, daß die Anfechtung nur ein für einen engeren Bereich unter bestimmten Voraussetzungen geeigneter Auflösungsmodus, der Rücktritt dagegen ein allumfassender Behelf ist, läßt sich so-

[461] So Beitzke, Familienrecht, § 5 I 3 und JR S. 141/142; Frohnhausen S. 26; Nathan S. 85/86; Palandt-Lauterbach Einf. 1 vor § 1297; Schnitzerling StAZ S. 186 (unter e). Auch Goldmann S. 433 (unter II) sieht in der Rücktrittsregelung eine lex specialis gegenüber der Anfechtungsregelung.

mit die Verdrängung der Anfechtungsregelung nicht ableiten. Sie müßte sich schon auf eine besondere Eigenart der Anfechtung stützen, die eine unterschiedliche Bewertung gegenüber den Fällen der Entlobung und der auflösenden Bedingung rechtfertigen würde. Diese spezifische Eigenart der Anfechtung liegt aber gerade in ihrer ex-tunc-Wirkung, die alle anderen Auflösungsmöglichkeiten nicht mit ihr gemein haben.

bb) Anfechtung im Familienrecht?

Es fragt sich, ob nicht die rückwirkende Beseitigung eines durch Willenserklärung begründeten Tatbestandes im Wege der Anfechtung mit den Besonderheiten des Familienrechts unvereinbar ist. So berufen sich einige Autoren zur Ablehnung der Anfechtungsregeln auf die familienrechtliche Natur des Verlöbnisses[462].

Ein Blick in das Gesetz zeigt, daß das Institut der Anfechtung im Sinne der §§ 119 ff. BGB dem Familienrecht nicht fremd ist. So erwähnt das Gesetz selbst die Anfechtbarkeit bei den Anträgen und Einwilligungen zur Ehelichkeitserklärung (§ 1731 BGB) sowie beim Adoptionsvertrag und den dazu erforderlichen Einwilligungen (§ 1755 BGB). Daß es sich hierbei um die Anfechtung gemäß den §§ 119 ff. BGB handle, ohne daß diese Vorschriften durch den familienrechtlichen Charakter ausgeschlossen oder abgewandelt würden, hat noch jüngst das OLG Hamburg[463] betont.

Davon, daß bereits die Zugehörigkeit des Verlöbnisses zum Familienrecht einen Ausschluß der §§ 119 ff. BGB begründe, kann also keine Rede sein.

Die Institution des Familienrechts, mit der das Verlöbnis am engsten verbunden und am meisten verwandt ist, nämlich die Ehe, läßt allerdings keine rückwirkende Anfechtung zu, dies aber auch erst seit Inkrafttreten des Ehegesetzes vom 6. 7. 1938. Das Ehegesetz setzte nämlich an die Stelle der in den §§ 1330 ff. BGB a. F. geregelten Anfechtung die Aufhebung. Dabei hat es das neue Ehegesetz vom 20. 2. 1946 in den §§ 28 ff. belassen. Während die Anfechtung rückwirkende Kraft hatte (§ 1343 Abs. 1 BGB a. F.), löst die Aufhebung die Ehe nur noch mit ex-nunc-Wirkung auf, nämlich mit der Rechtskraft des Urteils für die Zukunft (§§ 37 Abs. 1, 42 Satz 2 EheG).

Für die Zeit vor Inkrafttreten des Ehegesetzes von 1938 sprach also auch die eherechtliche Regelung für die Möglichkeit einer rückwirkenden Beseitigung des Verlöbnisses. Daß die Anfechtung bei der Ehe nur in der Klageform zugelassen war, ist für den Vergleich mit dem Verlöbnis ohne Bedeutung; denn diese Besonderheit rechtfertigt sich aus dem strengen Formalcharakter der Eheschließung und der grundsätzlichen Unlösbarkeit der Ehe.

---

[462] So Goldmann-Lilienthal-Sternberg § 1 II 6; Soergel-Vogel § 1297 Anm 2.

[463] NJW 1961, 1470.

Mit der Beseitigung der rückwirkenden Eheanfechtung mag nun auch für das Verlöbnis eine andere Beurteilung geboten sein. Das Gesetz ist ja nicht starr nur nach dem subjektiven Willen des Gesetzgebers auszulegen, sondern nach heute anerkannten Interpretations- und Rechtsfindungsgrundsätzen auf Grund des in dem Gesetz objektivierten Willens, der sich ohne Eingreifen des Gesetzgebers wandeln kann. Es wäre demnach kein Verstoß gegen die juristische Methodenlehre, für einen früheren Zeitraum die Anfechtbarkeit des Verlöbnisses gelten zu lassen, sie aber für das inzwischen weiter entwickelte Recht trotz der unveränderten Verlöbnisregelung abzulehnen.

Die Ersetzung der ex-tunc-Anfechtung durch die ex-nunc-Aufhebung bei der Ehe hat aber nichts mit dem Familienrecht als solchem zu tun; denn familienrechtliche Verträge können, wie das Beispiel der Adoption zeigt, rückwirkend anfechtbar sein. Sie trägt vielmehr einer anderen Eigenart der Ehe Rechnung, nämlich ihrem sozialrechtlichen Charakter als einer Gemeinschaftsinstitution[464]. Diese Eigentümlichkeit wird vom Verlöbnis, wie bereits an anderer Stelle[465] hervorgehoben, geteilt.

cc) Anfechtung im Sozialrecht?

Es fragt sich daher, ob dem Sozialrecht, dem das Verlöbnis angehört, das Institut der Anfechtung mit der Wirkung des § 142 Abs. 1 BGB fremd ist. Mit dieser Begründung wird jedenfalls von einigen Autoren die Anwendung der §§ 119 ff. BGB beim Verlöbnis kritisiert[466].

Tatsächlich hat die moderne Rechtsentwicklung auf dem Gebiete des Sozialrechts zu einer Restriktion gegenüber den Anfechtungsregeln des Allgemeinen Teils geführt.

Kurze Zeit nach der legislativen Beseitigung der rückwirkenden Eheanfechtung hat die Rechtsprechung für den vermögensrechtlichen Bereich des Sozialrechts einen ähnlichen Schritt getan. So hat das Reichsgericht im Gesellschaftsrecht[467] zunächst für die offene Handelsgesellschaft und die Kommanditgesellschaft[468], sodann auch für die Gesellschaft des bürgerlichen Rechts[469] die rückwirkende Anfechtbarkeit des Gesellschaftsvertrages schlechthin — also nicht nur Gesellschaftsgläubigern gegenüber[470], sondern auch im Innenverhältnis unter den Gesellschaftern — abgelehnt, sofern die Gesellschaft faktisch betätigt worden ist.

---

[464] Vgl. Lehmann, 3. Aufl., § 9 III vor 1.

[465] Vgl. oben S. 33 mit Fußn. 169 und S. 56 ff.

[466] So von Mitteis, Familienrecht, S. 20; Siebert DtRWiss S. 211 und Zechnall S. 96.

[467] Im engeren Sinne.

[468] RGZ 165, 193 = DR 1941, 633 Nr. 1 (Urt. v. 1940).

[469] RG DR 1943, 801 Nr. 1 (Urt. v. 1943).

[470] So schon RG JW 1933, 1996 Nr. 1.

Der Bundesgerichtshof hat diese Grundsätze bestätigt[471] und — unter bestimmten Voraussetzungen — sogar auf die stille Gesellschaft ausgedehnt[472]. Er hat dabei allerdings die Notwendigkeit bestimmter Einschränkungen zugunsten überwiegender anderweitiger Interessen hervorgehoben, die aber nicht die Fälle der Anfechtbarkeit, sondern die der Nichtigkeit betreffen. Eine dieser Ausnahmen von der Anerkennung der faktischen Gesellschaft für die Zeit, die der Geltendmachung der Nichtigkeit vorausgeht, haben wir oben bereits behandelt[473]; sie betraf den Minderjährigenschutz. Einer weiteren werden wir unten begegnen[474].

Die für die Gesellschaften im engeren Sinne entwickelten Grundsätze müssen erst recht für den Verein gelten, bei dem — auch wenn er nicht rechtsfähig ist — eine echte Körperschaft gebildet wird. Die Anfechtungsregeln sind daher auch auf die Vereinsgründung, sofern der Verein ins Leben getreten ist, und auf den Vereinsbeitritt, sofern das Mitglied tatsächlich eingegliedert worden ist, nicht anzuwenden, auch nicht im Innenverhältnis[475].

Für die sonstigen juristischen Personen des Gesellschaftsrechts ist eine rückwirkende Beseitigung schon durch die gesetzliche Regelung ausgeschlossen, nach der Nichtigkeitsgründe nur durch Klage mit der Wirkung geltend gemacht werden können, daß auf Grund eines Nichtigkeitsurteils die Abwicklung wie bei der Auflösung stattfindet (vgl. §§ 216—218 AktG; 75—77 GmbHG; 94—97 GenG). Hier hat die Rechtsprechung ebenfalls klargestellt, daß eine Anfechtung nach den §§ 119 ff. BGB auch dann nicht stattfindet, wenn es sich nur um das Innenverhältnis handelt[476].

Für ein weiteres Rechtsverhältnis, das nicht zum Gesellschaftsrecht im engeren Sinne gehört, aber gemeinschaftsrechtliche Züge aufweist und daher dem Sozialrecht zuzuzählen ist, nämlich das Arbeitsverhältnis, hat das Bundesarbeitsgericht die Unzulässigkeit einer rückwirkenden Anfechtung ausgesprochen[477].

Es ist danach festzustellen, daß die moderne Rechtsentwicklung die rückwirkende Anfechtung aus dem gesamten Sozialrecht verbannt hat, mag es sich nun um Gesellschaften des Vermögensrechts wie die Kapital- und Personalgesellschaften des Handels- und Schuldrechts oder um Gemeinschaften des Personenrechts wie die Ehe, den Idealverein und das

---

[471] BGHZ 3, 285 (287 ff.). Abgewichen ist der Bundesgerichtshof von der Rechtsprechung des Reichsgerichts nur bezüglich der hier nicht interessierenden Frage, ob das Vorliegen eines Anfechtungsgrundes die ex-nunc-Aufhebung der OHG durch Gestaltungsurteil schlechthin rechtfertigt oder nur bei Darlegung eines wichtigen Grundes i. S. des § 133 Abs. 1 und 2 HGB.

[472] BGHZ 8, 157 (165 f.).

[473] S. 58.

[474] S. 128 mit Fußn. 526.

[475] Vgl. Lehmann, Gesellschaftsrecht, § 31 II.

[476] Vgl. RGZ 148, 225 (231 ff.) (für die Genossenschaft); RGZ 166, 51 (59 ff.) (für die GmbH).

[477] BAG 5, 159 = NJW 1958, 516 Nr. 26 (Urt. v. 1957).

Arbeitsverhältnis handeln. Nichts anderes kann für die personenrechtliche Gemeinschaft der Verlobten gelten. Die moderne Rechtsprechung hat keine Gelegenheit mehr gehabt, zur Anfechtbarkeit des Verlöbnisses Stellung zu nehmen. Es kann angenommen werden, daß sie von der Entscheidung des Reichsgerichts aus dem Jahre 1935[478] ebenso abrücken würde wie von den alten gesellschaftsrechtlichen Erkenntnissen. Die moderne Literatur zum Verlöbnisrecht ist jedenfalls auf dem richtigen Wege.

Die Gründe, die dazu geführt haben, die in Vollzug gesetzte Gesellschaft auch im Innenverhältnis nach den Grundsätzen über die faktische Gesellschaft für die Zeit vor Geltendmachung der Anfechtbarkeit wie eine rechtsgültige zu behandeln, passen auch auf das anfechtbare Verlöbnis. Es handelt sich um die rechtliche Anerkennung des auf mangelhafter Vertragsgrundlage geschaffenen tatsächlichen Gemeinschaftsverhältnisses und der darin entfalteten gemeinsamen Tätigkeit[479]. Die Rechtsordnung kann nicht daran vorbeisehen, daß die Parteien nach der Gemeinschaftsordnung unter Umständen geraume Zeit gelebt haben und sich nach innen wie nach außen als Gesellschafter haben behandeln lassen[480]. Hierbei spielt es vor allem eine Rolle, daß Gesellschafts- bzw. Gemeinschaftsverhältnisse typisch Dauerrechtsverhältnisse sind und begriffsnotwendig ein besonderes Vertrauensverhältnis begründen. Diese beiden Gesichtspunkte rechtfertigen namentlich die unterschiedliche Behandlung gegenüber fehlerhaften individualrechtlichen Austauschverträgen[481]. Rechtsverhältnisse, die längere Zeit Richtschnur für gemeinsames Handeln waren, können nicht ebenso mit der Fiktion des § 142 Abs. 1 BGB weggedacht werden wie der Rechtsgrund für eine einzelne Leistung. Ebensowenig ist der auf einer Vertrauensgrundlage beruhende Einsatz der Person rückwirkend annullierbar oder kondizierbar, er kann nur aufgekündigt und für die Zukunft verweigert werden. Hier zeigt sich im privaten Bereich die normative Kraft des Faktischen.

Alles das ist beim Verlöbnis nicht anders. Die Verlobten haben sich vor der Anfechtung nach innen und außen als Brautleute behandeln lassen[482]. Sie haben ihr Leben auf ein gemeinsames Ziel ausgerichtet und ihr persönliches wie vermögensmäßiges Verhalten danach eingerichtet. Diese gelebte Gemeinschaft verträgt ebensowenig die Fiktion des § 142 Abs. 1 BGB wie etwa der aufgenommene Gewerbebetrieb einer Gesellschaft des

---

478 RG JW 1936, 863 Nr. 7.

479 Vgl. BGHZ 3, 285 (288 u.).

480 Vgl. RGZ 165, 193 (205).

481 Soweit diese Dauerschuldverhältnisse sind, ist die rückwirkende Anfechtbarkeit ebenfalls fraglich, weil bereits eine Verwandtschaft mit dem Gesellschaftsrecht besteht (vgl. Enneccerus-Lehmann § 175 Fußn. 8).

482 Das ist am augenfälligsten dort der Fall, wo sie sich — wie im Falle des Irrtums oder der Täuschung — bis zur Entdeckung des Anfechtungsgrundes als Brautleute gefühlt haben. Es gilt aber auch da, wo sich — wie im Falle der Drohung — ein Partner bis zum Aufhören der Zwangslage nur der oktroyierten Gemeinschaft gefügt hat.

Vermögensrechts. Wo sich das Verlöbnis dagegen noch nicht in die Tat umgesetzt hat — entsprechend dem Fall der nicht in Vollzug gesetzten Gesellschaft —, ist die Anfechtung ohnehin bedeutungslos, da sie sich dann mangels irgendwelcher in Betracht kommender Ansprüche effektiv vom Rücktritt nicht unterscheidet.

Aus dem sozialrechtlichen Charakter des Verlöbnisses hat sich ergeben, daß § 142 Abs. 1 BGB, der die ex-tunc-Wirkung der Anfechtung bestimmt, nicht anwendbar ist. Noch nicht entschieden ist damit die Frage, ob die §§ 119 ff. BGB schlechthin ausgeschlossen sind. So beschränkt sich zum Beispiel das Bundesarbeitsgericht[483] darauf, für das Arbeitsverhältnis die Rückwirkung der Anfechtung abzulehnen. Mit ex-nunc-Wirkung läßt es dagegen die Anfechtung neben der Kündigung als weitere Auflösungsmöglichkeit bestehen. Einen ähnlichen Standpunkt nimmt Siebert[484] für das Verlöbnis ein.

Eine wichtige praktische Konsequenz der Auffassung des Bundesarbeitsgerichts besteht darin, daß § 122 BGB anwendbar bleibt, was in der Entscheidung ausdrücklich hervorgehoben wird. Auch das Reichsgericht[485], das bei den Personalgesellschaften des Handelsrechts die Anfechtung durch die Auflösungsklage gemäß § 133 HGB ersetzt, geht von der Anwendbarkeit des § 122 BGB aus[486].

Für das Verlöbnis stellt sich die Lage folgendermaßen dar:

Aus der Tatsache, daß eine rückwirkende Beseitigung ausgeschlossen ist, folgt bereits, daß § 1301 BGB in jedem Falle zur Anwendung kommt, ob man nun die Anfechtung durch den Rücktritt ersetzt oder daneben mit ex-nunc-Wirkung zuläßt. Demnach behält die Frage nach einer völligen Ausschaltung der §§ 119 ff. BGB nur noch Bedeutung für den Schadensersatz. Sie konzentriert sich damit auf die Frage nach dem Verhältnis der §§ 1298—1300 BGB zu § 122 BGB und zu den allgemeinen Haftungsbestimmungen.

b) Der Gesichtspunkt der Verlöbnishaftung

aa) Die Fälle des § 119 BGB

Die oben genannten Beispiele, in denen die Rechtsprechung trotz grundsätzlicher Ablehnung der Anfechtungsregelung an der Anwendbarkeit des § 122 BGB festgehalten hat, unterscheiden sich vom Verlöbnis wesentlich dadurch, daß dort eine entsprechende Haftungsnorm für den Fall der Auflösung wegen Irrtums fehlt, so daß für die Anwendung der positiven Sondervorschrift des § 122 BGB ein Bedürfnis besteht.

Beim Verlöbnis aber ist dies nicht der Fall. Hier geben die Sondernormen der §§ 1298—1300 BGB für den auf die Gültigkeit und Bestän-

---

[483] BAG 5, 159 = NJW 1958, 516 Nr. 26.
[484] DtRWiss S. 211 (unter 1).
[485] RGZ 165, 193 = DR 1943, 633 Nr. 1.
[486] A. a. O. S. 206.

digkeit des Verlöbnisses Vertrauenden gerade einen weitergehenden Schutz als § 122 BGB. Das praktische Bedürfnis spricht hier umgekehrt für eine Ersetzung des § 122 BGB durch die §§ 1298—1300 BGB.

Tatsächlich steht auch nichts im Wege, die §§ 1298 ff. BGB als eine lex specialis zu § 122 BGB aufzufassen[487]. Ihnen liegt das gleiche Haftungsprinzip zugrunde, nämlich das Einstehen für ein gegebenes Wort innerhalb einer relativen, d. h. durch Anbahnen einer Sonderverbindung geschaffenen, Rechtsbeziehung. Es ist dies die Haftung für die Enttäuschung eines berechtigten Vertrauens.

Auch die Anspruchsvoraussetzungen sind ihrem sachlichen Gehalt nach gleich. In beiden Fällen handelt es sich um die einseitige Auflösung auf Grund eines Irrtums. Daß die einseitige Aufhebungserklärung als Anspruchsvoraussetzung in § 122 Anfechtung und in den §§ 1298 ff. BGB Rücktritt heißt, sinkt angesichts der übereinstimmenden ex-nunc-Wirkung beider Erklärungen zur reinen Formalität herab. Formalien aber sind im Verlöbnisrecht nicht von Bedeutung.

Hinsichtlich der Rechtsfolgen aber enthalten die §§ 1298—1300 BGB die weitergehende, im einzelnen genauer ausgestaltete und den Verlobtenverhältnissen besser angepaßte Regelung. Mit Recht bemerkt Beitzke[488], daß dieser Unterschied auf den Besonderheiten des Verlöbnisses und nicht auf den Besonderheiten des Rücktritts beruht. Der rein formale Unterschied zwischen Anfechtung und Rücktritt kann für diese verschiedenartige Ausgestaltung keine sinnvolle Erklärung bieten.

Nach alledem hat die in § 122 BGB geregelte Haftung nach den Grundsätzen des Vorranges von Sondervorschriften hinter der Verlöbnishaftung der §§ 1298—1300 BGB zurückzutreten.

bb) Die Fälle des § 123 BGB

Wenn man bei der Auflösung des Verlöbnisses wegen Irrtums stets die §§ 1298 ff. BGB anwendet, also auch da, wo die Anfechtung erklärt wird, so muß man diese Konsequenz auch für die Fälle der arglistigen Täuschung und widerrechtlichen Drohung ziehen und dem Anfechtenden ebenso wie dem Zurücktretenden einen Ersatzanspruch gemäß § 1299 BGB zubilligen.

Auch dieses Ergebnis erklärt sich rechtssystematisch zwanglos aus dem Sonderrechtscharakter der §§ 1298 ff. BGB. Gewöhnlich wird nur von der Haftung des Täuschenden oder Drohenden auf Grund der §§ 823 ff. BGB gesprochen. Hier besteht allerdings Anspruchskonkurrenz und kein Ver-

---

[487] Daß die §§ 1298 ff. BGB eine lex specialis gegenüber den §§ 119 ff. BGB sind, nehmen insbesondere an: Beitzke JR S. 142 und Goldmann S. 433 (unter II). S. auch oben S. 110 Fußn. 461. Erman-Seibert Vorb. 3 d vor § 1297 und Soergel-Vogel § 1297 Anm. 2 stützen die Verdrängung der Anfechtungsregelung durch die Rücktrittsregelung gerade darauf, daß § 122 BGB beim Verlöbnis unanwendbar sei, bzw. Schwierigkeiten bereite.

[488] JR S. 142 (unter 2 a).

hältnis der Spezialität, weil es in dem einen Falle um absolute, in dem anderen Falle um relative Rechtsbeziehungen geht. Meist wird auch mit dem Schadensersatz aus Delikt geholfen sein, weil er dem Verletzten vollen Ersatz verschafft. Beim Verlöbnis ist dies aber, wie wir oben gesehen haben, wegen der Schäden Dritter (§ 1298 Abs. 1 Satz 1 BGB) anders. Hier ist es gut, sich klar zu machen, daß dem beim Vertragsschluß Getäuschten oder Bedrohten ja auch ein Anspruch aus culpa in contrahendo zusteht. Gegenüber diesem Ersatzanspruch wegen Verletzung relativer Rechtsbeziehungen erweisen sich die §§ 1298—1300 BGB ebenso als lex specialis wie im Verhältnis zu § 122 BGB. Es handelt sich auch hier wieder um den gleichen Haftungsgrund, nämlich das Einstehen für das durch den Eintritt in rechtliche Sonderbeziehungen erweckte Vertrauen bzw. um die Haftung für den Mißbrauch dieser Vertrauensbeziehungen[489].

3. Ergebnis

Aus dem sozialrechtlichen Charakter des Verlöbnisses folgt, daß ein Verlöbnis — auch im Falle der Anfechtung — nur mit Wirkung für die Zukunft aufgelöst werden kann.

Aus der Eigenschaft der §§ 1298—1300 BGB als einer Sonderregelung für die (relative) Verlöbnishaftung ergibt sich, daß bei einseitiger Lösung des Verlöbnisses — auch im Falle der Anfechtung — nur nach den §§ 1298 ff. BGB, nicht etwa auch aus § 122 BGB oder der allgemeinen culpa in contrahendo gehaftet wird.

Damit verliert die Anfechtung jeden sachlichen Unterschied gegenüber dem Rücktritt. Es bleibt nur noch der andere Name. Die bloße Vielfalt der Formen ist aber nur ein ästhetischer, nicht jedoch ein juristischer Wert. Damit hat das Institut der Anfechtung im Verlöbnisrecht seine Existenzberechtigung verloren. Als Baum, der keine Früchte bringt, ist es auszureißen. Es gibt an Stelle der Anfechtung nur den Rücktritt.

§ 5

Dritte Grundfrage: Das Verlöbnis und die §§ 116 ff. BGB

I. Das Scheinverlöbnis

Von den bewußten Willensmängeln ist der in § 117 BGB geregelte Fall für das Verlöbnis unproblematisch. Es herrscht nämlich im Ergebnis Einhelligkeit. Die Anhänger der im 1. Kapitel gebildeten drei Meinungsgruppen[490] stimmen fast einhellig darin überein, daß ein von beiden Partnern einverständlich nur zum Schein eingegangenes Verlöbnis[491] keine

---

[489] Vgl. hierzu auch das oben in Fußn. 447 Ausgeführte.

[490] Oben S. 7—9.

[491] Praktisch bedeutsamster Fall: Simuliertes Verlöbnis zu dem Zweck, ein Zeugnisverweigerungsrecht zu schaffen.

rechtliche Wirksamkeit entfaltet[492]. Für die Autoren, die eine Anwendung der Vorschriften des Allgemeinen Teils ablehnen, ergibt sich das Merkmal der Ernstlichkeit der Verlobung aus den allgemein herrschenden Vorstellungen der Sitte[493]. In der Tat entspricht es natürlichem Empfinden, einem beiderseits nicht ernst gemeinten Verlöbnis keine rechtliche Bedeutung beizumessen. Auch im Straf- und Prozeßrecht wird daher ein Scheinverlöbnis nicht berücksichtigt[494].

---

[492] Vgl. von der ersten Gruppe:

Beitzke, Familienrecht, § 5 I 3; Cosack § 31 II 2 a. E., 3; Cramer S. 32; Crome § 550 Nr. 1 Fußn. 5; Dittenberger S. 74 o.; Dniestrzanski S. 143; Donig §§ 21, 22; Eggel in Achilles-Greiff § 1298 Anm. 1 a. E.; Endemann § 151 a Nr. 2 d 1 mit Fußn. 20 (S. 51); Enneccerus-Wolff § 5 IV; Erman-Seibert Vorb. 3 c vor § 1297; Glaser S. 25 Fußn. 16; Goldmann S. 432 (unter I); Goldmann-Lilienthal-Sternberg § 1 II 6; Groeper S. 80; Jacobi S. 19 Fußn. 16 a; Kuhlenbeck Vorb. vor § 1297 (S. 343); Neumann § 1297 Note II 1; Opet Vorb. 6 vor § 1297; Palandt-Lauterbach Einf. 1 vor § 1297; Planck-Unzner Vorb. 1 vor § 1297, § 1298 Anm. 7 a β; Sasse S. 59/60; Soergel-Vogel § 1297 Anm. 2; Staudinger-Engelmann Vorb. VI vor § 1297; Stutz S. 63 mit Fußn. 2; RG JW 1936, 863 Nr. 7.

Außenseiter ist nur Manigk S. 737, der eine Anpassung an die §§ 1323 ff. BGB a. F. (= §§ 16 ff. EheG) vorschlägt, was allerdings darauf hinauslaufen würde, Scheinverlöbnisse als gültig anzusehen.

Die übrigen Vertreter der ersten Gruppe erwähnen den Fall des § 117 BGB nicht.

Vgl. von der zweiten Gruppe:

Eltzbacher S. 183; Lehmann (3. Aufl.) § 6 II 3; Mitteis, Familienrecht, S. 20 o.; Schnitzerling StAZ S. 186 (unter d) und Zechnall S. 96 o. Eine abweichende Ansicht wird in dieser Gruppe nicht vertreten.

Vgl. von der dritten Gruppe:

Dernburg § 7 I; Frohnhausen S. 36; Hellmann S. 221 l. Sp.; Kohler § 5 V; Lehmann (1. Aufl.) § 6 II 3; Luther RvglHWB S. 205 l. Sp.; Matthiaß § 223 III; Nathan S. 82 mit Fußn. 7. Die übrigen Vertreter dieser Gruppe behandeln die Frage nicht.

Ob Fraenkel, der grundsätzlich die materiellen Eheschließungsvorschriften für maßgeblich erklärt (S. 2), und Dietz, der eine vorsichtige Analogie zum Eherecht für geboten hält (§ 13 I 2 a, a. E.), auch die §§ 1323 ff. BGB a. F. = §§ 16 ff. EheG übernehmen und damit ein Scheinverlöbnis als gültig ansehen wollen, ist nicht klar ersichtlich.

[493] Vgl. Hellmann S. 221 l. Sp.; Matthiaß § 223 III.

[494] Es wird dort beiderseitige Ernsthaftigkeit verlangt.

Vgl. für das Strafrecht:

BGHSt 3, 215 (216) mit Anm. Geier in LM § 52 StGB Nr. 4.

RGSt 10, 117 (119 f.) = Rspr. 6, 54; RGSt 24, 155 (156); 35, 49 (50 ff.); 38, 242 (243 f.); RG HRR 1939, 1070; RGSt 75, 290 (291) = DR 1941, 2178.

Jagusch in LK § 52 Anm. 5 h; Maurach § 36 I A 3; Schönke-Schröder § 52 Anm. VII 8; Schwarz-Dreher § 52 Anm. 5 E.

Vgl. für das Strafprozeßrecht:

RG Rspr. 6, 50 (53); RGSt 10, 117 (119 f.) = Rspr. 6, 54; RG Rspr. 9,

Eine Analogie zu den eherechtlichen Nichtigkeitsgründen, wie sie Manigk[495] vorschlägt und auch der Grundeinstellung von Dietz[496] und Fraenkel[497] entspricht, die allerdings die Frage des § 117 BGB nicht behandeln, ist ebenso abzulehnen wie eine Übernahme der Regelung des § 30 EheG[498] oder des § 3 Abs. 2 EheG[499]. Es handelt sich hierbei um Vorschriften, die ihre Rechtfertigung in der besonderen Bedeutung der Ehe haben, wie sie sich in ihrem Formalcharakter, ihrer grundsätzlichen Unlöslichkeit und dem auf ihren Bestand gerichteten favor iuris äußert, nicht dagegen um Vorschriften, die sich wie etwa die Bestimmungen über die Eheaufhebung mit ex-nunc-Wirkung aus dem sozialrechtlichen Charakter erklären. Denn bezüglich der Anwendbarkeit des § 117 BGB bestehen auch im Gesellschaftsrecht keine Bedenken, soweit es sich um das Verhältnis der Gesellschafter zueinander handelt[500]. Daß hier einer der Fälle vorliegt, in denen auch im Sozialrecht für das Innenverhältnis einer Gemeinschaft die Nichtigkeit ex tunc zugelassen werden kann, bestätigt auch § 19 EheG, der einen Sonderfall der Simulation als Ehenichtigkeitsgrund anerkennt.

II. Das Verlöbnis mit Mentalreservation

1. Problemstellung

Schwieriger erscheint die Frage nach der Bedeutung des geheimen Vorbehalts eines Partners, wie er für das Verlöbnis eines Heiratsschwindlers typisch ist. Gehört zum Abschluß eines gültigen Verlöbnisses auch die innere Aufrichtigkeit der Eheschließungsabsicht oder genügt es, daß die äußeren Erklärungen als solche ernst gemeint sind, also die Absicht bestand, in dem Partner das Vertrauen auf ihre Gültigkeit zu wecken? Das spontane Rechtsgefühl und das allgemeine Sittlichkeitsdenken werden hier nicht mehr so sicher vom Ergebnis geleitet, weil es auf eine Interessenabwägung ankommt. Soll man den Schwerpunkt auf den mangelnden Ernst des einen oder auf das ernsthafte Vertrauen des anderen Partners legen?

---

129 (130); RGSt 40, 420 (421); RG JW 1909, 519 Nr. 24 (520) = GA 56, 318; RG Recht 1921, Nr. 2487 a.

Kleinknecht-Müller § 52 Anm. 5 Nr. 1; Peters, K. § 42 III 2 c aa α; Tillmann in Löwe-Rosenberg § 52 Anm. 3 a.

Vgl. für das Zivilprozeßrecht:

Baumbach-Lauterbach § 383 Anm. 2; Stein-Jonas-Schönke-Pohle § 383 Anm. II; Wieczorek § 383 Anm. C II b 1.

[495] S. 737.

[496] § 13 I 2 a, a. E.

[497] S. 2.

[498] Vgl. oben S. 38 o.

[499] Vgl. oben S. 79 f.

[500] Vgl. BGH NJW 1953, 1220 Nr. 3; Lehmann, Gesellschaftsrecht, § 5 III 4 a.

2. Der bürgerlich-rechtliche Gesichtspunkt

Das Bürgerliche Gesetzbuch hat diese an sich erörterungswerte Grundfrage rechtlicher Willensbetätigung für den gesamten Rechtsgeschäftsbereich in § 116 Satz 1 BGB zugunsten des vertrauenden Partners entschieden, indem es denjenigen, der einen Geschäftswillen nur vortäuscht, dem gutgläubigen Erklärungsempfänger gegenüber an seiner Erklärung festhält. Es ist nicht einzusehen, warum der Heiratsschwindler gelinder angefaßt und von einem Einstehen für sein Wort befreit werden soll. Umgekehrt kann der andere Teil nach Entdeckung des Schwindels mit wichtigem Grund und daher haftungsfrei zurücktreten. Das Ergebnis ist billig.

Es ist aber auch systemgerecht. Denn so, wie sich der Gesetzgeber in § 116 BGB zugunsten des Vertrauensschutzes entschieden hat, ebenso stellen auch die §§ 1298 ff. BGB als Haftungsbestimmungen auf Grund relativen Unrechts — gleichviel, ob wegen Nichterfüllung eines Vertrages oder wegen culpa in contrahendo oder dergl. — typische Vertrauensschutzvorschriften dar. Der Grundgedanke des § 116 BGB verträgt sich also — unabhängig von der Rechtsnatur des Verlöbnisses — mit dem Charakter der bürgerlich-rechtlichen Verlöbnisregelung.

Noch weiter als im allgemeinen Rechtsgeschäftsbereich führt das Gesetz den Gedanken des Vertrauensschutzes bei der Ehe durch, für die die §§ 116 ff. BGB nicht gelten. Dort wird im öffentlichen Interesse der Mangel der Ernstlichkeit in keiner Form, auch nicht in der komplottierten des § 117 BGB oder der arglosen in § 118 BGB, berücksichtigt.

Es wäre daher für das gesamte bürgerliche Recht systemfremd wie auch vom Ergebnis her unbillig, für ein wirksames Verlöbnis die Ernstlichkeit des erklärten Willens zu verlangen. Mit Recht geht daher die ganz herrschende, wenn nicht sogar einhellige[501] Auffassung davon aus, daß das Verlöbnis eines Heiratsschwindlers die Rechtswirkungen der §§ 1298 ff. BGB erzeugt[502].

---

[501] Vgl. dazu die Zweifel hinsichtlich der Auffassung einiger Vertreter der zweiten und dritten Gruppe in der folgenden Fußnote.

[502] Vgl. von der ersten Gruppe:

Beitzke, Familienrecht, § 5 I 3; BGB-RGRK Vor § 1297 Anm. 2; Cramer S. 32; Crome § 550 Nr. 1 Fußn. 5; Dittenberger S. 73/74; Dniestrzanski S. 143; Donig S. 36/37; Eggel in Achilles-Greiff § 1298 Anm. 1 a. E.; Endemann § 151 a Nr. 2 d Fußn. 19 a. E. (S. 51); Enneccerus-Wolff § 5 IV; Erman-Seibert Vorb. 3 c vor § 1297; Goldmann S. 432 (unter I); Goldmann-Lilienthal-Sternberg § 1 II 6; Groeper S. 80; Jacobi S. 19 Fußn. 16 a; Kuhlenbeck Vorb. vor § 1297 (S. 343); Neumann § 1297 Note II 1; Opet Vorb. 6 vor § 1297; Palandt-Lauterbach Einf. 1 vor § 1297; Sasse S. 59; Soergel-Vogel § 1297 Anm. 2; Staudinger-Engelmann Vorb. VI vor § 1297; RG JW 1936, 863 Nr. 7 und RGZ 149, 143 (148). Die übrigen Vertreter der ersten Gruppe behandeln den Fall des § 116 BGB nicht ausdrücklich. Bei ihnen folgt aber die Anwendbarkeit des § 116 BGB aus ihrer Grundeinstellung.

Von der zweiten Gruppe vgl.:

3. Der straf- und prozeßrechtliche Gesichtspunkt

Die gleiche Einhelligkeit in der Bewertung eines Verlöbnisses mit Mentalreservation findet sich im Straf- und Prozeßrecht mit umgekehrtem Vorzeichen. Dort wird nämlich von Rechtsprechung und Schrifttum übereinstimmend dem Verlöbnis eines Heiratsschwindlers oder einer sonstigen Person, der die Verlöbniserklärung innerlich nicht ernst gemeint ist, keine rechtliche Beachtung geschenkt[503]. Der Heiratsschwindler kann also weder die strafrechtlichen Privilegierungen, von denen hier besonders die des § 263 Abs. 5 StGB in Betracht kommt, in Anspruch nehmen, noch darf seine „Braut" in einem gegen ihn gerichteten Strafverfahren oder Zivil-Rechtsstreit das Zeugnis verweigern. Die Verlöbnisse mit Mentalreservation bilden daher neben den Minderjährigen-Verlöbnissen die zweite Fallgruppe, in denen der Dualismus der zivilrechtlichen und öffentlich-rechtlichen Behandlung des Verlöbnisses seine praktische Bedeutung entfaltet.

Da die straf- und prozeßrechtliche Auffassung diesmal die strengeren Anforderungen stellt, sind Stimmen laut geworden, die in dieser Frage eine Anpassung an das bürgerliche Recht mit der Wirkung fordern, daß ein nach § 116 Satz 1 BGB rechtswirksames Verlöbnis auch im Straf- und

---

Eltzbacher S. 183; Mitteis S. 20 (unter 2 b); Schnitzerling StAZ S. 186 (unter c). Nach Lehmann (3. Aufl.) § 6 II 3 schließt der Mangel der Ernstlichkeit die Annahme eines Verlöbnisses aus. Es ist nicht ersichtlich, ob damit nur der Fall des § 118 BGB oder auch der Fall des § 116 BGB gemeint ist.

Von der dritten Gruppe vgl.:

Kohler § 5 VII 1.

Dernburg § 7 I, Lehmann (1. Aufl.) § 6 II 3, Matthiaß § 223 III und Nathan S. 81/82 fordern zwar ein ernstliches Eheversprechen, lassen aber nicht erkennen, ob dies nur im Sinne der §§ 117, 118 BGB oder auch für die insgeheime Absicht im Sinne des § 116 Satz 1 BGB gemeint ist. Eine Begründung wird nämlich nicht gegeben.

[503] Für das Strafrecht:

BGHSt 3, 215 (216) mit Anm. Geier in LM § 52 StGB Nr. 4.

RGSt 35, 49; RG HRR 1939, 1070; RGSt 75, 290 (291) = DR 1941, 2178.

OLG Koblenz NJW 1958, 2027 Nr. 20 (2028).

Bruns S. 453 ff. (allerdings zweifelnd hinsichtlich des Prozeßrechts, vgl. S. 460 unter 5); Jagusch in LK § 52 Anm. 5 h; Kohlrausch-Lange § 52 Anm. VI 3; Maurach § 36 I A 3; Schönke-Schröder § 52 VII 8; Schwarz-Dreher § 52 Anm. 5 E a. E.

Für das Strafprozeßrecht:

RG Recht 1921, Nr. 2487 a.

Kleinknecht-Müller § 52 Anm. 5 Nr. 1; Peters, K. § 42 III 2 c aa α; Tillmann in Löwe-Rosenberg § 52 Anm. 3 a.

A. A. für das Zivilprozeßrecht Wieczorek § 383 Anm. C II b 1 unter Berufung auf RGZ 149, 143, jedoch ohne auf den Dualismus einzugehen und ohne seine Abweichung gegenüber dem Strafprozeß zu begründen.

Die übrigen zivilprozeßrechtlichen Kommentare lassen keine klare Stellungnahme erkennen.

Prozeßrecht als gültig zu beachten sei[504]. Es ist daher zu untersuchen, ob die verschiedene Behandlung des Verlöbnisses hinsichtlich seiner privatrechtlichen und öffentlich-rechtlichen Bedeutung bei der Frage des § 116 BGB eine ebensolche innere Rechtfertigung findet wie bei der Frage der §§ 106 ff. BGB.

Hier ist wieder vom Ergebnis auszugehen. Wir haben oben gesehen, daß die Anwendung des § 116 BGB auf das Verlöbnis im bürgerlichen Recht zu billigen Ergebnissen führt, insofern nämlich der Heiratsschwindler für seinen Vertrauensbruch haftet, sein Partner dagegen nicht schlechter gestellt wird, weil ihm in der Entdeckung des Schwindels ein befreiender Rücktrittsgrund zur Seite steht. Bedenkt man nun die Tatsache, daß es sich bei der Berücksichtigung des Verlöbnisses im StGB, in der StPO und ZPO um Vergünstigungen handelt, so zeigt sich, daß die abweichende Behandlung im Straf- und Prozeßrecht wiederum zu billigen Ergebnissen führt, insofern sie den Heiratsschwindel nicht noch mit einer prozessualen und materiell-strafrechtlichen Bevorzugung prämiiert. Das kriminalpolitische Anliegen der Rechtsprechung zum strafrechtlichen Verlöbnis mit geheimem Vorbehalt tritt klar zutage. Würde man den Grundsatz des § 116 Satz 1 BGB auf das Strafrecht übertragen, so wäre der Heiratsschwindler ohne Mitwirken seines Opfers strafrechtlich nicht zu fassen. Er könnte ohne den Antrag seiner Braut nicht verfolgt (§ 263 Abs. 5 StGB) und ohne ihr Zeugnis (§ 52 Abs. 1 Nr. 1 StPO) in den meisten Fällen nicht überführt werden.

Diese praktischen Konsequenzen zeigen schon, daß die Gründe, die den Gesetzgeber des Bürgerlichen Gesetzbuchs veranlaßten, in § 116 von der mit den §§ 117 ff. eingeschlagenen Grundlinie abzuweichen, für das Straf- und Prozeßrecht, soweit es für das Verlöbnis Bedeutung erlangt, nicht zutreffen. Hier besteht kein Anlaß, das Erfordernis ernst gemeinter Erklärungen irgendwie abzuschwächen.

Es verträgt sich aber auch nicht mit dem inneren Grund der einschlägigen straf- und prozeßrechtlichen Vorschriften, das Verlöbnis mit Mentalreservation als ein Angehörigenverhältnis anzuerkennen. Wie oben[505] festgestellt, nimmt das Gesetz in den fraglichen Bestimmungen Rücksicht auf das Bestehen eines natürlichen Verhältnisses naher persönlicher Verbundenheit nach Art der Blutsverwandtschaft. Dabei kommt es nicht auf einen rechtlichen Verwandtschaftsbegriff, sondern auf das natürliche Zusammengehörigkeitsgefühl, die Neigung und die inneren Bande an, wie sie in der psychischen Vorstellungs- und Empfindungswelt vergleichsweise unter Verwandten bestehen. Diese vom Gesetz respektierte psychologische Situation mangelt nun dem Heiratsschwindler völlig. Da er es nicht ernst meint, fühlt er sich seinem getäuschten Partner gerade nicht innerlich ver-

---

[504] So Beitzke, Familienrecht, § 5 I 2 a. E.; Grisebach Sp. 1645/1646. Vgl. auch oben Fußn. 36 und 38.

[505] S. 76 f.

bunden. Damit fehlt es bereits an der für alle Angehörigkeitsverhältnisse im Sinne des § 52 Abs. 2 StGB typischen Wechselseitigkeit der verwandtschaftsgleichen Verbundenheit.

Zudem kommt es, wie oben[506] festgestellt, nicht nur auf die psychologische Seite an. Straf- und prozeßrechtliche Berücksichtigung verdient ein auf innerer Zuneigung beruhendes Verhältnis dann nicht, wenn es von der Sitte mißbilligt wird. Auch unter diesem normativen Aspekt gebührt dem geheuchelten Verlöbnis im Straf- und Prozeßrecht keine Anerkennung; denn es fehlt ihm die ernste, auf die Ehe hinzielende sittliche Grundlage. Soweit daher bei dem Verlobungspartner des Heiratsschwindlers die vom Gesetz vorgestellte psychologische Situation der Zuneigung und des Zugehörigkeitsgefühls vorhanden ist[507], begründet sie ebensowenig wie in den Fällen der bloßen Liebschaft oder des Konkubinats eine straf- oder prozeßrechtliche Anerkennung.

Die gelegentlich kritisierte unterschiedliche Behandlung des Verlöbnisses mit Mentalreservation im Zivilrecht einerseits und im Straf- und Prozeßrecht andererseits erweist sich somit als durchaus gerechtfertigt und von den vernünftigen Ergebnissen her geradezu gefordert.

III. Das Scherzverlöbnis

Bei der Frage nach der rechtlichen Behandlung des Scherzverlöbnisses geht es ähnlich wie bei der zweiten Grundfrage um die Anwendbarkeit einer Nichtigkeits- und einer Schadensersatznorm (§ 118 und § 122 BGB). Die Fälle des Irrtums und der Scherzerklärung stellen sich für den Erklärungsgegner, der den wirklichen Sachverhalt nicht erkennt, gleich dar. Er vertraut auf eine gültige Erklärung und richtet sich danach ein. Später wird er vor die Tatsache der Ungültigkeit der Erklärung gestellt. § 122 BGB trägt dieser übereinstimmenden Situation Rechnung. Es liegt daher nahe, an die Überlegungen und Ausführungen zur zweiten Grundfrage anzuknüpfen.

1. Die Nichtigkeitsfrage

Die Anwendbarkeit der allgemeinen Vorschriften in den Fällen der §§ 116, 117 BGB legt es nahe, auch hier dem Standpunkt des Gesetzgebers im Ersten Buch des Bürgerlichen Gesetzbuches zu folgen und gemäß § 118 BGB Nichtigkeit eintreten zu lassen. Zwar weist die Scherzerklärung größere Ähnlichkeit mit dem Fall des geheimen Vorbehalts auf als mit der gemeinsamen Simulation; das Gesetz wertet aber den Unterschied in der Gesinnung des Erklärenden so stark, daß es die beiden Fälle verschieden behandelt und dem Interesse des Erklärungsgegners wie beim Irrtum nur mit einem Ersatzanspruch Rechnung trägt. Diese Wertung

---

506 S. 77.

507 Z. B. vor der Entdeckung des Schwindels.

des Gesetzgebers ist grundsätzlich zu übernehmen. Sie verträgt sich auch mit der besonderen sittlichen Natur des Verlöbnisses; denn es entspricht natürlichem Empfinden, für ein Verlöbnis die ernste Absicht beider Partner zu fordern.

Die ganz herrschende Auffassung hält daher ein Scherzverlöbnis für unwirksam[508]. Die Autoren, die § 118 BGB als Vorschrift des Allgemeinen Teils nicht für anwendbar halten, entnehmen das Ergebnis den allgemein herrschenden Vorstellungen der Sitte[509]. Wegen der natürlichen Parallelwertung des Sittendenkens wird folgerichtig auch im Straf- und Prozeßrecht ein scherzhaft erklärtes Verlöbnis nicht berücksichtigt[510].

Das Ergebnis ist unbedenklich, soweit es um die öffentlich-rechtlichen Verlöbniswirkungen geht. Das folgt auch aus einem Vergleich mit dem Verlöbnis des Heiratsschwindlers, wo sogar trotz zivilrechtlicher Wirksamkeit die strafrechtliche und prozessuale Anerkennung zu versagen war.

Für die zivilrechtliche Bedeutung im Rahmen der §§ 1298 ff. BGB ist es ebenfalls da zu billigen, wo der Partner aus dem von ihm ernst ge-

---

508 Vgl. von der ersten Gruppe:

Cramer S. 32; Crome § 550 Nr. 1 Fußn. 5; Dittenberger S. 74 o.; Dniestrzanski S. 143; Donig § 22; Endemann § 151 a Nr. 2 d mit Fußn. 19 (S. 51); Enneccerus-Wolff § 5 IV; Glaser S. 25 Fußn. 16; Goldmann S. 432 (unter I); Goldmann-Lilienthal-Sternberg § 1 II 6; Groeper S. 80; Jacobi S. 19 Fußn. 16 a; Kuhlenbeck Vorb. vor § 1297 (S. 343); Neumann § 1297 Note II 1; Opet Vorb. 6 vor § 1297; Planck-Unzner Vorb. 1 vor § 1297, § 1298 Anm. 7 a β; Sasse S. 59 f.; Soergel-Vogel § 1297 Anm. 2; Staudinger-Engelmann Vorb. VI vor § 1297; Stutz S. 63 mit Fußn. 2; RG JW 1936, 863 Nr. 7; München OLG 26, 210.

Außenseiter ist wiederum Manigk, der eine Anpassung an die §§ 1323 ff. BGB a. F. (= §§ 16 ff. EheG) vorschlägt, was auf die Gültigkeit von Scherzverlöbnissen hinausläuft.

Die übrigen Vertreter der ersten Gruppe erwähnen den Fall des § 118 BGB nicht.

Vgl. von der zweiten Gruppe:

Eltzbacher S. 183; Lehmann (3. Aufl.) § 6 II 3; Mitteis, Familienrecht, S. 20; Schnitzerling StAZ S. 186 (unter d); Zechnall S. 96. Eine abweichende Ansicht wird in dieser Gruppe nicht vertreten.

Vgl. von der dritten Gruppe:

Dernburg § 7 I; Frohnhausen S. 36; Hellmann S. 221 l. Sp.; Lehmann (1. Aufl.) § 6 II 3; Luther RvglHWB S. 205 l. Sp.; Matthiaß § 223 III; Nathan S. 82. Die übrigen Vertreter dieser Gruppe behandeln die Frage nicht.

Ob Dietz, der eine vorsichtige Analogie zum Eherecht für geboten hält (§ 13 I 2 a, a. E.), und Fraenkel, der grundsätzlich die materiellen Eheschließungsvorschriften für maßgeblich erklärt (S. 2), auch die §§ 1323 ff. BGB a. F. = §§ 16 ff. EheG übernehmen und damit ein Scherzverlöbnis als gültig ansehen wollen, ist nicht klar ersichtlich.

509 Vgl. Hellmann a. a. O.; Matthiaß a. a. O.

510 Vgl. die Zitate in Fußn. 494, die ebenso auf das Scherzverlöbnis zutreffen, weil in ihnen stets von dem Erfordernis eines ernstlich gemeinten Eheversprechens die Rede ist.

nommenen Verlöbnis keine praktischen Konsequenzen gezogen hat, weil er etwa alsbald über den Scherz aufgeklärt wurde oder selbst Mißtrauen schöpfte. So wird es auch bei einer Scherzverlobung normalerweise sein. Dies sind aber die zivilrechtlich uninteressanten Fälle. Zur Entscheidung der Gerichte werden nur solche Sachverhalte kommen, in denen ein Partner auf Grund eines nicht ernst gemeinten Heiratsversprechens sich zu Vermögensdispositionen oder zur Gewährung des Beischlafs[511] hat bestimmen lassen. Wird auf solche Weise ein Verlobtenverhältnis betätigt, ohne daß es der eine Teil im Hinblick auf die Eheschließung ernst meint und ohne daß er eine solche ernste Absicht bei dem Partner erwartet[512], so wird man die rückwirkende Geltendmachung der Nichtigkeit des Verlöbnisses mangels Ernstlichkeit durch den einen Teil angesichts der faktischen Betätigung des Verlobtenverhältnisses ebenso ablehnen müssen wie in dem vergleichbaren Fall des Irrtums die Anfechtung mit Nichtigkeitsfolge ex tunc. Hier verlangt die sozialrechtliche Eigenart des Verlöbnisses wieder eine Anpassung der Regeln des Allgemeinen Teils an die Tatsache gelebter Gemeinschaft, dergestalt daß das faktische Verlöbnis für die Vergangenheit auch rechtliche Anerkennung verlangt und aus dem Grunde der mangelnden Ernstlichkeit des einen Partners nur für die Zukunft aufgelöst werden kann. Für § 118 BGB ist — anders als für § 117 BGB — keine Ausnahme von dem Grundsatz zu machen, daß bei betätigten Gemeinschaften auch im Innenverhältnis Nichtigkeitsgründe nicht für die Vergangenheit geltend gemacht werden können[513]. Daß § 118 BGB in den Ehenichtigkeitsvorschriften (§§ 16 bis 22 EheG) keine Parallele hat, trägt unter anderem auch diesem gemeinschaftsrechtlichen Grundgedanken Rechnung. Für die Scherzverlobung dagegen, die kein Vertrauensverhältnis und damit keinen faktischen Brautstand erzeugt hat, verbleibt es wie im Falle des nicht vollzogenen Gesellschaftsvertrages bei der uneingeschränkten Geltung des § 118 BGB.

2. Die Schadensersatzfrage

Bezüglich der Frage, ob der Schaden des Teils, der die Scherzerklärung ernst genommen und auf die Gültigkeit des Verlöbnisses vertraut hat, nach § 122 BGB[514] oder auf Grund der §§ 1298—1300 BGB[515] zu ersetzen

---

[511] So lag der Fall in der Entscheidung des OLG München (OLG 26, 210).

[512] Der Fall ist wohl nur denkbar, wenn ein Mann von einer Frau erwartet, sie werde mit ihm ein Liebesverhältnis ohne Heiratsabsicht unterhalten und fasse das Heiratsversprechen nur als Vorwand auf (sog. gescheitertes Scheingeschäft); dies aber auch nur solange, als er von den Vermögensdispositionen seiner Partnerin oder ihrer Eltern nichts weiß, weil sonst der arglose „Scherz" in einen bösen „Scherz" umschlägt und dann durch Fortsetzung der Beziehungen konkludent ein Verlöbnis gemäß § 116 BGB zustande kommt.

[513] Vgl. Lehmann, Gesellschaftsrecht, § 5 III 4 a.

[514] So die früher herrschende Auffassung:
Vgl. Dittenberger S. 77; Donig § 22; Endemann § 151 a Fußn. 19 (S. 51);

ist[516], kann auf die obigen Ausführungen zu § 122 BGB im Rahmen der Irrtumsanfechtung[517] verwiesen werden. Danach stellen die §§ 1298 ff. BGB eine lex specialis zu § 122 BGB dar. Die Frage ist aus der Sicht des § 118 BGB nicht anders zu beurteilen. Auch hier liegt ein Fall der culpa in contrahendo im weiteren Sinne vor. Was dort bezüglich der Anfechtung mit ex-nunc-Wirkung gesagt ist, gilt hier in gleicher Weise für die Geltendmachung der Nichtigkeit mit ex-nunc-Wirkung. Sie ist einer Rücktrittserklärung materiell gleich zu erachten, wenn man nicht von vornherein überhaupt die Geltendmachung der Nichtigkeit durch den Rücktritt ersetzen will[518].

Durch die Anwendung der §§ 1298—1300 BGB verbessert sich der Schutz des Erklärungsgegners, weil für die Aufwendungen Dritter (§ 1298 Abs. 1 Satz 1 BGB) und für die Aufopferung der Geschlechtsehre (§ 1300 BGB) Ersatz zu leisten ist. Eine Verschlechterung tritt nicht ein. Zwar haftet der Erklärende nur dann, wenn er den Nichtigkeitsgrund verschuldet hat[519]; denn man muß in dem Nichtigkeitsgrund zugleich einen wichtigen Grund zum Rücktritt (1298 Abs. 3 BGB) sehen[520]. Diese Konsequenz würde sich aber auch bei der Anwendung des § 122 BGB aus der Beschränkung der Haftung auf das positive Interesse ergeben.

Soweit die Nichtigkeit nur für die Zukunft geltend gemacht werden kann, ist im übrigen auch § 1301 BGB anwendbar.

Planck-Unzner § 1298 Anm. 7 a β; Sasse S. 60.

Bedenkt man, daß die übrigen Autoren zu der Frage des § 122 BGB im Zusammenhang mit § 118 BGB keine Stellung nehmen und ein Großteil der neueren Literatur des Verlöbnisrechts den Fall des § 118 BGB (im Gegensatz zu den §§ 116, 117 BGB) überhaupt nicht mehr erwähnt (so Beitzke, Familienrecht, § 5 I 3; Eggel in Achilles-Greiff § 1298 Anm. 1; Erman-Seibert Vorb. 3 vor § 1297; Palandt-Lauterbach Einf. 1 vor § 1297), so ist es angesichts der heute überwiegenden Ablehnung des § 122 BGB im Zusammenhang mit § 119 BGB fraglich, ob diese Auffassung jetzt noch als herrschende Meinung angesehen werden kann.

515 Dies wird aus dem Kreise derer, die § 118 BGB für anwendbar halten, soweit ersichtlich, noch von niemandem vertreten.

516 Frohnhausen S. 27 lehnt jeglichen Schadensersatz ab. Dies ist wohl auch die Konsequenz der von den übrigen Vertretern der dritten Gruppe geteilten Auffassung, nach der das Scherzverlöbnis zwar nichtig ist, die Vorschriften des Allgemeinen Teils (also §§ 118, 122 BGB) aber nicht anwendbar sind.

517 S. 115 f.

518 So wie man etwa bei der Gesellschaft des bürgerlichen Rechts denjenigen, der einen Nichtigkeitsgrund geltend machen will, auf die Kündigung verweist (vgl. Lehmann, Gesellschaftsrecht, § 5 III 3).

519 Wenn also für ihn die Erwartung, der Mangel der Ernstlichkeit werde nicht verkannt werden, nicht gerechtfertigt war, so daß ihn ein Fahrlässigkeitsvorwurf trifft.

520 Aus denselben Gründen, aus denen man auch jeden Anfechtungsgrund als Rücktrittsgrund anerkennen muß; vgl. oben S. 98—102. Derselben Ansicht Dittenberger S. 79.

§ 6

Vierte Grundfrage: Das Verlöbnis und die §§ 134, 138 BGB

I. Die Nichtigkeitsfrage

Daß die Rechtsordnung ein gegen das Gesetz oder die guten Sitten verstoßendes Verlöbnis nicht anerkennen kann, leuchtet ohne weiteres ein. Die Nichtigkeit solcher Verlöbnisse ist daher grundsätzlich sowohl im Zivilrecht[521] als auch im Straf- und Prozeßrecht[522] unbestritten. Über

---

[521] Vgl. von der ersten Gruppe:

Beitzke, Familienrecht, § 5 I 5, 6; BGB-RGRK Vor § 1297 Anm. 4; Cosack § 31 II 1; Cramer S. 28—31; Dittenberger S. 93—109; Dniestrzanski S. 143 bis 149; Donig S. 46; Eggel in Achilles-Greiff § 1298 Anm. 1; Endemann § 151 a Nr. 2 c 1 und d 1; Enneccerus-Wolff § 5 VI; Erman-Seibert Vorb. 3 c vor § 1297; Glaser S. 25 mit Fußn. 25, S. 58 mit Fußn. 19 und 20; Goldmann S. 432; Goldmann-Lilienthal-Sternberg § 1 II 2; Groeper S. 80; Jacobi S. 19 Fußn. 16 a, S. 16 Fußn. 12 a (S. 17); Kuhlenbeck Vorb. vor § 1297 (S. 343); Mohr S. 58; Neumann § 1297 Note II 1; Opet Vorb. 5 c vor § 1297; Palandt-Lauterbach Einf. 1 vor § 1297; Planck-Unzner § 1298 Anm. 7 a ζ, 7 c und 7 d; Sasse S. 58; Schmidt, A. B. Vorb. III 4 vor § 1297; Soergel-Vogel § 1297 Anm. 2; Staudinger-Engelmann Vorb. III g vor § 1297.

RG JW 1908, 28 Nr. 2; RGZ 105, 245 f.; RG SeuffA 78, 191; RGZ 170, 72 (76 f.); Hamburg OLG 42, 121 = HansGZ Beibl. 1922, 144 Nr. 78. Stutz S. 63 ff. kleidet das Erfordernis der Vereinbarkeit mit dem Gesetz und den guten Sitten in die Form spezieller Verlöbnishindernisse, so daß sich für ihn die Frage der Anwendbarkeit der §§ 134, 138 BGB nicht mehr stellt (vgl. insbes. S. 63 Fußn. 4).

Vgl. von der zweiten Gruppe:

Lehmann, Familienrecht, 3. Aufl., § 6 II 7, 8; Mitteis, Familienrecht, S. 20 (unter 3); Schnitzerling StAZ S. 186 (unter f); Zechnall S. 98.

Vgl. von der dritten Gruppe:

Bunsen § 3 (S. 9) (allerdings nur für Ehehindernisse); Dernburg § 7 II 4; Dietz § 13 I 2 c; Engelmann § 244 (S. 636) (für Ehehindernisse); Frohnhausen S. 36/37; Hellmann S. 221 l. Sp.; Kohler S. 40 Fußn. 1 (2. Beispiel), S. 41 Fußn. 2; Lehmann, 1. Aufl., § 6 II 7; Luther RvglHWB S. 201 (unter 7) und 205 l. Sp.; Matthiaß § 223 III (für Ehehindernisse); Meisner §§ 1298, 1299 Anm. 1 (für Ehehindernisse); Nathan S. 82 u.; Siebert DtRWiss S. 211/212 (für Ehehindernisse).

[522] Vgl. für das Strafrecht:

RGSt 24, 155 (156 f.); 61, 270; RG JW 1937, 3302 Nr. 9.

LG Duisburg NJW 1950, 714 Nr. 24.

Jagusch in LK § 52 Anm. 5 h; Schönke-Schröder § 52 Anm. VII 8; Schwarz-Dreher § 52 Anm. 5 E.

Vgl. für das Strafprozeßrecht:

RG Rspr. 6, 50 (53); RGSt 14, 7 (8); 40, 420 (421 f.); RG JW 1909, 519 Nr. 24 = GA 56, 318; RGSt 53, 215; RGRecht 1921, 2487 a.

Kiel OLG 4, 352.

Einzelfragen herrscht allerdings Streit[523]. Auf diese Kasuistik ist hier nicht einzugehen. Zur Illustrierung der praktischen Bedeutung sei nur angemerkt, daß nach herrschender Auffassung Verbotswidrigkeit im Sinne des § 134 BGB jedenfalls immer bei nicht behebbaren Ehehindernissen (z. B. Verlöbnis zwischen Blutsverwandten im Sinne des § 4 Abs. 1 EheG) und Sittenwidrigkeit im Sinne des § 138 BGB zum Beispiel beim Verlöbnis eines Verheirateten für den Fall seiner Scheidung (durch Scheidung behebbares Hindernis der Doppelehe, § 5 EheG)[524] oder beim Verlöbnis eines anderweitig gültig Verlobten angenommen wird.

Gegen eine Anwendung der §§ 134, 138 BGB auf das Verlöbnis bestehen somit keine Bedenken[525]. Auch der sozialrechtliche Charakter hindert es nicht, ein verbotenes oder unsittliches Verlöbnis als von Anfang an nichtig anzusehen[526]. Das bestätigt auch die Parallele der §§ 20 bis 22 EheG.

Kleinknecht-Müller § 52 Anm. 5 Nr. 1; Schmidt, Eb. § 52 Anm. 12 (für Ehehindernisse).

Vgl. für das Zivilprozeßrecht:

Kiel OLG 4, 352.

Stein-Jonas-Schönke-Pohle § 383 Anm. II (bzgl. Unsittlichkeit); Wieczorek § 383 Anm. C II b 1 (bzgl. Unsittlichkeit).

[523] Vgl. den früheren Streit über die Sittenwidrigkeit des Dirnen-Zuhälter-Verlöbnisses, wie er namentlich von Engel S. 534, S. 560 und Lau, Recht S. 559 f. und HansGZ S. 301 ff. geführt worden ist. (Von Bedeutung, wenn Simulation nicht nachweisbar ist bzw. unstreitig nicht vorliegt.)

Vgl. ferner den modernen Streit über die Sittenwidrigkeit des Verlöbnisses, das ein in scheidungsreifer Ehe Lebender oder der Ehegatte eines Verschollenen eingeht. Vgl. hierzu RG SeuffA 78, 191; RGZ 170, 72; Hamburg OLG 42, 121 = HansGZ Beibl. 1922, 144 Nr. 78; v. Scanzoni S. 350 f.; LG Kiel MDR 1950, 419 Nr. 224; OLG Kiel NJW 50, 899; Schrodt S. 732 f.

[524] Wegen der Ausnahmen, die die Rechtsprechung zuläßt, vgl. Fußn. 523.

[525] Die Fälle der Ehehindernisse lassen sich in bezug auf das Verlöbnis auch als rechtliche Unmöglichkeit qualifizieren. Verschiedene Autoren wenden daher auch § 306 BGB unmittelbar (so Beitzke a. a. O.; Enneccerus-Wolff a. a. O.) oder analog (so Zechnall S. 99 o.) an oder sprechen jedenfalls von der Unmöglichkeit der Eheschließung, die dem Verlöbnis entgegensteht (so Crome § 550 Fußn. 5; Mitteis a. a. O.; Lehmann, 1. Aufl., a. a. O.; Siebert a. a. O.). Einen praktischen Unterschied begründet diese Auffassung wegen § 309 BGB nicht. Sie ist aber m. E. unbedenklich, ohne daß man sich deswegen dazu bekennen müßte, das Verlöbnis als ein dem Schuldrecht unterstehendes Verhältnis aufzufassen. Die §§ 306—309 BGB haben keinen spezifisch vermögensrechtlichen Charakter, sondern tragen nur den Besonderheiten von Geschäften, die sich nicht in einer Gegenwartswirkung erschöpfen, Rechnung. Sie könnten ebensogut im Ersten Buch des BGB stehen.

[526] Hier ist aus überwiegenden öffentlichen Interessen die Anerkennung faktischer Sozialverhältnisse in gleicher Weise einzuschränken wie im Interesse des Minderjährigenschutzes. Vgl. für das Gesellschaftsrecht BGHZ 3, 285 (288); 17, 160 (166); Lehmann, Gesellschaftsrecht, § 5 III 4 a.

II. Die Schadensersatzfrage

Daß den Partnern eines gesetz- oder sittenwidrigen Verlöbnisses keine Ansprüche nach den §§ 1298 ff. BGB zustehen, ist gerecht und billig, wenn beiden die Tatsachen, die das Verlöbnis zum verbotenen oder unsittlichen stempeln, bekannt sind oder sein müssen. Dagegen ist dieses Ergebnis unbillig, wenn der eine Partner gutgläubig, der andere dagegen bösgläubig ist. Die Nichtigkeitsfolge nach § 138 Abs. 1 BGB tritt in solchen Fällen allerdings nur ein, wenn sich der Sittenverstoß des bösgläubigen Teils gerade gegen den Verlobungspartner richtet, was z. B. bei dem Verlöbnis eines bereits anderweitig Verlobten zweifelhaft ist. Soweit hier die Sittenwidrigkeit nur in der Verletzung der Treue gegenüber dem ersten Verlobungspartner liegt, findet § 138 Abs.1 BGB mangels beiderseitigen subjektiven Sittenverstoßes keine Anwendung, so daß die §§ 1298 ff. BGB zum Zuge kommen.

Dagegen entsteht das Problem einer Haftung des bösgläubigen Teils gegenüber dem gutgläubigen Partner stets im Falle des § 134 BGB, weil nach dieser Vorschrift die Nichtigkeit ohne Rücksicht auf subjektive Momente eintritt. Als Beispiel diene der Fall, daß der Ehegatte, der gemäß § 39 Abs. 1 EheG die Aufhebung seiner zweiten Ehe erreicht hat, zu Lebzeiten seines für tot erklärten Ehegatten aus der ersten Ehe sich mit einem nichtsahnenden Mädchen verlobt (Ehehindernis des § 39 Abs. 2 EheG). Hier kann im Zweifel nicht gut ein für den Fall des Todes des früheren Ehegatten geschlossenes Verlöbnis angenommen werden, so daß Nichtigkeit gemäß § 134 BGB gegeben ist[527].

Die auch für den gutgläubigen Partner unweigerliche Nichtigkeitsfolge wirft die Schadensersatzfrage auf. Soweit sich das Schrifttum mit ihr

---

[527] Aber auch in den Fällen, in denen sich ein Verheirateter verlobt, kann nicht immer ein Verlöbnis für den Fall der Scheidung (vgl. §§ 308, 309 BGB) als stillschweigend vereinbart angesehen werden (wie z. B. Beitzke § 5 I 5 annimmt), so dann nicht, wenn der andere Teil nichts von der bestehenden Ehe weiß. Auch hier liegt dann Nichtigkeit nach § 134 BGB vor (a. A. wohl Beitzke § 5 I 5 und 6, derselbe allerdings zweifelnd in der Lösung zu Fall Nr. 2 auf S. 227). Die Frage, ob das für den Fall der Beseitigung des Ehehindernisses (z. B. bei bestehender Ehe durch Scheidung oder bei Ehebruch durch Dispenserteilung) geschlossene Verlöbnis ein (aufschiebend oder auflösend) bedingtes oder sofort wirksames Verlöbnis ist (vgl. dazu unten S. 132—135), hat hiermit nichts zu tun. Ein gültiges (gleichviel, ob bedingtes oder unbedingtes) Verlöbnis kann bei bestehendem Ehehindernis nicht schon im Falle objektiver Behebbarkeit, sondern erst dann angenommen werden, wenn die Parteien auch die Beseitigung (durch beabsichtigte Einleitung des Scheidungs- oder Dispensverfahrens) erstreben und erhoffen. (So richtig für das Strafprozeßrecht RGSt 40, 420 [422]: „ein Verlöbnis, das im Hinblick auf diese erhoffte Befreiung erfolgt ist" und RG JW 1909, 519 Nr. 20 [520]: „Solange die Befreiung erhofft wird".) Andernfalls fehlt es in concreto an der Möglichkeit der Erfüllung des Eheversprechens, so daß auch bei einseitiger Kenntnis des Ehehindernisses Nichtigkeit gemäß den §§ 134, 306 BGB vorliegt.

beschäftigt, zeigt es verschiedene Standpunkte. Die einen wollen es beim Deliktsschutz belassen. Der gutgläubige Teil kann dann nur nach den §§ 823 ff. BGB Ersatz verlangen[528]. Andere wenden die §§ 307, 309 BGB an, sei es unmittelbar[529], sei es analog[530].

Wieder andere wollen dem gutgläubigen Teil die Schadensersatzansprüche nach den §§ 1298—1300 BGB geben[531].

Vom Ergebnis her verdient die zuletzt genannte Auffassung den Vorzug; sie gibt als einzige Ersatz für die Aufwendungen der Eltern des gutgläubigen Partners. Ihre Begründungen sind jedoch unbefriedigend. Frohnhausens Ansicht, ein Verlöbnis nur zum Schutze des gutgläubigen Partners anzunehmen, ist ebenso systemwidrig wie die Mittelmeinung zum Minderjährigen-Verlöbnis[532]. Sie läuft auf ein einseitiges Verlöbnis hinaus. Nathans Billigkeitsargument ist eine Verlegenheitslösung ohne echte Begründung. Seine Auffassung läßt sich aber vom Standpunkt der modernen Rechtsentwicklung aus rechtssystematisch untermauern. Der Weg führt über die §§ 307, 309 BGB; daher ist Zechnall der richtigen Lösung am nächsten gekommen.

Die Auffassung, die auf die bloße Deliktshaftung verweist, ist unzutreffend. Sie übersieht, daß § 309 zu § 134 und § 307 zu § 306 ebenso gehören wie § 122 zu § 118 oder § 122 zu den §§ 119 f. BGB. Man kann diese Nichtigkeits- und Haftungsbestimmungen nicht auseinanderreißen, weil das Gesetz hier für die Härte der Nichtigkeitsfolge einen Ausgleich schafft. Wendet man nur das eine an, so zerstört man das vom Gesetzgeber abgewogene Gleichgewicht. Der Vergleich mit § 122 zeigt, daß die §§ 307, 309 BGB keine schuldrechtliche Besonderheit sind und daher auf alle Geschäfte mit Verpflichtungscharakter anwendbar sind, ohne daß sie dem Vermögensrecht angehören müssen. Zudem ist den §§ 122 und 307, 309 BGB gemeinsam, daß sie besonders normierte Fälle aus der Gruppe der Haftung beim Vertragsschluß (im weiteren Sinne) sind. Damit tritt die Parallele zu den Ausführungen über § 122 BGB und die culpa in contrahendo in den vorigen Paragraphen[533] zutage.

An sich ist § 307 BGB über §§ 134, 309 BGB auch beim Verlöbnis anwendbar. Ihm gegenüber sind aber die §§ 1298—1300 BGB genau wie im Verhältnis zu § 122 BGB eine Sonderregelung, die den Eigentümlich-

---

528 Vgl. BGB-RGRK § 1298 Anm. 7; Cosack § 31 II 1 Beispiel I, 1; Dittenberger S. 96, S. 177 mit Fußn. 2; Palandt-Lauterbach § 1298 Anm. 5.

529 Cramer S. 28; Dniestrzanski S. 148 f.; Enneccerus-Wolff § 5 VI 3; Goldmann S. 432 (unter I); Kuhlenbeck Vorb. vor § 1297 (S. 343); Planck-Unzner § 1298 Anm. 7 c β; Staudinger-Engelmann § 1298 Anm. 6 a. E.

530 Beitzke, Familienrecht, Fall Nr. 2 (S. 20) mit Lösung (S. 227); Zechnall S. 98 (mit Haftungsumfang analog § 1298 BGB).

531 So Frohnhausen S. 37, indem er insoweit ein Verlöbnis als bestehend annimmt; Nathan S. 82 Fußn. 9, der trotz Nichtigkeit des Verlöbnisses den Anspruch aus Billigkeitsgründen bejaht.

532 Vgl. oben S. 35/36.

533 Oben Fußn. 447; S. 116, 117; 126.

keiten des Verlöbnisses angepaßt ist und nicht nur eine Haftung für Verlöbnisbruch (Nichterfüllung), sondern auch für culpa in contrahendo regelt, weil der Haftungsgrund (z. B. Verschulden eines wichtigen Grundes) schon im Zeitpunkt der Verlobung vorliegen kann. Die §§ 1298 ff. BGB treten daher nicht nur haftungsausfüllend, wie Zechnall annimmt, sondern haftungsbegründend ein. An die Stelle des Rücktritts tritt hier die Geltendmachung der Nichtigkeit, und zwar auf Grund der von dem anderen Teil verschuldeten[534] Nichtigkeit (§ 1299 BGB) oder, wenn der Bösgläubige selbst die Nichtigkeit geltend macht, auf Grund selbstverschuldeter Nichtigkeit.

Gegenüber den oben behandelten Fällen der Haftung bei anfechtbarem (§§ 122, 119 BGB und culpa in contrahendo im Falle des § 123 BGB) oder nicht ernstlichem Verlöbnis (§§ 122, 118 BGB) besteht allerdings ein Unterschied. Hier wird die Nichtigkeitsfolge nicht nur für die Zukunft gezogen, sondern auch auf die Vergangenheit erstreckt. Insofern ist die Geltendmachung der Nichtigkeit dem Rücktritt nicht materiell gleichwertig. Es könnte daher nur von einer analogen Anwendung der §§ 1298 bis 1300 BGB gesprochen werden, weil der Gesetzgeber den Rücktritt zum Tatbestandsmerkmal gemacht hat und die Geltendmachung der anfänglichen Nichtigkeit sich nicht darunter subsumieren läßt.

Eines Umwegs über die §§ 307, 309 BGB bedarf es aber nicht, weil sich der Haftungsgrund auch aus dem Sinn und Zweck der §§ 1298 ff. BGB ergibt. Diese normieren nämlich nur tatbestandlich-formell Rücktrittsfolgen; der eigentliche materielle Zurechnungsgrund für diese Folgen ist, wie § 1299 BGB beweist, nicht der Rücktritt, sondern die Schuld am Scheitern des Verlöbnisses.

Für den Normalfall, in dem das Verlöbnis erst später krank wird, regeln demnach die §§ 1298—1300 BGB die Haftung für Verlöbnisbruch[535]. Daher ist es zum Beispiel auch richtiger, bei verschuldetem Unmöglichwerden die Haftung insgesamt auf die §§ 1298 ff. BGB analog[536] zu stützen als dem Grunde nach auf die §§ 280, 325 BGB und nur dem Umfang nach auf die §§ 1298 ff. BGB[537].

Für den Fall aber, in dem das Verlöbnis bereits in der Wurzel krank ist und daher von Anfang an zum Scheitern verurteilt ist, regeln die §§ 1298 ff. BGB die Haftung für ein Verschulden bei der Verlobung. Das folgt daraus, daß das Verschulden eines Auflösungsgrundes im Sinne des § 1299 BGB und damit der eigentliche Haftungsgrund schon in diesem Stadium vorliegen kann. Daher ist auch hier die Haftung insgesamt auf die §§ 1298 ff. BGB analog und nicht auf die §§ 307, 309 BGB, ausgefüllt durch die §§ 1298 ff. BGB, zu stützen.

---

534 Weil er den Nichtigkeitsgrund kannte oder kennen mußte.

535 Vgl. dazu oben S. 62, auch S. 64 (letzter Abs.).

536 Vgl. die Zitate in Fußn. 296.

537 So Enneccerus-Wolff § 6 IV (S. 29).

Das Tatbestandsmerkmal des Rücktritts darf in seiner Bedeutung für die Haftung nach den §§ 1298 ff. BGB nicht überschätzt werden. Es ist erforderlich, um im Normalfall das endgültige Scheitern des Verlöbnisses (und damit die Kausalität der schuldhaften Handlung des § 1299 BGB) festzustellen; denn es kann ja sein, daß der Verlöbnisbruch verziehen wird und die Eheschließung nicht hindert. In den Fällen des Unmöglichwerdens wie auch der verschuldeten Nichtigkeit bedarf es dagegen dieses das Schicksal des Verlöbnisses besiegelnden Aktes nicht. Die §§ 1298—1300 BGB können daher bedenkenlos als eine Spezialregelung hinsichtlich aller in Betracht kommenden Haftungsvorschriften wegen relativen Unrechts aufgefaßt werden.

Die §§ 122, 307, 309 BGB sowie die Grundsätze über die allgemeine culpa in contrahendo haben dabei den Wert einer Orientierung für die Auslegung der §§ 1298 ff. BGB. Sie bewahren zum Beispiel davor, eine analoge Haftung auch für den minderjährigen Verlobungspartner anzunehmen, der seinen Partner über sein Alter getäuscht hat, weil den §§ 104 ff. BGB nicht eine solche Haftungsnorm wie § 122 BGB oder § 307 BGB zur Seite gestellt ist und daraus die Vorrangigkeit des Minderjährigenschutzes zu ersehen ist.

Das Gesagte gilt natürlich nur für die Schadensersatznormen. § 1301 BGB ist wegen der Nichtigkeit von Anfang an nicht anwendbar. Insofern ergibt sich ein Unterschied zum anfechtbaren oder scherzhaft erklärten Verlöbnis[538].

§ 7

Anhang: Sonstige Grundfragen des Allgemeinen Teils

I. Das Verlöbnis und die §§ 158 ff. BGB

1. Bedingte Verlöbnisse

Daß die Verlobung kein bedingungsfeindliches Geschäft ist, sondern die Beifügung sowohl einer aufschiebenden wie auch einer auflösenden Bedingung verträgt, ist einhellige Auffassung[539].

---

[538] Vgl. die oben in Fußn. 448 zitierten abweichenden Meinungen, die mit Ausnahme Dittenbergers (S. 132 Fußn. 2) auch für die Nichtigkeit wegen Verbots- oder Sittenwidrigkeit vertreten werden.

[539] Vgl. von der ersten Gruppe:

Beitzke § 5 I 4; Cosack § 32 II 2 Beispiel I; Cramer S. 42; Crome § 550 Nr. 1 mit Fußn. 4; Dittenberger S. 69 f.; Dniestrzanski S. 149; Donig S. 46; Eggel in Achilles-Greiff § 1298 Anm. 1; Endemann § 151 a Nr. 2 e mit Fußn. 23 (S. 51/52) (dieser hält eine Bedingung allerdings nur ausnahmsweise für zulässig); Enneccerus-Wolff § 5 V; Erman-Seibert Vorb. 3 b vor § 1297; Goldmann-Lilienthal-Sternberg § 1 II 4; Groeper S. 81; Neumann § 1297 Note II 1; Opet Vorb. 5 b vor § 1297; Palandt-Lauterbach Einf. 1 vor § 1297; Planck-

Auf Einzelheiten ist hier nicht einzugehen. Es sei lediglich erwähnt, daß die überwiegende Auffassung bei der Suspensivbedingung zwischen bedingtem Verlöbnis und bedingter Eheschließung unterscheidet und im letzteren Falle ein nicht suspendiertes, voll wirksames Verlöbnis annimmt[540]. Die Bezeichnung „bedingte Eheschließung" ist, wie Mitteis[541] mit Recht bemerkt, schlecht.

Gemeint ist folgendes: Anstatt daß die Parteien das Wirksamwerden des Verlöbnisses bis zum Eintritt eines künftigen ungewissen Ereignisses aufschieben, können sie auch nur die Eheschließung bis dahin hinausschieben. Wenn also beispielsweise zwei Partner ihren gemeinsamen Lebensweg von dem Bestehen eines Examens abhängig machen, die Entscheidung über ein Verlöbnis aber nicht bis dahin offen lassen wollen, so können sie zweierlei vereinbaren:

Entweder sie wollen im Falle des Bestehens Verlobte sein, andernfalls aber ungebunden bleiben. Dann machen sie den Eintritt der Verlöbnis(ver)bindung von der Bedingung abhängig. Das ist das bedingte Verlöbnis, das erst mit dem Eintritt der Bedingung Rechtsfolgen erzeugt.

Oder aber die Parteien wollen zwar sogleich schon Verlobte sein, aber nur heiraten, wenn die Bedingung eintritt. Dann treten die Rechtsfolgen des Verlöbnisses sofort ein, weil das Verlöbnis selbst nicht aufschiebend bedingt ist. Fällt die Bedingung aus, so macht sich keiner der Verlobten durch den Rücktritt ersatzpflichtig, weil ihnen ein wichtiger Grund zur Seite steht[542]. Das soll das sogenannte unbedingte Verlöbnis mit bedingter Eheschließung sein.

Es ist natürlich Auslegungsfrage, was im Einzelfall gewollt ist. Wenn die Parteien im obigen Beispiel sofort bei bestandenem Examen heiraten wollen, liegt die zweite Version näher. Wollen sie danach aber noch eine

---

Unzner Vorb. 3 h vor § 1297; Sasse S. 61; Schmidt, A. B. Vorb. III 2 c vor § 1297; Soergel-Vogel § 1297 Anm. 2; Staudinger-Engelmann Vorb. III e vor § 1297; Stutz S. 72ff.; RGZ 80, 88 (89); 105, 245 (246); Hamburg OLG 16, 203; OLG Königsberg HRR 1938, 208; OLG Königsberg HRR 1938, 1594.

Vgl. von der zweiten Gruppe:

Lehmann, 3. Aufl., § 6 II 6; Mitteis, Familienrecht, S. 20 (unter 4); Schnitzerling StAZ S. 186 (unter b); Zechnall S. 99 (unter h).

Vgl. von der dritten Gruppe:

Dernburg § 7 II 2; Dietz § 13 I 2 c a. E.; Fraenkel S. 2; Kohler § 5 V; Lehmann, 1. Aufl., § 6 II 6; Luther RvglHWB S. 201 (unter 6).

Vgl. außerdem Henle S. 65 f.

[540] Dietz a. a. O.; Eggel in Achilles-Greiff a. a. O.; Lehmann, 3. Aufl., a. a. O.; Luther a. a. O.; Mitteis a. a. O.; Palandt-Lauterbach a. a. O.; Planck-Unzner a. a. O.; Schnitzerling a. a. O.; Staudinger-Engelmann a. a. O.; RGZ 80, 88 (89/90).

[541] A. a. O.

[542] So Eggel in Achilles-Greiff a. a. O.; Schnitzerling a. a. O.; RGZ 80, 88 (91).

Zeit lang mit der Eheschließung warten, um dann die materiellen Voraussetzungen für die Ehe zu schaffen, so sprechen die Umstände für ein aufschiebend bedingtes Verlöbnis.

Es ist also richtig, daß nicht überall da, wo die Beteiligten von Bedingungen sprechen, ein aufschiebend bedingtes Verlöbnis vorliegt. Trotzdem ist die Unterscheidung in der dargestellten und überwiegend vertretenen Form verkrampft[543]. Sie ließe sich mit demselben Ergebnis zwangloser in der Weise durchführen, daß man den Fall der „bedingten Eheschließung" als auflösend bedingtes Verlöbnis[544] auffassen würde. Denn, was heißt schon: Die Eheschließung ist von einer Bedingung abhängig? Alles künftig Erwartete ist „bedingt", weil sein Eintritt ungewiß ist. Alle Leistungen auf Grund unbedingter Verpflichtungen sind bis zu ihrem tatsächlichen Eintritt ungewiß. Das ist nicht der rechtstechnische Begriff der Bedingung. Ihm eignet es im Gegenteil gerade, gegenwärtig Realisierbares (nämlich eine Bindung) im Hinblick auf ein künftiges Ereignis in der Schwebe zu halten, sei es, daß es dann erst entstehen oder wieder erlöschen soll. Nur, wenn sich das künftige Ereignis auf das gegenwärtig Vorgenommene, also das Verlöbnis, auswirken soll (suspensiv oder resolutiv), kann man sinnvollerweise von einer Bedingung sprechen. Wenn das nicht auch nach dem Willen der Parteien so sein sollte, brauchten diese gar nicht die besondere Vereinbarung zu treffen.

Es ist daher gegenüber der auf der Entscheidung des Reichsgerichts vom 19. 9. 1912[545] fußenden Lehre von dem unbedingten Verlöbnis mit bedingter Eheschließung — die vielfach sogar dazu geführt hat, ein bedingtes Heiratsversprechen nur noch in dieser Form anzuerkennen[546] — folgendes festzustellen: Alle Bedingungen, die bei der Verlobung hinsichtlich der Verpflichtung zur Eheschließung gemacht werden, sind echte Bedingungen, die das Verlöbnis selbst betreffen. Dabei muß man unterscheiden, ob die Annahme einer aufschiebenden oder auflösenden Bedingung dem Willen der Parteien besser entspricht. Meist wird allerdings der sofortige Brautstand und damit die zweite Möglichkeit anzunehmen sein.

Von Bedeutung ist dieser Unterschied namentlich für die öffentlich-rechtlichen Wirkungen des Verlöbnisses. Im Falle der auflösenden Bedingung treten mit der Verlobung unmittelbar die straf- und prozeßrechtlichen

---

[543] Man vgl. die theoretischen Umwege und unnötigen dogmatischen Vorbelastungen, mit denen in RGZ 80, 88 dieses Ergebnis erkauft wird. (Darüber, daß diese dogmatischen Entscheidungen auch unzutreffend sind, vgl. unten das 3. Kapitel.)

[544] In obigem Beispiel für den Fall des nicht bestandenen Examens.

[545] RGZ 80, 88. Hiergegen haben sich insbesondere auch Henle a. a. O. und Josef S. 105 ff. ausgesprochen.

[546] So Eggel in Achilles-Greiff a. a. O.; Planck-Unzner a. a. O.; Schnitzerling a. a. O.; RGZ 105, 245 (246).

Wirkungen ein[547]. Ein aufschiebend bedingtes Verlöbnis zieht dagegen diese Rechtsfolgen erst mit dem Eintritt der Bedingung nach sich[548].

Abschließend kann festgestellt werden, daß es unbedenklich ist, die §§ 158 bis 162 BGB auf das Verlöbnis anzuwenden[549].

2. Betagte Verlöbnisse

Daß das Verlöbnis auch mit einer Zeitbestimmung verknüpft werden kann, ist ebenfalls einhellige Meinung[550].

Streit besteht nur hinsichtlich der Frage, ob auch eine Endbefristung, also die Bestimmung eines dies ad quem, mit dem das Verlöbnis erlischt, zulässig ist.

---

547 Vgl. RGSt 40, 420 (421/422); RG JW 1909, 519 Nr. 24 = GA 56, 318. Es handelt sich hier um Verlöbnisse bei entgegenstehendem behebbarem Ehehindernis. Das Reichsgericht erklärt sie für strafprozeßrechtlich sofort wirksam, ohne die Frage zu entscheiden, ob — und ggfs. in welcher Weise — sie bedingt sind. Nach der auf RGZ 80, 88 fußenden Meinung wären es unbedingte Verlöbnisse mit bedingter Eheschließung. Richtiger Ansicht nach sind es auflösend bedingte Verlöbnisse, die für den Fall der Dispenserteilung geschlossen sind und bei Ausfall dieser Bedingung enden sollen.

548 Insofern hat Jagusch in LK § 52 Anm. 5 h recht, wenn er eine unbedingte Eheabrede verlangt. Auch Wieczorek § 383 Anm. C II b 1 kommt für das Zivilprozeßrecht zu einem richtigen Ergebnis, wenn er sagt: „Ein aufschiebend bedingtes Verlöbnis dürfte es nicht geben." Falsch ist aber seine erkennbar zugrunde gelegte Auffassung, dies gelte auch für das Zivilrecht. Das sonstige straf- und prozeßrechtliche Schrifttum läßt, soweit ersichtlich, eine Stellungnahme zur Frage des bedingten Verlöbnisses vermissen.

549 Über Einzelheiten (z. B. die Anwendung der §§ 158, 159, 162 BGB) vgl. die Ausführungen von Dittenberger S. 69—71.

550 Vgl. von der ersten Gruppe: Cramer S. 44; Dittenberger S. 71; Dniestrzanski S. 149; Donig S. 47; Endemann § 151 a Nr. 2 c mit Fußn. 23 (S. 51/52) (dieser hält eine Zeitbestimmung allerdings nur ausnahmsweise für zulässig); Enneccerus-Wolff § 5 V; Goldmann-Lilienthal-Sternberg § 1 II 4; Opet Vorb. 5 b vor § 1297; Planck-Unzner Vorb. 3 h vor § 1297; Sasse S. 61 f.; Schmidt, A. B. Vorb. III 2 c vor § 1297; Staudinger-Engelmann Vorb. III e vor § 1297; Stutz S. 72 ff.; RGZ 80, 88 (89); OLG Königsberg HRR 1938, 208.

Soergel-Vogel § 1297 Anm. 2 hält eine „Befristung" für unzulässig. Wahrscheinlich ist aber damit — wie nach unbefangenem Sprachgebrauch — nur die Bestimmung eines Endtermins gemeint.

Vgl. von der zweiten Gruppe: Lehmann, 3. Aufl., § 6 II 6; Zechnall S. 99 (unter h).

Vgl. von der dritten Gruppe: Dernburg § 7 II 2; Fraenkel S. 2; Lehmann, 1. Aufl., § 6 II 6; Luther RvglHWB S. 201 (unter 6).

Offenbar wegen der geringen praktischen Bedeutung fehlt es im neueren Schrifttum vielfach an einer Stellungnahme, so z. B. bei Beitzke; Eggel in Achilles-Greiff; Mitteis; Palandt-Lauterbach; Schnitzerling.

Diese Frage wird von mehreren Schriftstellern verneint[551]. Zur Begründung wird angeführt, ein solches „Verlöbnis auf Zeit" sei unsittlich[552] bzw. mit Begriff und Wesen des Verlöbnisses unvereinbar, so daß überhaupt nicht von einer Verlobung gesprochen werden könne[553].

Diese Begründungen treffen hingegen nur für ein „schlechthin auf Zeit" geschlossenes Verlöbnis zu[554], so etwa, wenn die Partner sagen würden: ‚Wir wollen uns erst einmal für die Dauer eines halben Jahres verloben. Wenn wir bis dahin nicht verheiratet sind, wollen wir noch einmal überlegen, ob wir zusammenbleiben'. Ein solches Verlöbnis auf Probe würde der erforderlichen ernsthaften Bindung ermangeln und daher schon von der Sitte nicht anerkannt werden (so daß auch die öffentlich-rechtlichen Wirkungen nicht einträten).

Dem stehen aber Fälle gegenüber, in denen dem befristeten Verhältnis nicht der sittliche Ernst abgesprochen werden kann, wo die Verlobten vielmehr im voraus eine etwaige Ungewißheit für einen Partner (z. B. da, wo die Gefahr einer Verschollenheit des anderen Partners besteht, wie bei einer Expedition[555] oder im Krieg[556]) in angemessener Weise ausschalten wollen[555].

Das Institut der Endbefristung kann daher nicht pauschal abgelehnt werden; es kommt vielmehr alles auf den Einzelfall an.

Gegen die Anwendung des § 163 BGB auf die Verlobung bestehen somit keine Bedenken. Bei der aufschiebenden Betagung entstehen sämtliche Rechtsfolgen des Verlöbnisses erst mit Eintritt des Anfangstermins, bei der Endbefristung treten sie — einschließlich der öffentlich-rechtlichen Wirkungen — sofort ein.

II. Das Verlöbnis und die §§ 164 ff. BGB

Die herrschende Lehre betrachtet das Verlöbnis als ein höchstpersönliches Geschäft, das eine Stellvertretung im Willen nicht zuläßt, sondern höchstens durch einen Vertreter in der Erklärung oder Boten (Brautwerber, postillon d'amour) abgeschlossen werden kann[557] [558].

---

[551] So von Cramer a. a. O.; Donig a. a. O.; Enneccerus-Wolff a. a. O.; Goldmann- Lilienthal-Sternberg a. a. O.; Staudinger-Engelmann a. a. O.

[552] So Donig a. a. O.; Enneccerus-Wolff a. a. O.

[553] So Cramer a. a. O.; Goldmann-Lilienthal-Sternberg a. a. O.; Staudinger-Engelmann a. a. O.

[554] Vgl. Opet a. a. O.

[555] Vgl. das Beispiel von Dittenberger S. 71 (unter 4).

[556] Vgl. Sasse S. 61 u.

[557] Vgl. von der ersten Gruppe: Beitzke § 5 I 1; Cramer S. 39; Crome § 550 Nr. 1 (S. 197); Dittenberger S. 65 ff.; Dniestrzanski S. 151; Eggel in Achilles-Greiff § 1298 Anm. 1; Endemann § 151 a Nr. 2 e mit Fußn. 24 (S. 51/52); Enneccerus-Wolff § 5 II; Erman-Seibert Vorb. 3 e vor § 1297; Goldmann-Lilienthal-Sternberg § 1 II 5; Groeper S. 78; Kuhlenbeck Vorb. vor § 1297 (S. 343); Müller-Meikel § 254 (S. 1); Opet Vorb. 3 vor § 1297; Palandt-Lauterbach Einf. 1

Danach scheidet sowohl die Verlobung eines beschränkt geschäftsfähigen Verlöbnismündigen durch seinen gesetzlichen Vertreter[559] als auch die Verlobung eines Geschäftsfähigen durch einen von ihm Bevollmächtigten aus.

Für den ersten Fall ergibt sich die Schlußfolgerung ganz zweifelsfrei daraus, daß das Verlöbnis auf einer freien eigenen Entschließung beruhen muß. In diesem Sinne ist das Verlöbnis sicherlich eine höchstpersönliche Angelegenheit.

Ob das Verlöbnis auch in dem Sinne höchstpersönlich ist, daß es ausgeschlossen ist, sich freiwillig der Entscheidung eines anderen zu unterwerfen, ist mangels einer dem § 13 Abs. 1 EheG vergleichbaren gesetzlichen Bestimmung aus dem Wesen des Verlöbnisses und seiner Bewertung durch die Sitte zu entscheiden. Hiernach ist zu sagen, daß es grundsätzlich dem sittlichen Ernst, der das Verlöbnis als Vorbereitungsinstitution für die Ehe von anderen „Verhältnissen" unterscheidet und daher wesentliche Voraussetzung für seine rechtliche und sittliche Anerkennung ist[560], widerspricht, wenn die Entscheidung über das „ob" oder „mit wem" einer anderen Person überlassen wird.

Gleichwohl sind aber Fälle denkbar, in denen die Vollmacht mit vollem sittlichem Ernst erteilt wird, zum Beispiel, weil jemand für sich das Ideal einer Neigungsehe nicht in Anspruch nimmt und eine Entscheidung nach allgemeinen vernunftmäßigen Kriterien einem anderen anvertraut, dessen Urteil er möglicherweise für sicherer hält als sein eigenes. In diesen Fällen muß man aber in aller Regel eine Sittenwidrigkeit des begrifflich vorhandenen Verlöbnisses annehmen; denn der Bedeutung des Verlöb-

---

vor § 1297; Planck-Unzner Vorb. 3b vor § 1297; Sasse S. 54; Schmidt, A. B. Vorb. III 2b vor § 1297; Soergel-Vogel § 1297 Anm. 1; Staudinger-Engelmann Vorb. III d vor § 1297.

A. A.: Glaser S. 27 mit Fußn. 22; Stutz S. 71/72.

Vgl. von der zweiten Gruppe: Lehmann, 3. Aufl., § 6 II 5; Mitteis S. 20 (unter 4); Schnitzerling StAZ S. 186 (unter a); Zechnall S. 100 (unter i).

Vgl. von der dritten Gruppe: Frohnhausen S. 25/26; Lehmann, 1. Aufl., § 6 II 5; Luther RvglHWB S. 201 (unter 5).

A. A.: Dernburg § 7 II 1; Fraenkel S. 2; Kohler § 5 V.

558 Über den Unterschied zwischen Stellvertretung in der Erklärung und Botenschaft vgl. Enneccerus-Nipperdey § 178 II 1c. Der Stellvertreter in der Erklärung hat keine weitergehenden Befugnisse als der Bote. Er tritt nur nach außen als Vertreter auf und gibt damit die Erklärung selbst ab, so daß eine Erklärung unter Anwesenden statt unter Abwesenden vorliegt. Für das Verlöbnis, das keine gleichzeitige Anwesenheit verlangt, ist somit der Unterschied zwischen Stellvertretung in der Erklärung und Botenschaft ohne Bedeutung.

559 Vgl. dazu oben S. 61/62 und S. 86 o.

560 Andernfalls liegt Liebschaft, Konkubinat oder dgl. vor. Die Ernsthaftigkeit der Absichten wird sowohl im Zivilrecht wie im Straf- und Prozeßrecht für den Verlöbnisbegriff gefordert.

nisses als einer Vorstufe zur Ehe ist es angemessen, daß sich die Partner vor der eigentlichen Entscheidung darüber, ob sie einander heiraten wollen, erst einmal kennen lernen.

Nur da, wo ein unverbindliches vorheriges Kennenlernen wegen besonderer Umstände nicht möglich ist, kann in der sofortigen Verlobung durch die auswählende Vertrauensperson als Vertreterin ausnahmsweise kein Verstoß gegen die guten Sitten gesehen werden. So mag man in dem viel diskutierten Fall der „Missionsbraut", auf den sich Stutz[561] und, ihm folgend, Dernburg[561] und Kohler[561] für die Zulässigkeit einer Verlobung durch einen Spezialbevollmächtigten berufen, eine Ausnahme machen[562]. Das Beispiel hat allerdings durch den schnellen Reiseverkehr um die ganze Welt viel an Aktualität und praktischem Wert verloren. Vielleicht tritt in Zukunft an seine Stelle der Fall der „Marsbraut", die dem unabkömmlichen Weltraumpionier auf einen anderen Planeten folgen soll.

Eines scheint mir gegenüber der herkömmlichen Behandlung dieser Grundfrage im Schrifttum noch der Klarstellung zu bedürfen:

Die Frage, wann man ohne vorheriges Kennenlernen überhaupt von einem ernsthaften Verlöbnis und, wenn ja, von einem sittlich zu billigenden Verlöbnis sprechen kann, ist kein spezielles Problem der Stellvertretung. Es taucht ebenso auf bei brieflichen Verlobungen, denen keine persönliche Begegnung vorausgeht, oder bei „Blitzverlobungen", die sofort auf Grund eines ersten äußeren Kennenlernens („Liebe auf den ersten Blick") ohne echte Prüfung geschlossen werden. In allen diesen Fällen wird man nach der Lage des Einzelfalles urteilen. Ebenso muß es bei der Frage der Stellvertretung sein. Es kann keinen Unterschied machen, ob der Vertrauensmann die Verlobung für den Missionar schließt oder ob dieser sich die Adresse des ausgesuchten Mädchens schicken läßt und diesem selbst (ohne einen Briefwechsel zum Zwecke des Kennenlernens) schriftlich seinen Verlobungswillen erklärt, den das Mädchen dann postwendend erwidert. Die beiden Möglichkeiten unterscheiden sich nur durch

---

[561] Sämtlich a. a. O.

[562] Die Beispiele stammen aus der Zeit um die Jahrhundertwende. Ein (evangelischer) Missionar hält sich z. B. in China auf. Flugverkehr gibt es noch nicht. Für die Dauer einer Land- oder Seereise ist er unabkömmlich. Umgekehrt kann sich auch die von dem Vertrauensmann ausgesuchte Braut eine unverbindliche Reise nach China zum Zwecke des Kennenlernens — auch zeitlich wegen ihres Berufes — nicht erlauben. Es bleibt ihr nur die Möglichkeit, ihre Stellung aufzugeben und mit ihren Ersparnissen nach China zu fahren, um dort zu bleiben.

Hier erscheint eine sofortige Verlobung ohne vorheriges Kennenlernen nicht als unsittlich, sofern beide ernsthaft mit dem geschilderten Partner die Ehe zu schließen gewillt sind. A. A. z. B. Dittenberger S. 67, der einem solchen Missionar „Jesuitenmoral" vorwirft. Das ist unverständlich. Der Missionar nimmt ja für sich kein Privileg in Anspruch, sondern opfert seinem Beruf ein Eheideal, so wie der an einen Zölibat gebundene (katholische) Missionar seinem Stand die Eingehung einer Ehe schlechthin opfert. In dem Verzicht auf Werte kann nicht notwendig eine Mißachtung dieser Werte gesehen werden.

die im ersten Falle hinzukommende Stellvertretung in der Erklärung. Diese aber ist nach einhelliger Auffassung zulässig.

Abschließend ist festzustellen:

Eine Verlobung durch den gesetzlichen Vertreter ist schlechthin ausgeschlossen.

Eine Verlobung durch gewillkürten Vertreter ist grundsätzlich unzulässig. Es handelt sich hier aber um ein Problem der Sittenwidrigkeit (§ 138 Abs. 1 BGB), das die abweichende Bewertung besonders gelagerter Einzelfälle zuläßt. So sind Ausnahmen da zuzulassen, wo einem vorherigen Kennenlernen unzumutbare Hindernisse im Wege stehen und der Verzicht auf das vorherige Kennenlernen auf einer ernsthaften Gesinnung beruht. Hier wird man aber, weil zumutbar, eine detaillierte Spezialvollmacht[563] verlangen müssen. Sich im voraus zu binden, mit jedweder Person anderen Geschlechts in den Brautstand zu treten, ist immer unsittlich.

---

[563] Der Vollmachtgeber muß also zu erkennen geben, welche Eigenschaften (Alter, Bekenntnis, Stand, körperliche, geistige und charakterliche Anlagen) er voraussetzt bzw. auf welche er keinen Wert legt.

3. Kapitel

§ 8

DIE RECHTSNATUR DES VERLÖBNISSES

I. Vorbemerkung

Die Untersuchungen des vorigen Kapitels haben gezeigt, daß die Vorschriften des Allgemeinen Teils des Bürgerlichen Gesetzbuchs über Rechtsgeschäfte (§§ 104—185 BGB) grundsätzlich anwendbar sind. Soweit Abstriche gemacht werden mußten (wie bei den §§ 119 ff. BGB oder den §§ 164 ff. BGB), lag dies an der besonderen Natur des Verlöbnisses, die auch Geschäfte, die sicher Rechtsgeschäfte sind[564], mit ihm teilen. Von den praktischen Auswirkungen her, wie sie sich aus der Anwendung der Rechtsgeschäftsvorschriften ergeben, steht somit nichts im Wege, das Verlöbnis als ein Rechtsgeschäft und damit als einen Vertrag im Sinne der §§ 145 ff. BGB anzuerkennen. Im Streit um die rechtsgeschäftliche oder rein faktische Natur des Verlöbnisses bedarf es daher nur noch einer Auseinandersetzung mit den dogmatischen Bedenken, die gegen die Einbeziehung des Verlöbnisses in den rechtsgeschäftlichen Vertragsbegriff geltend gemacht worden sind.

II. Meinungsübersicht

Da sich die Ansichten zur Anwendbarkeit der allgemeinen Vorschriften und zur Rechtsgeschäftsnatur nicht decken, sei zunächst wieder eine Meinungsübersicht gegeben.

Daß das Verlöbnis ein rechtsgeschäftlicher Vertrag sei, nehmen an:

Beitzke, Familienrecht, § 5 vor I und I, 1;
BGB-RGRK Vor § 1297 Anm. 1 und 2;
Cosack § 31 II;
Cramer S. 6 ff.;
Crome § 550 Fußn. 1;
Dernburg § 6 IV;
Dietz § 13 I 2 a;
Dittenberger S. 48;
Donig § 19;

---

564 Wie beispielsweise im Falle der §§ 119 ff. BGB der Gesellschaftsvertrag oder im Falle der §§ 164 ff. BGB die Ehe oder der Erbvertrag.

Dniestrzanski S. 97, S. 112 u., S. 119 u.;
Eggel in Achilles-Greiff § 1298 Anm. 1;
Endemann § 151 a Nr. 1;
Enneccerus-Wolff § 4 I;
Erman-Seibert Vorb. 3 vor § 1297;
Fraenkel S. 2;
Glaser S. 69;
Goldmann S. 432;
Goldmann-Lilienthal-Sternberg § 1 I;
Groeper S. 59/60, S. 75/76;
Habicht § 45 (S. 523);
Haff § 7 (S. 26, 27);
Krückmann § 84 IV;
Kuhlenbeck Vorb. vor § 1297 (S. 343);
Lehmann, 3. Aufl., § 6 I und II vor 1[565];
Luther, Ehemündigkeit, S. 51/52 und RvglHWB S. 196 r. Sp. u.[565];
Manigk S. 736;
Mitteis, Familienrecht, S. 18 (unter I 2) und RG-Praxis S. 185 f.;
Mohr S. 58;
Müller-Meikel § 254;
Mumm S. 160, 162 ff. (abweichend auf S. 161);
Neubecker S. 257, 263 (unter V);
Neumann § 1297 Note II 1;
Opet Vorb. 2 vor § 1297;
Palandt-Lauterbach Einf. 1 vor § 1297[565];
Planck-Unzner Vorb. 1 vor § 1297;
Rehbein S. 208;
Sasse S. 35—37;
Schmidt, A. B. Vorb. II 1, 2 vor § 1297;
Schnitzerling StAZ S. 186[565];
Schroeder S. 1;
Soergel-Vogel § 1297 Anm. 1;
Staudinger-Engelmann Vorb. II a vor § 1297;
Stutz S. 30, 59;
Zechnall S. 89 ff. (insbes. 89 u.)[565];
Zihlmann S. 37 o., 145;
BGHZ 28, 375 (377) = NJW 1959, 529 Nr. 8;
RGZ 61, 267 (271) = JW 1905, 638 Nr. 2;
RG JW 1906, 9 Nr. 3 = Gruchot 50, 994;
RG JW 1908, 28 Nr. 2 (29 „das Rechtsgeschäft des Verlöbnisses");
RGZ 80, 88 (89);
RGZ 98, 13 (14);
RGZ 105, 245;
RG JW 1936, 863 Nr. 7;

[565] Diese Autoren zählen nicht zur sog. strengen Vertragstheorie. Sie nehmen zwar einen Vertrag an, fassen aber den Vertragsbegriff so weit, daß es zweifelhaft ist, ob sie darunter noch ein Rechtsgeschäft verstehen. Sie bezeichnen ihre Ansicht größtenteils als Theorie des familienrechtlichen Vertrages. Sie stehen den mit den Fußn. 566, 567 bezeichneten Vertretern der folgenden Meinungsgruppe nahe.

Kiel OLG 4, 352;
Hamburg OLG 8, 328;
Kiel OLG 11, 276;
OLG Dresden SächsA 1905, 630 (631);
KG OLG 11, 276 (277);
OLG Darmstadt SeuffA 61, 11;
Hamburg OLG 16, 203;
OLG Kassel JW 1921, 1253 Nr. 10.

Das Gegenteil wird vertreten von:

Bunsen § 3 (S. 9);
Dahm § 42 IX 1[566];
Eltzbacher S. 180—183;
Engelmann, A. § 244 (S. 635);
Frohnhausen S. 22, 34/35;
Hellmann S. 217 ff.;
Henle S. 24 Fußn. 1 (S. 25);
Jacobi S. 18 f.;
Junghanns S. 177 ff. (insbes. 179);
Kohler § 5 IV;
Landsberg § 218 I 3;
Lehmann, Familienrecht, 1. Aufl., § 6 I;
Matthiaß § 223 II A und III;
Meisner S. 6/7;
Nathan S. 87;
Reichel S. 426;
v. Scanzoni S. 350[566];
Siebert, Das Recht der Familie, S. 82 ff. (insbes. S. 82 unter 2 und S. 84 u.) und DtRWiss S. 207—212[567];
Titze S. 19.

III. Problemerörterung

1. Die Verlobung als ein vertragsförmiger Tatbestand

Es ist klar, daß die Verlobung einem von spezifisch juristischen Momenten entleerten Vertragsbegriff entspricht[568]. Sie vollzieht sich in einer freiwilligen wechselseitigen Übereinkunft[569]. Daß der Brautstand zu den menschlichen Beziehungsverhältnissen gehört, die durch Vereinbarung geschaffen werden und daher ihre Entstehung einem beiderseitigen Willen verdanken — im Gegensatz etwa zu Beziehungen der Blutsverwandtschaft, der Volkszugehörigkeit etc. —, läßt den Begründungsakt, die Ver-

[566] Diese Autoren stehen den mit der Fußn. 565 bezeichneten Schriftstellern der vorigen Gruppe nahe, vermeiden es aber, das Verlöbnis als einen Vertrag zu bezeichnen.

[567] S. Fußn. 566.

[568] Etwa in dem oben in Fußn. 175 gebrauchten Sinne.

[569] per modum conventionis.

lobung, nur einen soziologischen Vertragsbegriff erfüllen. Auch eine rechtlich unverbindliche Verabredung zu einem Ausflug, Einladung zu einem Essen und dergl. vollziehen sich nach dem Vertragsmodell des Austausches übereinstimmender Willenserklärungen. Damit erfüllen sie aber mangels rechtsgeschäftlicher Erklärungen noch nicht die Voraussetzungen des juristischen Vertragsbegriffs. Alle diejenigen Schriftsteller, die die Verlobung schon deshalb einen Vertrag nennen, weil sie durch eine Einigung, d. h. durch die Erklärung eines übereinstimmenden Willens, zustandekommt[570], können daher nicht als Kronzeugen für die Rechtsgeschäftsnatur des Verlöbnisses aufgerufen werden. Wenn sich so die juristische Vertragsnatur des Verlöbnisses begründen ließe, hätte es wohl nie eine Tatsächlichkeitstheorie gegeben.

2. Der Verlobungsakt als Erzeuger von Rechtsfolgen

Die Mindestvoraussetzung dafür, daß ein soziologischer Vereinbarungstatbestand auch eine juristische Tatsache ist und damit seine Rechtsgeschäftsnatur in Erwägung gezogen werden kann, ist die, daß er unmittelbare Rechtswirkung hat, also ein Rechtsverhältnis begründet, verändert oder aufhebt.

a) Die Verlobung als Begründung des Brautstandes

Vielfach begnügt man sich nun mit der Feststellung, die Verlobung begründe das familienrechtliche Verhältnis des Brautstandes, also sei sie ein Vertrag im Rechtssinne[571]. Diese Begründung soll offenbar die Schwierigkeiten vermeiden, die der Nachweis einer von den Parteien gewollten und durch das Verlöbnis erzeugten Rechtspflicht zur Eingehung der Ehe macht[572]. So ist denn an die Stelle der Theorien, die im Anschluß an den obligatorischen Charakter der Verlobung im gemeinen Recht auch nach dem Bürgerlichen Gesetzbuch noch einen verpflichtenden (wenn auch nicht mehr klagbaren) Vertrag annehmen wollten und dem dadurch Ausdruck verliehen, daß sie entweder einen gemischt obligatorisch-familienrechtlichen Vertrag[573], einen familienrechtlichen Vorvertrag[574] oder ein familienrechtliches Grundgeschäft[575] annahmen, die sogenannte Theorie des

---

[570] So Beitzke § 5 vor I; Luther RvglHWB S. 196 r. Sp. u.; Neubecker S. 257; Soergel-Vogel § 1297 Anm. 1.

[571] So Dernburg § 6 I, IV; Dniestrzanski S. 111 (unter 3), 113; Stutz S. 59f. und S. 47ff.; KG OLG 11, 276 (277). Ähnlich Lehmann, 3. Aufl., § 6 I und Schnitzerling StAZ S. 186.

[572] Namentlich das Reichsgericht leugnet eine solche Rechtspflicht, nimmt aber gleichwohl auf Grund des Brautstandes ein Vertragsverhältnis an, vgl. RGZ 80, 88 (90); 98, 13 (14).

[573] So Dittenberger S. 48ff. (insbes. S. 59/60); Donig S. 28f.; Enneccerus-Wolff § 4 II; Haff § 7 (insbes. S. 26); Opet Vorb. 2 vor § 1297; Kiel OLG 4, 352.

[574] Groeper S. 68; Mohr S. 53; Sasse S. 47, 53; Zihlmann S. 145ff.

[575] Endemann § 151 a Nr. 3 (S. 56 o.).

familienrechtlichen Vertrages[576] getreten, die man zur Unterscheidung von der Theorie des familienrechtlichen Vorvertrages auch Theorie des familienrechtlichen Hauptvertrages[577] genannt hat. Besser noch bezeichnet man sie als die Theorie des familienrechtlichen Statusvertrages, weil sich nach ihr die rechtliche Bedeutung der Verlobung in der Begründung des Brautstandes erschöpft[578] entsprechend den familienrechtlichen Geschäften der Eheschließung und des Adoptionsvertrages, die reine Statusvereinbarungen sind.

Nun ist freilich das Verlobtsein ein von der Gesellschaft respektierter Zustand, dem auch das Recht in den Bestimmungen des Straf- und Prozeßrechts seine Anerkennung zuteil werden läßt. Ob es allerdings als Rechtsverhältnis im Sinne des bürgerlichen Rechts angesehen werden kann, ist damit noch nicht bewiesen; denn die öffentlich-rechtlichen Folgen knüpfen, wie bereits dargelegt[579], nur an die gesellschaftlich-sittliche Seite des Verlöbnisses an. Sie machen ebensowenig das Verlöbnis zu einem Rechtsverhältnis wie etwa die Blutsverwandtschaft, an die sie dieselben Wirkungen knüpfen. Soweit zwischen den in den §§ 52 Abs. 2 StGB, 52 Abs. 1 StPO und 383 Abs. 1 ZPO genannten Blutsverwandten Rechtsverhältnisse bestehen, fußen sie auf den Bestimmungen des Bürgerlichen Gesetzbuchs. Dasselbe gilt für das Verlöbnis. Daß es ein Rechtsverhältnis sei, kann nur aus den bürgerlich-rechtlichen Vorschriften hergeleitet werden.

Diese enthalten aber keine Bestimmungen, die den Status des Verlobtseins regeln. Der Brautstand hat anders als Ehe oder Adoption keine gegenwartsgestaltenden Rechtsfolgen hinsichtlich des Namens, des Vermögens und dergleichen. Er erzeugt auch keine Unterhaltspflicht. Sittlich mag

---

[576] Dernburg § 6 IV; Dietz § 13 I 1 und 2 a; Dniestrzanski S. 121; Glaser § 11 (insbes. S. 82 f.); Habicht § 45 (S. 523); Luther, Ehemündigkeit, S. 51/52 und RvglHWB S. 196 r. Sp.; Schnitzerling StAZ S. 186; Stutz S. 59 f. und S. 47 ff.; RGZ 61, 267 (271); 80, 88 (90 f.); 98, 13 (14); Braunschweig OLG 20, 290.

[577] So bezeichnet von Donig § 14; Matthiaß § 223 III; Mohr S. 47 ff.; Nathan S. 63; Sasse S. 44 ff.

[578] Etwas gemildert erscheint dieser Standpunkt bei folgenden Vertretern der Theorie des familienrechtlichen Vertrages:

Lehmann, 3. Aufl., § 6 I, II vor 1 und III 1; Schmidt, A.B. Vorb. II 1 vor § 1297 (die auch den Verpflichtungscharakter des Verlöbnisses betonen); KG OLG 11, 276 (277 f.) (wo die Folgen der §§ 1298 ff. BGB noch auf die Verlobung selbst zurückgeführt werden). Sie vertreten offenbar keine reine Statustheorie. Ebensowenig kann dies für die Entscheidungen RG JW 1906, 9 Nr. 3 = RG Gruchot 50, 994; Kiel OLG 11, 276; OLG Dresden SächsA 1905, 630 (631) und OLG Kassel JW 1921, 1253 Nr. 10 angenommen werden.

Sie sind daher in Fußn. 576 nicht als typische Repräsentanten der Theorie des familienrechtlichen Hauptvertrages aufgeführt worden, auch wenn sie vom Verlöbnis als einem familienrechtlichen Vertragsverhältnis sprechen und offenbar nicht einen Vorvertrag annehmen.

[579] Oben S. 76—78.

der Brautstand schon zu einer gegenwärtigen beschränkten Lebensgemeinschaft verbinden, auch zu wechselseitiger Unterstützung und Fürsorge verpflichten und somit die Rechtsfolgen der Ehe in beschränktem Umfang vorwegnehmen. Rechtlich ist das alles noch nicht erfordert[580].

Auch die Berücksichtigung der Verlobten in den Bestimmungen über Ehe- und Erbverträge (§§ 1408, 2275 Abs. 2, 3 und 2276 Abs. 2 BGB) vermag nicht zu beweisen, daß der Brautstand ein Rechtsverhältnis sei. Diese Vorschriften dienen der vorsorglichen Gestaltung der künftigen Rechtsbeziehungen der Eheleute[581]. Daß der Brautstand ein Rechtsverhältnis ist, setzt dagegen voraus, daß er als Quelle für Rechtsbeziehungen in Betracht kommt, die schon zwischen den Brautleuten bestehen.

Es verbleiben schließlich nur die §§ 1297 ff. BGB. Soweit sie ein Rechtsverhältnis regeln, ist es das Ersatzleistungs- und Rückerstattungsverhältnis der §§ 1298 ff. BGB, das nicht mit dem Brautstand identisch ist. Es entsteht nicht mit der Begründung, sondern mit der Beendigung des Brautstandes und regelt demgemäß nicht die Beziehungen der Brautleute, sondern der Ex-Brautleute.

Es ist somit — auch wenn man das Wesen der Verlobung in der Begründung des Brautstandes erblicken und damit die juristische Vertragsnatur begründen will — nicht um die Prüfung herumzukommen, ob die §§ 1297 ff. BGB eine positive Rechtsbeziehung unter den Brautleuten, nämlich eine rechtliche Bindung im Hinblick auf die Eheschließung, erkennen lassen. Nur durch eine solche Rechtsverbindlichkeit läßt sich nachweisen, daß die Verlobung ein Rechtsgeschäft oder daß der Brautstand ein Rechtsverhältnis ist.

Damit steht schon jetzt folgendes fest: Rechtsbeziehungen unter den Verlobten kann der Brautstand nur in seiner Ausrichtung auf das zukünftige Ziel der Eheschließung beinhalten. Soweit es sich nur um seine

---

580 Lediglich als Gefahrabwendungspflichten sind die sittlichen Unterstützungspflichten strafrechtliche Garantenpflichten und damit zugleich Rechtspflichten (vgl. BGH LM § 222 StGB Nr. 25). Das macht das Sittenverhältnis, dem sie entspringen, aber noch nicht zu einem Rechtsverhältnis im Sinne des Bürgerlichen Gesetzbuchs. Auch sonst gibt es rein faktische Garantenverhältnisse, die wegen der durch sie begründeten Rechtspflicht zum Handeln noch nicht zu bürgerlichen Rechtsverhältnissen — und, sofern sie an einen Vereinbarungstatbestand anknüpfen (z. B. Verabredung zu einer gefahrvollen Unternehmung), noch nicht zu juristischen Vertragsverhältnissen — werden. So hat denn auch die Garantenpflicht der Verlobten ihren Grund in dem von der Sitte gebilligten faktischen Näheverhältnis und setzt ebenso wie die sonstigen straf- und prozeßrechtlichen Verlöbniswirkungen ein rechtswirksames Verlöbnis im Sinne des bürgerlichen Rechts nicht voraus (vgl. BGH a. a. O.).

581 Andernfalls könnten sie ihre künftigen Rechtsbeziehungen, und zwar sowohl die lebzeitigen als auch die nach ihrem Tode, nicht bereits vor der Eheschließung regeln. Daß das Gesetz dieser praktischen Notwendigkeit, einen Ehe- und Erbvertrag (die häufig miteinander verbunden werden) bereits im Stadium der Ehevorbereitungen schließen zu können, Rechnung trägt, bedeutet noch keine besondere rechtliche Anerkennung des Brautstandes.

Bedeutung für die gegenwärtige Zeit des Verlobtseins handelt, ist er ein reines Sittenverhältnis. Sollten die Ersatzansprüche der §§ 1298 bis 1300 BGB nur in dessen Auflösung ihren Grund haben — wie dies von einigen Vertretern der Vertragstheorie angenommen wird, die nur eine sittliche Verpflichtung in bezug auf die Eheschließung anerkennen[582] —, so können sie ebensogut Ansprüche ex lege[583] sein. Sie als vertragliche Ansprüche und die Verlobung als einen rechtsgeschäftlichen Vertrag zu bezeichnen, ist dann eine durch nichts gerechtfertigte, unbewiesene Behauptung. Legalansprüche brauchen nicht an ein bestehendes vertragliches oder sonstiges Rechtsverhältnis anzuknüpfen. Ihre Bedeutung liegt vielmehr darin, daß sie selbst ein Rechtsverhältnis zum Entstehen bringen. Sie können dabei an rein faktische Verhältnisse oder Tatbestände, die sogar unsittlich sein können (vgl. § 826 BGB), anknüpfen. Daß der Brautstand ein rein sittliches Verhältnis sei, an dessen Auflösung das Gesetz aus Billigkeitsgründen die Folgen der §§ 1298 ff. BGB geknüpft habe, ist gerade der konsequente Standpunkt der Tatsächlichkeitstheorie. Die soeben zitierten[584] Stimmen von der Theorie des familienrechtlichen Vertrages bilden hierzu keine echte Alternative. Sie unterscheiden sich von der Tatsächlichkeitstheorie nur durch die bloße Behauptung, der Brautstand sei ein vertragliches Rechtsverhältnis.

b) Die Verlobung als Begründung einer rechtlichen Verbindlichkeit in bezug auf die Eheschließung

Es kommt somit für die Rechtsgeschäftsnatur der Verlobung entscheidend darauf an, ob das Gesetz an sie eine Rechtspflicht in bezug auf die Eheschließung knüpft, aus der sich die Rechtsfolgen der §§ 1298 ff. BGB erklären lassen.

§ 1297 BGB ist für die Frage einer Rechtsverbindlichkeit unergiebig. Man kann in ihm sowohl eine Bestätigung dafür finden, daß nur eine sittliche Verpflichtung zur Eheschließung vorliegt, weil jede Erzwingbarkeit fehlt, als auch umgekehrt aus der Notwendigkeit eines besonderen Ausschlusses von Klage und Vertragsstrafe das grundsätzliche Bestehen einer Rechtspflicht folgern, die ohne diese Vorschrift auch durchsetzbar wäre. Der Streit um die beiden Deutungsmöglichkeiten führt zu nichts, weil der Gesetzgeber nach einer diplomatischen Formulierung gesucht hat, mit der er einerseits nicht eine sittliche Verpflichtung zu leugnen[585], ande-

---

[582] So v. Blume S. 1254; Dniestrzanski S. 97—103 (insbes. S. 103); RGZ 80, 88 (90 f.); Braunschweig OLG 20, 290.

[583] Dies wird von Anhängern der Theorie des familienrechtlichen Statusvertrages in der Tat angenommen, so von Dniestrzanski S. 173/174; Habicht S. 523/524 (der die Ansprüche sogar quasideliktisch erklärt); Braunschweig OLG 20, 290.

[584] S. Fußn. 582.

[585] Vgl. Prot. IV S. 2.

rerseits auch nicht zu der Frage einer Rechtspflicht Stellung zu nehmen brauchte[586]. Eine sichere Diskussionsgrundlage bildet das Gesetz nur in seinen wirklichen Entscheidungen. Handfeste Deutungsmöglichkeiten bieten daher nur die §§ 1298 bis 1300 BGB. Sie können Ausdruck einer Rechtspflicht sein, nämlich dann, wenn sie als Bestimmung einer Haftung für rechtswidriges Handeln aufzufassen sind.

aa) Der Verlöbnisbruch als Verletzung einer Rechtspflicht (Rechtswidrigkeit des Verlöbnisbruchs)

Während wir uns bei der Auseinandersetzung mit der Deliktstheorie[587] darauf beschränken konnten nachzuweisen, daß im Falle der Rechtswidrigkeit des Verlöbnisbruchs diese nur eine relative, nicht jedoch eine absolute sein kann, kommt es jetzt entscheidend auf die dort[588] offen gelassene Frage an, ob der Verlöbnisbruch eine rechtswidrige und darum ersatzpflichtige oder nur eine sittenwidrige Handlung ist, an die das Gesetz aus Billigkeitsgründen eine Legalobligation im Sinne der §§ 1298 ff. BGB knüpft[589].

Die Front geht quer durch die Theorien. Mit der Deliktstheorie nimmt ein Teil der Vertragstheorie eine Rechtspflicht in bezug auf die Eheschließung an[590], während der andere Teil mit den übrigen Anhängern der Tatsächlichkeitstheorie nur eine sittliche Pflicht gelten lassen will[591]. Ein Vergleich der Stellungnahmen zu diesem Problem zeigt, daß das Schrifttum ganz überwiegend eine Rechtspflicht annimmt, während die Rechtsprechung des Reichsgerichts auf dem gegenteiligen Standpunkt steht.

---

[586] Die Leugnung einer Rechtspflicht im Entwurf I (§ 1227: „Durch das Verlöbniß wird eine Verbindlichkeit der Verlobten zur Schließung der Ehe nicht begründet") war auf heftige Kritik gestoßen (vgl. Zus. d. gutachtl. Äuß. IV S. 11 f.). Darauf wurde im Entwurf II die Bestimmung dahin geändert, daß — wie im Entwurf III (der jetzigen Fassung) — nur noch die Klage ausgeschlossen und eine Vertragsstrafe für nichtig erklärt wurde (E II § 1203; E III § 1280). Die Mehrheit der Kommission für die zweite Lesung des Entwurfs wollte mit dieser Formulierung die Frage einer Rechtspflicht zur Eheschließung nicht zur gesetzlichen Entscheidung bringen, sondern der Wissenschaft überlassen (Prot. IV S. 2). In der Reichstags-Kommission wurde schließlich noch einmal zu E III § 1280 ein Antrag gestellt, und zwar des Inhalts, Abs. 1 dahin zu fassen: „Das Verlöbniß begründet die Verpflichtung zur Eheschließung; diese Verpflichtung ist jedoch nicht klagbar." Der Antrag wurde abgelehnt. Die Kommission stimmte dem Regierungs-Kommissar zu, der es für richtiger hielt, die Frage einer Rechtspflicht der Wissenschaft zu überlassen (Bericht S. 78).

[587] Oben S. 41 ff. (insbes. S. 45 ff.).

[588] Vgl. S. 48/49.

[589] Die §§ 1298 ff. BGB sind also jetzt insoweit Gegenstand der Untersuchung, als sie die Haftung für Verlöbnisbruch regeln, nicht dagegen in ihrer weiteren Bedeutung als Sondervorschriften für die Haftung wegen culpa in contrahendo im weiteren (§ 122 BGB) und engeren Sinne. Über diese Doppelfunktion der §§ 1298—1300 BGB vgl. oben Fußn. 447; 130—132.

Allerdings hat sich derselbe Senat (IV. Zivilsenat) in einer Entscheidung von 1917[592] wesentlich vorsichtiger und vermittelnder ausgedrückt[593].

Halten wir uns vor Augen, daß die gesamten Untersuchungen zu den Grundfragen des Allgemeinen Teils keine Bedenken hinsichtlich einer rechtlichen Verbindlichkeit des Verlöbnisses ergeben haben, daß die Erörterungen über die Deliktstheorie es im Gegenteil sehr nahe legten, den Verlöbnisbruch als ein relatives Unrecht aufzufassen, und schließlich, daß eine Haftung typisch auf eine Rechtswidrigkeit hindeutet[594], so ist es angängig — namentlich auch angesichts der überwiegenden Auffassung von der Rechtspflicht —, der Ansicht von der rechtlichen Unverbindlichkeit die

---

[590] So von der Vertragstheorie:

Beitzke § 5 II 1; Cosack § 31 IV 1 und 3 a; Cramer S. 49, 51; Dietz § 13 I 1; Dittenberger S. 48; Donig S. 48; Endemann § 152 vor Nr. 1, Nr. 2; Enneccerus-Wolff § 4 II 1, § 6 III vor 1; Erman-Seibert Vorb. 4 vor § 1297; Glaser S. 45 bis 49; Goldmann-Lilienthal-Sternberg § 2 I 1; Groeper § 5; Lehmann, 3. Aufl., § 6 III 1; Mitteis, Familienrecht, S. 18 (unter 3 b); Neubecker S. 261; Opet Vorb. 2 a. E. vor § 1297; Palandt-Lauterbach Einf. 3 vor § 1297; Planck-Unzner Vorb. 4 vor § 1297; Sasse S. 63; Schmidt, A. B. Vorb. II 1 vor § 1297; Schnitzerling S. 186; Staudinger-Engelmann Vorb. IV b vor § 1297; Stutz S. 48; Zechnall S. 89 u.; Zihlmann S. 149 f.

So von der Deliktstheorie:

Hellmann S. 220 r. Sp. u.; Nathan S. 41 f., S. 74.

So auch die moderneren Gegner der Vertragstheorie:

v. Scanzoni S. 350; Siebert, DtRWiss, S. 210 f.

Ferner noch:

v. Tuhr S. 258 mit Fußn. 73.

[591] So von der Vertragstheorie:

BGB-RGRK Vor § 1297 Anm. 1 und Anm. zu § 1297; Crome § 550 Nr. 3; Dniestrzanski S. 98, 101, 160, 171; Eggel in Achilles-Greiff Vorb. 1 vor § 1297; RGZ 80, 88 (90); 98, 13 (14).

So von der Tatsächlichkeitstheorie:

Eltzbacher S. 180; Engelmann, A. § 244 (S. 635); Henle S. 24 Fußn. 1 (S. 25); Jacobi S. 18 und 19 mit Fußn. 16; Kohler § 5 I bis III; Landsberg § 218 I 1; Lehmann, 1. Aufl., § 6 I a. E. und III 1; Meisner S. 6/7; Reichel S. 426; Titze S. 12/13.

Ferner noch:

Hellwig § 5 II Fußn. 2 (S. 28/29).

[592] RG JW 1917, 848 Nr. 3. Die Entscheidung ist nach RGZ 80, 88 (1912) und vor RGZ 98, 13 (1920) ergangen.

[593] Es heißt dort (S. 848): „Die Unklagbarkeit und die darin begründete rechtliche Unvollkommenheit des Eheversprechens (§ 1297 Abs. 1 BGB.) ändert nichts an dem Bestehen der gesetzlich in anderer Weise (§§ 1298 ff.) gesicherten Pflicht zur unmittelbaren Erfüllung durch Eingehung der Ehe.“

Beachtlich ist, daß das Reichsgericht hier die §§ 1298 ff. BGB als Sicherung der Pflicht zur Eingehung der Ehe erklärt und nicht, wie in RGZ 80, 88 (90/91), allein aus der Auflösung des Brautverhältnisses.

[594] Haftungen für rechtmäßiges Verhalten sind Seltenheiten, die zur Unrechtshaftung im Verhältnis von Ausnahmen und Regel stehen.

„Beweislast" zuzuschieben. Mag sie beweisen, daß für das Verlöbnis eine atypische Betrachtungsweise erforderlich und die Annahme einer Rechtspflicht unhaltbar ist. Gelingt ihr dieser Beweis nicht, so sehe ich keinen Anlaß, aus gewohnten systematischen Bahnen auszuscheren und die Schadensersatzpflicht für die Zuwiderhandlung gegen eine von den Parteien übernommene und auch empfundene Bindung — die als sittliche Verpflichtung allgemein anerkannt ist[595] — nicht als Haftung für relatives Unrecht aufzufassen. Die beispielhaften Fälle einer Haftung für rechtmäßiges Handeln (z. B. § 122 BGB und § 904 Satz 2 BGB) sind von ganz anderer Art. Hier kann die Haftung keinerlei mißbilligenden Charakter hinsichtlich der Tat haben, an die sie geknüpft ist. Jemanden, der sich schuldlos irrt oder zur Befreiung aus einer unverschuldeten Notlage fremder Sachen bedient, trifft auch kein sittlicher Vorwurf. Hier knüpft die Haftung nicht an die Tat, sondern an die Interessenlage an[596]. Daß es aber bei der Haftung nach den §§ 1298 ff. BGB auf die Handlung und ihre Bewertung ankommt, zeigt die Bedeutung der iusta causa (§ 1298 Abs. 3 BGB). Nur der grundlose Rücktritt oder das Verschulden des Rücktritts (§ 1299 BGB), also ein unwertiges Tun (Verlöbnisbruch), verpflichten zum Ersatz. Hier entspricht es schon natürlichem Empfinden anzunehmen, daß das Gesetz, wenn es an ein anerkannt sittenwidriges Verhalten eine Haftung knüpft, sich die mißbilligende Wertung der Sitte zu eigen macht und das Verhalten zum Unrecht stempelt. Als relatives Unrecht aber würde der Verlöbnisbruch die Verletzung einer durch die Sonderbindung des Verlöbnisses übernommenen rechtlichen Verbindlichkeit bedeuten.

Geben wir nun den Gegnern dieser Auffassung Gelegenheit, ihre Gegenbeweise anzutreten:

Reichel[597] begründet seinen Standpunkt damit, daß ein „Anspruch auf Eheschließung" „deutschem Rechtsempfinden und Sittlichkeitsgefühl ein Schlag ins Gesicht" sei. Hier ist anzumerken, daß Reichel klaglose Ansprüche anerkennt[598] und daher mit „Anspruch auf Eheschließung" nichts anderes meint als eine rechtliche Verpflichtung, wie sie von der überwiegenden Meinung beim Verlöbnis angenommen wird. Daß eine solche Verpflichtung in krassem Widerspruch zu dem allgemeinen Rechts- und Sittlichkeitsgefühl stehe, kann nicht zugegeben werden. Im Gegenteil. Verlobte werden von der Sitte grundsätzlich als gebunden angesehen und empfinden sich auch als gebunden. Hierin liegt gerade die Anerkennung

---

[595] S. auch den Standpunkt des Gesetzgebers, vgl. oben S. 146 mit Fußn. 585.

[596] Dies ist bei den §§ 1298—1300 BGB nicht einmal insoweit der Fall, als sie eine Sonderregelung gegenüber § 122 BGB darstellen, weil sie auch hier wie in den Fällen der echten culpa in contrahendo ein Verschulden voraussetzen.

Im übrigen geht es hier auch nur um die §§ 1298—1300 BGB als Haftungsnormen für den Verlöbnisbruch als die Verletzung einer Verbindlichkeit, deren rechtliche oder nur sittliche Natur in Frage steht (vgl. S. 147 Fußn. 589).

[597] S. 426.

[598] Im Gegensatz zur wohl herrschenden Auffassung.

begründet, die die Sitte dem Verhältnis der Brautleute im Gegensatz zu unverbindlichen Liebschaften zuteil werden läßt. Entsprechend wird der Verlöbnisbruch[599] vom sittlich denkenden Durchschnittsmenschen nicht als anständig empfunden.

Nun leugnet Reichel allerdings auch nicht ausdrücklich eine sittliche Verpflichtung aus dem Verlöbnis. Dann ist aber nicht einzusehen, wieso das allgemeine Rechtsgefühl und Sittlichkeitsdenken zwischen einer sittlichen Verpflichtung und einer nicht erzwingbaren rechtlichen Verbindlichkeit unterscheiden soll, eine Unterscheidung, die doch nur für Gelehrte des Rechts oder der Ethik mit konkreten Vorstellungen vollziehbar sein dürfte.

Wenn schließlich Reichel die §§ 1298, 1299 BGB von seinem Standpunkt aus als gesetzgeberische Entgleisungen bezeichnet, so bestätigt dies die Richtigkeit unseres Ausgangspunktes, daß die §§ 1298 ff. BGB — zumindest prima facie — für eine Rechtspflicht aus dem Verlöbnis sprechen.

Die Entkräftung dieses Anscheins durch den zwingenden Gegenbeweis bleibt auch Hellwig[600] schuldig. Er stellt zutreffend fest, daß der Bruch des Verlöbnisses ein Verstoß gegen Sitte und Anstand sei. Das gilt aber schließlich genauso für eine Vertragsverletzung des Vermögensrechts. Es ist oft auch unanständig, ein Darlehen nicht zurückzuzahlen oder einen Wechsel platzen zu lassen. Der Nachweis einer Sittenwidrigkeit und Unanständigkeit, die eine Haftung motivieren könnten, wäre nur dann ein Argument gegen eine Rechtswidrigkeit, wenn Recht und Sitte oder Recht und Sittlichkeit disparate Dinge wären, die einander ausschlössen. Stattdessen stimmen diese Bereiche besonders bei der Rechtswidrigkeit weitgehend überein. Gerade bei der Aufstellung der Deliktsnormen (namentlich auch im Strafrecht) sowie bei der Regelung des Vertragsrechts unter dem Gesichtspunkt „pacta sunt servanda" knüpft der Gesetzgeber an die herrschende Vorstellungswelt der Sitte und Sittlichkeit an. Woher sollte er sonst die Wertungen für diese so einschneidenden Rechtssätze nehmen? Daß der Gesetzgeber an den Verlöbnisbruch deshalb juristische Haftungsfolgen geknüpft hat, weil dieses Verhalten gegen Sitte und Anstand verstößt, besagt daher ebensowenig etwas gegen das Bestehen einer Rechtswidrigkeit wie etwa im Deliktsrecht die Tatsache, daß eine Körperverletzung im Sinne des § 823 Abs. 1 BGB oder eine Beischlafserschleichung im Sinne des § 825 BGB sittenwidrig sind. Stattdessen zieht Hellwig einen abwegigen Vergleich zu § 814 BGB. Er sagt, der Schluß von der Schadensersatzpflicht (§§ 1298 ff. BGB) auf eine Rechtspflicht sei „geradeso verfehlt, wie wenn man aus § 814 schließen wollte, daß die sittlichen und die Anstandspflichten vom Gesetz zu Rechtspflichten erhoben seien". § 814 BGB ist ein untaugliches Vergleichsobjekt, weil das Gesetz hier ausdrück-

---

[599] Im Gegensatz zur begründeten und damit gerechtfertigten Lösung des Verlöbnisses.

[600] § 5 II Fußn. 2 (S. 28/29).

lich Rechtsverbindlichkeiten sowie sittliche Pflichten und Anstandsrücksichten unterscheidet, um alle diese Fälle auch da zu erfassen, wo sie voneinander abweichen. Was ändert dies aber daran, daß bei den rechtswidrigen Handlungen in der Regel alle drei normativen Kategorien übereinstimmen? In § 1298 BGB ist jedenfalls nicht wie in § 814 BGB von bloßen sittlichen Pflichten und Anstandsrücksichten die Rede.

Scheiden wir schließlich noch das Fehlargument aus, der Gesetzgeber habe mit der Fassung des § 1297 BGB gegenüber § 1227 des ersten Entwurfs nur die anstößige Formulierung, nicht jedoch seine sachliche Einstellung geändert[601] — was unter Verweisung auf die obigen Ausführungen (S. 146/147 mit Fußn. 586) kurzerhand geschehen kann[602] — so können wir uns dem letzten und gewichtigsten Argument zuwenden, das gegen die Annahme einer rechtlichen Verbindung aus dem Verlöbnis vorgebracht worden ist.

Es ist dies der Einwand der Rücktrittsfreiheit bzw. der Freiheit zur Eheschließung[603]. Kann, so lautet die Frage, dann noch von einer Rechtspflicht gesprochen werden, wenn die einseitige Lösung des Verpflichtungsverhältnisses jedem Verpflichteten freigestellt ist? Die Frage ist verfänglich, weil das Wort „freigestellt"[604] zu Fehlschlüssen nach Art der quaternio terminorum verführt. Versteht man darunter erlaubt, d. h. gerechtfertigt, so ist die Frage zu verneinen. Meint man aber mit „freigestellt" nur geduldet, d. h. nicht verhindert, so kann die Frage bejaht werden, wenn im übrigen eine gesetzliche Mißbilligung der freigelassenen Möglichkeit ersichtlich ist.

Von einer Rücktrittsfreiheit im erstgenannten Sinne kann nur beim begründeten Rücktritt, d. h. bei einem Rücktritt aus wichtigem Grunde (§ 1298 Abs. 3 BGB), die Rede sein. Dieser Rücktritt ist vom Gesetz nicht mißbilligt, wie sich aus der Haftungsbefreiung ergibt. Er ist im Gegenteil durch das Vorliegen eines Grundes, den das Gesetz als wichtig bezeichnet, gerechtfertigt[605]. Hier besteht daher ein Rücktritts*recht*. Das

---

[601] So RGZ 80, 88 (90); 98, 13 (14); Eltzbacher S. 181/182.

[602] Siehe insbesondere das dortige Zitat aus den Protokollen (IV S. 2), wonach der Gesetzgeber die im Entwurf I gefällte Entscheidung über die Rechtspflicht nicht mehr aufrechterhalten, sondern gerade auf eine solche verzichten wollte.

[603] Auf ihn stützen ihre Ansicht von der nur sittlichen Verpflichtung:

BGB-RGRK Vor § 1297 Anm. 1; Crome § 550 Nr. 3; Henle S. 24 Fußn. 1 (S. 24/25); RGZ 80, 88 (90); 98, 13 (14).

Selbst einzelne Verfechter der Rechtsverbindlichkeit aus den Reihen der Vertragstheorie haben diesen Vorwurf als Argument gegen die Deliktstheorie benutzt, ohne zu bedenken, daß sie damit den Ast absägen, auf dem sie selber sitzen, so Cramer S. 15; Dittenberger S. 26; Donig S. 21; Stutz S. 28.

[604] Ebenso wie das Wort „Freiheit" zum Rücktritt oder zur Eheschließung.

[605] Sogar moralisch ist die Lösung des Verlöbnisses aus wichtigem Grund als erlaubt anzusehen. Unterschiede zwischen der Rechts- und Moralordnung mögen sich nur hinsichtlich der Wertung ergeben, was im einzelnen wichtiger Grund ist.

Verlöbnis findet ein ordnungsmäßiges Ende ähnlich wie im Falle der Eheschließung oder des Todes. Außer dem durch § 1301 BGB geschaffenen Rückgewährverhältnis erzeugt es keine Rechtsfolgen mehr. Die Verflichtung in bezug auf die Eheschließung — sei sie nur sittlicher oder auch rechtlicher Natur — erlischt spurlos.

Ganz anders ist es im Falle des sog. unbegründeten Rücktritts. Da er nicht durch einen wichtigen Grund gerechtfertigt ist, kann er nur im zweiten Sinne freigestellt sein. Es besteht kein Rücktrittsrecht, sondern nur eine Rücktritts*möglichkeit*. Der Rücktritt ist hier nicht Rechtsausübung, sondern eine Variante des Verlöbnisbruchs (und zwar die häufigste)[606]. Das Verlöbnis findet nicht sein ordnungsmäßiges Ende; daher knüpft sich an den unbegründeten Rücktritt — anders als bei den oben genannten ordentlichen Endigungsgründen — eine Haftung (§§ 1298—1300 BGB). Diese Haftung hat ihren Zurechnungsgrund nicht im Rücktritt als solchem; sonst müßte sie auch beim begründeten Rücktritt eintreten[607]. Der Haftungsgrund kann vielmehr nur in dem liegen, was den unbegründeten vom begründeten Rücktritt unterscheidet. Das aber ist der (zumindest sittliche) Handlungsunwert, die Verletzung einer (wenigstens sittlichen) Verpflichtung, also der Verlöbnisbruch[608]. Da es sich demnach um ein mißbilligtes, nicht um ein gerechtfertigtes Verhalten, nur um das Gebrauchmachen von einer durch Rechtszwang nicht verhinderten tatsächlichen Möglichkeit, nicht dagegen um Rechtsausübung handelt, besteht auch auf Grund der Rücktrittsmöglichkeit kein Hinderungsgrund, die verletzte sittliche Pflicht zugleich als eine Rechtspflicht aufzufassen. Diese Verpflichtung erlischt durch den grundlosen Rücktritt nicht spurlos, sondern wandelt sich in eine Schadensersatzpflicht um[609].

Damit erledigt sich das Bedenken, auch der unbegründete Rücktritt beseitige jedenfalls das Rechtsverhältnis und stehe damit der Annahme einer Rechtspflicht entgegen, weil eine Pflicht als solche — im Gegensatz zu ihrer Befolgung — nicht ins Belieben gestellt sein kann. Vom Willen abhängig ist in ihrem Bestand nicht die rechtliche Verbindlichkeit als solche, sondern nur ihre Erfüllung durch die Eheschließung und damit ihr auf Erfüllung gerichteter Inhalt[610]. Eine unfreiwillige Wirkung erzeugt sie dadurch, daß ihr nicht „ungestraft", d. h. nicht ohne Nachteile, zuwidergehandelt werden kann[611]. Mit der Erklärung des unbegründeten

---

[606] Vgl. zur Unterscheidung des begründeten und unbegründeten Rücktritts schon oben S. 62 ff.

[607] So wie sich etwa eine Haftung an die Ausübung des Anfechtungs- (§ 122) oder Notstandsenteignungsrechts (§ 904 Satz 2 BGB) knüpft (Haftung für rechtmäßiges, und zwar auch sittlich erlaubtes Handeln).

[608] Siehe auch die Ausführungen oben S. 131 m., 131/132.

[609] Sehr richtig Mitteis RG-Praxis S. 186: „Im übrigen hinterläßt der Rücktritt aus illegalem Grunde Residuen des früheren Verpflichtungsverhältnisses."

[610] Insoweit gilt der Grundsatz der libera matrimonia. Vgl. oben S. 61 o.

[611] So kann auch sonst im Falle des Verzugs die bloße Erfüllungsverweigerung dazu führen, daß die Leistungspflicht mit ihrem auf Erfüllung gerichteten

Rücktritts erlischt daher diese Verpflichtung nicht, sondern verwandelt sich in eine Ersatzpflicht, so wie sich eine schuldrechtliche Leistungspflicht bei Unmöglichkeit oder Verzug in eine Ersatzverpflichtung umwandeln kann. Sofort endet mit dem grundlosen Rücktritt nur der Brautstand.

Diese Überlegungen dürften folgendes gezeigt haben: Das Argument der Rücktrittsfreiheit ist irreführend. Für die Rechtswidrigkeit des Verlöbnisbruchs ist es ohne Belang, ob sich jeder Partner einseitig vom Verlöbnis lösen k a n n. Es kommt vielmehr darauf an, ob er es d a r f. Mit der Frage nach der Rechtfertigung der Verlöbnisauflösung ist auch die Haftungsfrage verquickt. Beide richten sich nach dem Bestehen oder Nichtbestehen eines wichtigen Grundes. Auf das gemeinsame formelle Tatbestandsmerkmal des Rücktritts kommt es nicht an. Die Rücktrittsmöglichkeit rechtfertigt nicht den Verlöbnisbruch, und die Haftung der §§ 1298—1300 BGB hat ihren materiellen Grund nicht im Rücktritt. Das Argument der Rücktrittsfreiheit beruht daher nicht nur auf einer mangelnden Unterscheidung der Rücktrittsfälle, sondern auch auf einer Verschiebung der Gewichte. Es stellt auf die Rücktrittsmöglichkeit ab, die nicht gegen das Bestehen einer Rechtspflicht spricht, statt das Augenmerk auf die entscheidende iusta causa (§ 1298 Abs. 3 BGB) zu richten, die für das Bestehen einer Rechtspflicht spricht. Warum sollte man eines Rücktrittsgrundes bedürfen, wenn der Rücktritt schlechthin erlaubt wäre? Wenn der Grundsatz von den libera matrimonia so weit verwirklicht wäre, daß das Verlöbnis rechtlich unverbindlich wäre, dürfte es außer dem § 1297 BGB nur den § 1301 BGB geben, nicht jedoch die §§ 1298—1300 BGB[612]. Dann wäre das bloße Nicht-Mehr-Wollen eine iusta causa. So aber besteht die Rücktritts b e r e c h t i g u n g als Anzeichen mangelnder rechtlicher V e r p f l i c h t u n g zur Eheschließung nur unter der besonderen Voraussetzung eines wichtigen Grundes im Sinne des § 1298 Abs. 3 BGB.

Auch der Einwand der Rücktrittsfreiheit hat demzufolge die Annahme einer rechtlichen Verbindlichkeit nicht ad absurdum führen können. Denken wir noch einmal an unseren Ausgangspunkt, daß aus § 1297 BGB nichts für oder wider die Rechtspflicht zu entnehmen ist, so kann das Ergebnis nicht überraschen. Denn, was ist die sogenannte Rücktrittsfreiheit anderes als die Kehrseite der Nicht-Erzwingbarkeit? Wo das Gesetz eine Rechtspflicht nicht mit zwangsweiser Durchsetzbarkeit bewehrt, hängt die Erfüllung von der Bereitschaft des Verpflichteten ab. Ob man deren Versagung Rücktritt oder Erfüllungsverweigerung nennt, bedeutet keinen praktischen Unterschied. Daß das Rechtsverhältnis in seiner posi-

---

Inhalt aufhört (§ 286 Abs. 2 BGB), ohne daß deshalb eine Rechtspflicht zu leugnen wäre. Ihre vom Willen unabhängige Wirkung äußert sie dann nur in der Schadensersatzfolge. Für klaglose Rechtsverbindlichkeiten verbleibt nur diese Art der Effektivität.

[612] Das ist mit Recht gegenüber dem ersten Entwurf, der die rechtliche Unverbindlichkeit und daneben die Schadensersatzansprüche normierte, als Kritik geltend gemacht worden von Gierke, Hanausek, Hinschius und Pfitzner (Zus. d. gutachtl. Äuß. IV S. 12).

tiven Bedeutung mit dieser Erklärung endet, macht den unbegründeten Rücktritt nicht etwa im Gegensatz zur Erfüllungsverweigerung zu einem Gestaltungs r e c h t. Welchen Zweck sollte das weitere Festhalten an einem abgelehnten Pflichtenverhältnis noch haben, und wielange sollte der andere Teil noch auf seinen Schadensersatz und die Rückgabe der Geschenke warten müssen? Mit der Endigungsfunktion des unbegründeten Rücktritts in bezug auf den Brautstand führt das Gesetz somit nur den Gedanken der fehlenden Durchsetzbarkeit des Verlöbnisses zu seinem konsequenten praktischen Ende, ohne damit ein Mehr an Rechten oder Möglichkeiten zu verleihen.

Es besteht nach alledem kein Grund, von der nächstliegenden und systemgerechtesten Deutung der §§ 1298 ff. BGB Abstand zu nehmen, wonach diese eine Haftung für relatives Unrecht regeln. Der Verlöbnisbruch ist danach als eine rechtswidrige Handlung anzusehen.

bb) Der positive Inhalt der Rechtspflicht

Welcher Art ist nun die Verlöbnisverpflichtung, deren Verletzung die Rechtswidrigkeit des Verlöbnisbruchs begründet?

Da sich die Rechtspflicht lediglich aus der Haftungsfolge nachweisen läßt, kann sie auch nur insoweit angenommen werden, als sie sich aus den ersatzverpflichtenden Handlungen spiegelbildlich ablesen läßt. Weil nicht jede einseitige Lösung des Verlöbnisses haftbar macht, läßt sich eine totale, d. h. uneingeschränkte Pflicht zur Eheschließung aus dem Gesetz nicht ableiten. Das Verlöbnis verpflichtet also nicht schlechthin dazu, den Partner zu heiraten. Es wird nicht, wie regelmäßig im Schuldrecht, ein Erfolg im Rahmen des Möglichen geschuldet, nämlich der der gemeinsamen Ehe. Wir müssen uns daher von dem weitverbreiteten juristischen Sprachgebrauch distanzieren, der schlechthin von einer — sei es nun rechtlichen oder nur sittlichen — Verpflichtung zur Eheschließung spricht. Diese pauschale Redeweise verleitet ebenso zu Irrtümern wie die unterscheidungslose Argumentation mit der Rücktrittsfreiheit. Es gibt keine unbeschränkte Ehelichungspflicht und kein unbegrenztes Rücktrittsrecht. Das Mittel der Unterscheidung ist der wichtige Grund.

Das Verlöbnis verpflichtet demnach die Verlobten zur Eheschließung, soweit sie nicht ein wichtiger Grund davon abhält[613]. Das Verlöbnis verpflichtet aber auch dazu, alles zu unterlassen, was einen wichtigen Grund schaffen könnte.

Es handelt sich also um eine (durch den wichtigen Grund) modifizierte Ehelichungspflicht mit doppeltem Aspekt. Sie verpflichtet jeden Verlobten

---

[613] Der Sache nach ebenso, nur in negativer Version, formuliert Hellmann S. 220 r. Sp. die Rechtspflicht: „Ohne wichtigen Grund soll ein Verlobter vom Verlöbnis nicht zurücktreten." Hellmann wählt die Verbotsform, um zu einer Deliktsvorschrift zu kommen.

zu einem positiven Mitwirken und zu einem Unterlassen. Aus der Verletzung dieser Mitwirkungs- und Unterlassungspflicht erklärt sich die ganze Haftung der §§ 1298 f. BGB.

Wer der Mitwirkungspflicht durch ein positives Tun zuwiderhandelt, haftet nach § 1298 BGB, nämlich unmittelbar, wenn er zurücktritt, analog, wenn er die Eheschließung unmöglich macht.

Wer die Mitwirkungspflicht durch Unterlassen verletzt — also nicht mehr zur möglichen Eheschließung bereit ist, ohne jedoch selbst zurückzutreten —, haftet nach § 1299 BGB, wenn der andere Teil zurücktritt, weil er damit einen wichtigen Grund gibt. Damit ist zugleich die zweite Pflicht verletzt. Hier gehen also die beiden Aspekte ineinander über.

Wer schließlich dieser Unterlassungspflicht durch ein positives Tun zuwiderhandelt, haftet nach § 1299 BGB, wenn der andere zurücktritt, bzw. auf Grund analoger Anwendung der §§ 1298 f. BGB, wenn er selbst deswegen zurücktritt.

Der positive Inhalt der durch das Verlöbnis begründeten Rechtsverbindlichkeit ist damit bestimmt. Für die praktische Orientierung, was der Verlobte im einzelnen zu tun und zu lassen hat, um diese Pflichten nicht zu verletzen, gibt die obige Bestimmung allerdings keine konkreten Hinweise, weil sie noch einen normativen Begriff enthält, nämlich den des wichtigen Grundes. Dieser Begriff ist vom Gesetz nicht mit juristischen Inhalten versehen worden; er ist daher mit den allgemeinen Vorstellungen der Sitte auszufüllen. Auf eine Kasuistik wollen wir uns nicht einlassen. Als allgemeine Richtschnur für die Auslegung des § 1298 Abs. 3 BGB kann der Satz aufgestellt werden, daß nach verständiger Würdigung eines sittlich denkenden Durchschnittsmenschen das Festhalten am Heiratswillen[614] dem jeweiligen Partner noch zumutbar sein muß. Somit können wir die Verlöbnispflichten auch etwas konkreter dahin bestimmen:

Die Verlobten sind im Rahmen des Zumutbaren[615] zur Eheschließung verpflichtet. Sie sind auch verpflichtet, alles zu unterlassen, was einem von ihnen die Eheschließung unzumutbar[615] machen könnte.

Die Doppelseitigkeit der Rechtspflicht aus dem Verlöbnis scheint auf den ersten Blick etwas Besonderes zu sein. Während sich die Mitwirkungspflicht mit jeder sonstigen vertraglichen Leistungsschuld vergleichen läßt, wobei nur der Verpflichtungsumfang statt auf den Bereich des Möglichen

---

[614] Mit dieser Formulierung soll klargestellt werden, daß nicht etwa eine Eheschließung wider Willen — für sich betrachtet — als zumutbar angesehen werden kann, wenn es an einem Rücktrittsgrund fehlt. Wenn einmal die innere Einstellung zur Eheschließung fehlt, ist deren Vornahme für keinen der Partner mehr zumutbar. Gemeint ist vielmehr, daß die Beibehaltung des mit der Verlobung geäußerten Heiratswillens und damit auch die Eheschließung zumutbar ist. Dies vorausgesetzt, ist es nicht schädlich, wie sonst üblich (vgl. Beitzke, Familienrecht, § 5 III 1; Mitteis, Familienrecht, S. 22), davon zu sprechen, daß bei wichtigem Grund die Eheschließung unzumutbar sei.

[615] Vgl. zu diesem vereinfachten Sprachgebrauch von der (un-)zumutbaren Eheschließung Fußn. 614.

auf den engeren Rahmen des Zumutbaren begrenzt ist, scheint die Unterlassungspflicht keine solche Parallele zu haben. Erzeugt demnach das Verlöbnis nicht in Wirklichkeit zwei verschiedene Rechtspflichten? Steht damit nicht der Pflichtenbeschränkung auf der einen eine Vermehrung der Pflichten auf der anderen Seite gegenüber, die sich einer systematischen Erfassung entzieht und den Charakter einer rein positiven Billigkeitsregelung trägt?

Diese Frage führt zu einem tieferen Verständnis der Verlöbnispflicht mit ihrer Doppelseitigkeit. Die Tatsache, daß beide Pflichten erfolgsbezogen sind — die Mitwirkungspflicht als Gebot der Erfolgsförderung, die Unterlassungspflicht als Verbot der Erfolgsgefährdung — und, wie wir oben[616] gesehen haben, ineinander übergehen, ohne durch eine scharfe Grenze voneinander geschieden zu sein, legt den Gedanken nahe, daß sie nur verschiedene Aspekte einer und derselben Pflichtigkeit in bezug auf die Ehe sind, daß also die Unterlassungspflicht nichts anderes ist als die Kehrseite der Mitwirkungspflicht.

Diese Vermutung wird durch einen Vergleich mit den schuldrechtlichen Leistungsverpflichtungen bestätigt, aus dem sich ergibt, daß die Unterlassungspflicht nur eine scheinbare Besonderheit des Verlöbnisses ist und im sonstigen Vertragsrecht sehr wohl eine Parallele hat. Zwar spricht man bei den Schuldverträgen jeweils nur von einer für sie typischen Leistungspflicht. Dieses Gebot der Erfolgsherbeiführung beinhaltet aber gleichwohl auch ein Verbot der Erfolgsvereitelung. Zwar braucht der Schuldner die Leistung nur im Rahmen des Möglichen zu erbringen (§ 275 BGB), er darf sie aber nicht selbst unmöglich machen (§ 280 BGB). Das ist die allgemeine Pflicht der Vertragstreue.

Beim Verlöbnis ist die Treupflicht entsprechend der Beschränkung der Mitwirkungspflicht gesteigert. Daraus resultiert die besondere Pflicht zur Verlöbnistreue. Daß sie das strengere Verbot der bloßen Erfolgsgefährdung beinhaltet und damit ein weiter gehendes Unterlassen erfordert, ist nur die konsequente Folge der Abschwächung der Erfolgsherbeiführungspflicht. Das sei kurz verdeutlicht. Wenn ein Leistungsgebot zugunsten des Schuldners dadurch eingeschränkt wird, daß bestimmte Gründe befreiend wirken, so ist es angebracht, ihm zugleich die Herbeiführung dieser Gründe zu verbieten, da er sich sonst auch im Bereich der Leistungsverpflichtung noch durch Herbeiführung der Gründe befreien könnte. Ein Bereich der unbedingten Verpflichtung wäre dann nicht mehr abgrenzbar. Wenn nun die Leistungspflicht erst in der Unmöglichkeit ihre Grenze findet, so genügt das Verbot, die Leistung unmöglich zu machen. Macht dagegen das Erfolgsförderungsgebot schon vor der Unzumutbarkeit halt, so muß alles verboten sein, was die Unzumutbarkeit herbeiführt. Andernfalls könnte sich jeder Verlobte dadurch beliebig aus der Mitwirkungspflicht befreien, daß er die Eheschließung unzumutbar macht. Damit aber würde die Begrenzung der Mitwirkungspflicht in eine Paralysierung der ganzen

---

[616] S. 155 o.

Mitwirkungspflicht ausarten. Mit der Zahl der Schuldbefreiungsgründe wächst daher sinnvollerweise auch der Umfang der ihre Herbeiführung verbietenden Unterlassungspflicht.

Die besondere Pflicht zur Verlöbnistreue als die Pflicht, alles zu unterlassen, was den Erfolg der Eheschließung (wegen Unzumutbarkeit) gefährdet, ist daher qualitativ nichts anderes als die allgemeine Pflicht zur Vertragstreue, nämlich die Kehrseite der positiven Leistungsverpflichtung. Diese aber ist es, die das jeweilige Rechtsgeschäft charakterisiert und als die eigentliche von ihm erzeugte Vertragspflicht gilt. Die Rechtsfolge, die für das Verlöbnis typisch und für die Prüfung seiner Rechtsgeschäftsnatur von maßgeblicher Bedeutung ist, ist daher die Verpflichtung, im Rahmen des Zumutbaren — d. h. soweit nicht ein wichtiger Grund entgegensteht — die Ehe zu schließen.

c) Die Verlobung als unmittelbare Quelle der Rechtspflicht

Es hat sich gezeigt, daß die Verlobung Rechtsbeziehungen im Gefolge hat, die bereits während des Verlöbnisses und nicht erst nach dessen Auflösung zwischen den Brautleuten bestehen. Die Verlobung ist demnach nicht nur eine soziologische und sittliche, sondern auch eine juristische Tatsache[617].

Dieser Charakter einer Rechtshandlung kann sich für die Verlobung in einer zweifachen Weise aus der oben gekennzeichneten Rechtspflicht ergeben. Die eine Möglichkeit besteht darin, daß die Verlobung die Rechtspflicht unmittelbar erzeugt. Die andere Alternative ist die, daß es sich bei der modifizierten Ehelichungspflicht um eine Folge des Brautstandes handelt, die diesen zu einem Rechtsverhältnis macht. Die Verlobung wäre dann nur insofern eine Rechtshandlung, als sie das Rechtsverhältnis des Brautstandes erzeugen würde, während aus diesem hinwiederum die Rechtspflicht (ex lege) hervorginge. Den zuletzt genannten Standpunkt vertreten die von einer rechtlichen Verbindlichkeit ausgehenden Vertreter der Statustheorie[618].

Welche der beiden Möglichkeiten zutrifft, ist für die weitere Prüfung der Rechtsnatur des Verlöbnisses von Bedeutung. Während im zweiten Falle der Wille, in den Brautstand zu treten, für die Annahme eines

---

[617] Das ergibt sich, um es noch einmal zu betonen, nicht aus den Rechtsfolgen der §§ 1298 ff. BGB. Nach ihnen könnten — wenn sie nämlich ihren Grund nicht in einer rechtlichen Bindung der Verlobten hätten — auch nur der Rücktritt vom Verlöbnis (§§ 1298 ff. BGB) und die sonstige Auflösung des Verlöbnisses (§ 1301 BGB) juristische Tatsachen sein, die Verlobung dagegen ein bloßer Vorgang der Sitte.

[618] So ausdrücklich Dietz § 13 I 1; Glaser S. 71 Fußn. 1; Stutz S. 59 Fußn. 4. Dem Sinne nach auch Habicht § 45, der den Schwerpunkt nicht auf den Akt der Verlobung, sondern auf den Zustand des Verlobtseins legt (S. 524) und die Verbindlichkeit aus dem Verlöbnis mit der Verpflichtung der Ehegatten zur Herstellung der ehelichen Lebensgemeinschaft (§ 1353 BGB) vergleicht (S. 523).

Rechtsgeschäfts ausreichen würde, wäre im ersten Falle erforderlich, daß der Verlobungswille auch die Rechtspflicht mitumfaßte; denn darüber hinaus könnte der Brautstand nach wie vor nur ein reines Sittenverhältnis sein.

Das Verhältnis zwischen Verlobung, Brautstand und Rechtspflicht ist schließlich auch für die Frage bedeutsam, um was für einen Vertrag es sich bei der Verlobung handeln würde[619].

aa) Familienrechtliche Pflichten = Statuspflichten?

Einem unbefangenen Urteil dürfte es entsprechen, die oben gekennzeichnete Rechtspflicht als eine unmittelbare Folge der Verlobung anzusehen. Bildet doch dieses Verpflichtungsverhältnis, wie oben[620] dargelegt, die einzige rechtliche Beziehung zwischen den Verlobten, die es gestattet, von einem Rechtsverhältnis zu sprechen. Warum sollte man dann zwischen den Verhältnissen des Verlobtseins (Brautstand) und des (unter bestimmten Voraussetzungen) Zur-Eheschließung-Verpflichtetseins eine logische Trennung vollziehen und das zweite aus dem ersten und nur das erste aus der Verlobung hervorgehen lassen, obwohl sich beide unter dem Gesichtspunkt des Rechtsverhältnisses decken? Das erscheint gekünstelt. Bei einem Schuldverhältnis unterscheidet man auch nicht zwischen dem Verhältnis des Schuldnerseins und dem Verhältnis des Zur-Leistung-Verpflichtetseins, dergestalt daß nur das erste unmittelbar durch den Schuldvertrag erzeugt würde, die Leistungspflichten sich dagegen ex lege an dieses Verhältnis knüpften.

Aber nun ist ja, wie nicht zu bezweifeln, das Verlöbnis ein familienrechtliches Verhältnis. Dem hat das Gesetz durch seine Einordnung in das Vierte Buch des Bürgerlichen Gesetzbuches Rechnung getragen. Verlangt da nicht die Parallele zu den Verträgen der Eheschließung und der Adoption eine andere Betrachtungsweise? Diese Statusverträge sind keine Verpflichtungsverträge. Sie begründen bestimmungs- und willensgemäß unmittelbar nur einen familienrechtlichen Status, nämlich den der Ehe oder der Adoptivverwandtschaft. Aus diesem Status — und nur mittelbar aus dem begründenden Vertrag — ergeben sich dann die familienrechtlichen Standespflichten zwischen Ehegatten (vgl. § 1353 BGB) oder zwischen Adoptiveltern und -kindern (vgl. § 1757 BGB). Die Auffassung, die ebenso auch die Verlobung als einen familienrechtlichen Statusvertrag ansehen will, der bestimmungsgemäß und willensgemäß nur den Zustand des Verlobtseins herbeiführen soll, muß danach voraussetzen, daß die oben umschriebenen Rechtspflichten der Verlobten in bezug auf die Eheschließung S t a t u s p f l i c h t e n seien, eine Konsequenz, die tatsächlich gezogen wird[621]. Damit ist aber die Eigenart des Verlöbnisses im Gegensatz zur

---

619 Vgl. z. B. die oben auf S. 143/144 aufgeführten Ansichten.

620 S. 145.

621 Vgl. Glaser S. 81 f. Im Anschluß an die Feststellung, daß die Verpflich-

Ehe oder Adoption sowie der Verlöbnispflichten im Gegensatz zu den ehelichen Pflichten oder sonstigen Standespflichten grundsätzlich verkannt.

Äußerlich zeigt sich der Unterschied schon darin, daß das Eheverhältnis auch rechtlich in mannigfacher Beziehung weiter geht als der Inbegriff der aus ihm entspringenden ehelichen Pflichten[622]. Die Trennung zwischen dem Rechtsverhältnis der Ehe und den daraus entspringenden Pflichten als gesonderten Rechtsverhältnissen ist daher auch nach der effektiven Rechtslage durchführbar und nicht nur wie beim Verlöbnis eine logische Konstruktion ohne jeden Anhalt im Gesetz, ja entgegen der Identität des Verlobtseins, soweit es Rechtsverhältnis ist, mit dem Verpflichtungsverhältnis in bezug auf die Ehe. Während also die Ehe als Rechtszustand über den ehelichen Pflichten steht, so daß diese gut als ein Ausfluß dieses Gesamtstatus gedacht werden können, besteht das Verlöbnis als Rechtsverhältnis gerade in den Verlöbnispflichten.

Damit führt uns der äußere, quantitative Unterschied auf die innere, qualitative Verschiedenheit von Verlöbnis und Ehe. Das Verlöbnis ist juristisch eben nichts anderes als ein reines Verpflichtungsverhältnis und kein Status. Die Ehe ist primär ein Rechtszustand; die ehelichen Pflichten sind sekundärer Natur. Das Verlöbnis ist dagegen primär ein Verpflichtungsverhältnis; als solches ist es auch Rechtsverhältnis. Sekundär stellt es in einem beschränkten Umfange auch schon einen Status dar, allerdings nur im Bereich der Sitte[623]. Lediglich im Straf- und Prozeßrecht verschafft sich dieses Sittenverhältnis auch rechtliche Anerkennung.

Das Verpflichtungsverhältnis selbst, das durch die Verlobung begründet wird, kann aber nicht wie etwa der Inbegriff der ehelichen Pflichten als ein Statusverhältnis angesehen werden, weil Statuspflichten eine ganz andere Natur haben.

Die Ehestands- oder Elternpflichten, auf die Glaser[624] und Habicht[625] zum Vergleich hinweisen und mit denen auch Stutz[626] die Verlöbnispflich-

---

tungen aus dem Verlöbnis familienrechtliche Pflichten sind, fährt er fort: „Ein Versprechen kann als solches eine familienrechtliche Gebundenheit unmöglich erzeugen. Familienrechte sind Zustandsrechte." (Sperrung von mir.)

[622] Vgl. z. B. die Rechtswirkungen hinsichtlich des Namens und des Vermögens.

[623] Z. B. insofern, als von „Brautleuten" (entsprechend der Statusbezeichnung „Eheleute") die Rede ist, die Eingliederung in die beiderseitige Verwandtschaft schon beginnt, eine beschränkte Lebensgemeinschaft besteht etc. Alles das ist aber auch nach Sittendenken nur die (zweitrangige) Folge davon, daß die Verlobten sich im Hinblick auf die gemeinsame Eheschließung gebunden haben. So bedarf es der aufgezählten gegenwärtigen Zustandswirkungen auch nach der Sitte nicht, um ein Verlöbnis anzunehmen (z. B. Braut und Bräutigam sind räumlich so getrennt, daß weder eine Lebensgemeinschaft noch eine Einführung in die beiderseitigen Familien vollzogen werden kann. Letzteres entfällt ohnehin bei Verlobten „ohne Anhang").

[624] S. 81/82.

[625] § 45 (S. 523).

[626] S. 53, 57—59.

ten qualitativ gleichstellt, verpflichten dazu, einem gegenwärtigen Status gemäß zu leben. Sie halten dazu an, den mit dem Begründungsvorgang — also im vertraglichen Bereich mit der Eheschließung oder dem Adoptionsvertrag — rechtlich bereits geschaffenen Zustand auch tatsächlich zu verwirklichen und zu erhalten. Sie dienen der Institution, aus der sie fließen. So erzeugt die Ehe die Ehestandspflichten um ihrer selbst willen. Die Pflichten führen nicht über ihren Ursprung hinaus, sondern dahin zurück, woher sie fließen. Die Institution ist Selbstzweck, auch in den aus ihr hervorgehenden Pflichten. Das ist statisches Recht, beharrend und bewahrend, nicht verändernd. Daher auch der treffende Name „Statusrecht" und „Statuspflichten" (auch Standespflichten genannt).

Demgegenüber ist die Pflicht, im Rahmen des Zumutbaren die Ehe zu schließen und dieses Ziel nicht durch Schaffung eines wichtigen Grundes zu gefährden, auf die Herbeiführung eines zukünftigen Zustandes, der auch rechtlich noch nicht vorhanden ist, gerichtet. Sie hält nicht dazu an, etwas Bestehendes durchzuführen, sondern etwas Entstehendes herbeizuführen. Sie dient einer anderen Institution, auf die sie hinzielt und vorbereitet. Es ist irrig, sie als eine aus dem Status des Verlobtseins fließende Pflicht aufzufassen, das Verlöbnis nicht ohne Grund zu lösen. Durch eine solche, ihr den Anstrich einer Statuspflicht gebende Qualifizierung verfälscht man ihr eigentliches Wesen. Am Ende dieses Irrweges steht der verfehlte Vergleich der Rücktrittsfolgen mit den Ehescheidungsfolgen[627]. Demgegenüber ist zu betonen: Der unbegründete Rücktritt macht nicht deshalb ersatzpflichtig, weil er das Verlöbnis beendet, sondern weil er das Scheitern des gemeinsamen Ziels der Eheschließung besiegelt. Dementsprechend ist die Rechtspflicht nicht auf ein Beharren beim Verlöbnis gerichtet[628], sondern auf die gemeinsame Herbeiführung der Eheschließung. Damit trägt das Verlöbnis im Gegensatz zur Ehe einerseits und zum Konkubinat oder zur bloßen Liebschaft andererseits institutionell keinen Selbstzweck in sich. Die Verlöbnispflichten führen gerade über das Verlöbnis[629] hinaus, indem sie auf eine Veränderung des bestehenden Rechtszustandes hinwirken. Das Verlöbnisrecht ist daher dynamisches Recht und kein Statusrecht. Die Verlöbnispflichten sind keine Statuspflichten.

Die innere Verschiedenheit von Verlöbnis und Ehe hat etwas gezeigt, was der äußere, quantitative Unterschied hinsichtlich eines über die Pflichten hinausgehenden Rechtsverhältnisses noch nicht erkennen ließ, daß nämlich die Rechtspflicht aus dem Verlöbnis selbst dann nicht als eine

---

[627] Vgl. Habicht § 45 (S. 524 Fußn. 1); Stutz S. 59 Fußn. 4 a. E.

[628] Wer nur bereit ist, den Brautstand ad infinitum fortzusetzen, nicht aber zur Herbeiführung der Eheschließung mitzuwirken, verletzt gerade die Verlöbnispflicht und gibt einen wichtigen Grund zum Rücktritt (§ 1299 BGB), obwohl er „verlöbnistreu" ist (im Sinne der statisch aufzufassenden ehelichen Treupflicht).

[629] Im Sinne von Verlobtsein.

Statuspflicht des Brautstandes aufgefaßt werden könnte, wenn dieser in seinen unmittelbar gegenwartsgestaltenden Wirkungen vom Gesetz geregelt und somit ein rechtlicher Status wäre. Auch dann wäre zu unterscheiden zwischen dem durch die Verlobung geschaffenen statischen Rechtsverhältnis des Verlobtseins (Brautstand) einerseits und dem durch die Verlobung erzeugten dynamischen Verpflichtungsverhältnis des Heiratensollens (modifizierte Ehelichungspflicht) andererseits. Die Verlobung wäre dann — die Rechtsgeschäftsnatur einmal unterstellt — ein gemischt statisch-dynamisches familienrechtliches Geschäft, d. h. ein familienrechtlicher Status- und Verpflichtungsvertrag[630], der beide Wirkungen unmittelbar erzeugen würde.

So aber fehlt es an einem rechtlichen Statusverhältnis völlig, und die Verlobung erzeugt unmittelbar nur ein Verpflichtungsverhältnis dynamischen Charakters. Die Verlobung kann daher nur ein dynamisches, d. h. auf einen zukünftigen Rechtserfolg gerichtetes, familienrechtliches Verpflichtungsgeschäft sein[631].

Das einzusehen, fällt vielen Vertretern der Theorie des familienrechtlichen Vertrages so schwer, weil es dafür im sonstigen Familienrecht keine Parallele gibt[632] — dabei dürfte es längst aufgefallen sein, daß das Verlöbnis im Rechtssystem ein Sonderling ist[633] — und weil man fürchtet, in die Nähe der so verpönten Theorie vom obligatorischen Vertrage zu geraten — denn das Schuldrecht ist die Kodifikation des dynamischen Rechts, die nur wegen ihrer Beschränkung auf das Vermögensrecht und ihrer andersartigen Prinzipien (z. B. Typenfreiheit) auf familienrechtliche Verhältnisse nicht paßt —. Man braucht aber den familienrechtlichen Charakter des Verlöbnisses nicht zu leugnen, um eine Abweichung von den Vertragstypen der Ehe oder Adoption anzuerkennen, und umgekehrt auch nicht eine schuldrechtliche Natur des Verlöbnisses zu behaupten, um eine Gemeinsamkeit mit obligatorischen Verträgen festzustellen. Diese Abwei-

---

630 Nicht zu verwechseln mit der Auffassung vom gemischt obligatorisch-familienrechtlichen Vertrag.

631 Daß das Verlöbnis ein Verpflichtungsverhältnis sei, ohne daß es deshalb (ganz oder zum Teil) als Schuldverhältnis aufzufassen wäre, wird auch von Endemann § 151 a Nr. 3 b (S. 56) und Mitteis RG-Praxis S. 185 betont.

632 Wie schwer es fallen kann, familienrechtliche Pflichten nicht als Statuspflichten zu denken, zeigt z. B. der Vorwurf mangelnder Schärfe und ungenügender Unterscheidung zwischen Verlobungsakt und Verlobtenverhältnis, den Mohr S. 50 zu Unrecht gegen den richtigen Ansatzpunkt Endemanns erhebt, wonach die Verlobung ein zwar familienrechtlicher, aber verpflichtender Vertrag ist (vgl. Fußn. 631).

633 Es ist darum besonders geeignet, die Unvollkommenheit des dem Gesetzbuch zugrundegelegten Personenrechtssystems erkennen zu lassen. Für das juristisch mehr durchdachte und gegliederte System des Vermögensrechts ist die Unterscheidung dynamischen und statischen Rechts sowie verpflichtender und verfügender bzw. gestaltender Verträge eine Selbstverständlichkeit.

chung von Ehe und Adoption und diese Gemeinsamkeit mit den Schuldverträgen besteht darin, daß die Verlobung unmittelbar eine rechtliche Verpflichtung erzeugt[634].

Nun gibt sogar Glaser[635] die Vertretbarkeit dieser Auffassung zu, soweit es sich um die Verpflichtung handelt, zur Eheschließung mitzuwirken und alles zu unterlassen, was die Eheschließung unmöglich machen kann. Ja, er räumt sogar die Möglichkeit einer schuldrechtlichen Qualifizierung dieser Pflicht ein, weil er für den Begriff des Schuldverhältnisses nicht eine vermögenswerte Leistung voraussetzt[636]. Für ausgeschlossen hält er diese Auffassung aber bezüglich der Pflichten, alles zu unterlassen, was die beabsichtigte Eheschließung gefährde[637], was also dem anderen Teil die Lust an der Heirat nehmen könne, weil diese ihm nicht mehr wünschenswert erscheine[638]. Als Beispiel führt Glaser die Verlöbnispflicht an, nicht mit dritten Personen geschlechtlich zu verkehren[639].

Auch dieses Bedenken kann nicht beirren. Glaser übersieht hier die oben[640] dargestellten Zusammenhänge zwischen der Mitwirkungs- und der Unterlassungspflicht sowie zwischen der allgemeinen Vertragstreue und der besonderen Verlöbnistreue. Danach erfordert die Pflicht, alles zu unterlassen, was die Eheschließung unzumutbar macht, keine grundsätzlich andere Beurteilung als die Pflicht, die Eheschließung nicht unmöglich zu machen. Die Auffassung Glasers[641], die Rechtspflicht aus § 1299 BGB sei nur mit einer Standespflicht wie der ehelichen Treupflicht vergleichbar[642], ist unzutreffend. Beide Pflichten haben zwar denselben personenrechtlichen Inhalt. Es handelt sich daher auch beim Verlöbnis um eine familienrechtliche und nicht schuldrechtliche Treupflicht. Während aber die eheliche Treue als Gegenstand einer Statuspflicht nur auf ein Beharren beim bestehenden Rechtszustand gerichtet ist, geht es bei der Verlöbnistreue gerade darum, das künftige Ziel nicht zu gefährden. Auch die Treupflicht des Verlöbnisses hat daher dynamischen Charakter. Sie ist nicht auf ein zustandstreues, sondern auf ein erfolgstreues Verhalten gerichtet[643]. Wer bereit ist, in „Treue" beim Brautstand zu beharren, nicht jedoch auch zur

---

[634] Ganz zutreffend betont Endemann § 151 a Nr. 3 b (S. 56) den Unterschied zwischen Schuldverhältnis und Verpflichtungsverhältnis. Letzteres mag man als Obligation im weiteren Sinne oder als Quasiobligation bezeichnen, auf die gewisse Schuldrechtsnormen, die nur das formale Modell eines Verpflichtungsverhältnisses voraussetzen, anwendbar sind (z. B. die §§ 306—309 BGB, vgl. oben Fußn. 525 und S. 130).

[635] S. 73.

[636] S. 81.

[637] S. 75 Fußn. 7.

[638] S. 73 u.

[639] S. 73 und S. 75 Fußn. 7.

[640] S. 155—157.

[641] S. 71 ff.

[642] Davon geht auch Stutz S. 52 ff. aus.

[643] Vgl. zur Erfolgsbezogenheit der Verlöbnistreue oben S. 156.

Eheschließung mitzuwirken, verletzt daher nicht nur die Pflicht im Sinne des § 1298 BGB, sondern auch die aus § 1299 BGB abzuleitende Rechtspflicht, weil er nämlich, wenn er wegen seiner beharrenden (statischen) „Treue" nicht selbst zurücktritt, dem anderen Teil einen wichtigen Grund zum Rücktritt gibt.[644]

Hier erlangt die oben[645] getroffene Feststellung ihre Bedeutung, daß das Verlöbnis nicht etwa zwei verschiedene Rechtspflichten mit einer möglicherweise unterschiedlichen Rechtsnatur, sondern nur eine Rechtspflicht mit einem doppelten Aspekt erzeugt. Für die Mitwirkungspflicht gilt nichts anderes als für die Unterlassungspflicht und für § 1298 BGB nichts anderes als für § 1299 BGB. Die sich in ihnen ausprägende einheitliche Rechtspflicht ist eine unmittelbar durch die Verlobung begründete quasiobligatorische familienrechtliche Verbindlichkeit.

bb) Sozialrechtliche Pflichten = Statuspflichten?

Aber verträgt sich denn diese Auffassung, so müssen wir uns zum Schluß fragen, mit dem sozialrechtlichen Charakter des Verlöbnisses? Fordert diese mehrfach betonte Eigenart des Verlöbnisses nicht die Parallele zur Eheschließung in der Weise, daß die Verlobung nur als Begründung des Gemeinschaftsverhältnisses des Brautstandes aufzufassen wäre? Die Frage ist gleichbedeutend mit der Frage nach dem Verhältnis von Sozialrecht und Statusrecht. Sind Sozialvereinbarungen immer Statusverträge?

Die Tatsache, daß umgekehrt das Individualrecht nicht nur obligatorische Verträge kennt, läßt schon das Gegenteil vermuten. So regelt zum Beispiel das Schuldrecht das Individualrecht in der Bewegung, das Sachenrecht dagegen das entsprechende Zustandsrecht. Sollte es diesen Gegensatz nicht auch im Sozialrecht geben?

Die Ehe, der eingetragene Verein, die Aktiengesellschaft stellen allerdings rein statische Gemeinschafts-Rechtsverhältnisse dar, die durch reine Statuserklärungen (entweder Statusvertrag oder Gesamtakt) begründet werden.

Bei der Vorgründungsgesellschaft dagegen, die nur den Zweck verfolgt, eine andere Gesellschaft oder Körperschaft herbeizuführen, ist es anders; sie ist ein Pendant zum obligatorischen Austauschvertrag des Individualrechts. Sie will nicht unmittelbar einen Gemeinschaftszustand herstellen, sondern durch eine Gemeinschaftsverpflichtung verbindlich vorbereiten. Diese sozialrechtliche Verpflichtung zur gemeinsamen Herbeiführung einer künftigen Gesellschaft erfolgt in der Form eines schuldrechtlichen Gesellschaftsvertrages gemäß § 705 BGB. Das Gesellschaftsverhältnis des bürgerlichen Rechts ist hier nur ein Verpflichtungsverhältnis, das der Schaffung eines anderweitigen gesellschaftsrechtlichen Status (beispielswei-

---

[644] Vgl. oben S. 160 mit Fußn. 628.

[645] S. 155—157.

se einer Aktiengesellschaft) dient. Dies ist ein Beispiel für ein dynamisches Sozialrechtsverhältnis. Immer, wenn sich mehrere Personen zu etwas verpflichten, was sie nur gemeinsam erreichen können, liegt ein Verpflichtungsvertrag des Sozialrechts vor, der sich von dem Austauschvertrag nur dadurch unterscheidet, daß sich der eine nicht im Interesse des anderen verpflichtet und umgekehrt (gegensätzliche Einzelinteressen), sondern jeder im gemeinschaftlichen Interesse, das zugleich das seine und das der anderen Partner ist. Besteht eine Beziehung zum Vermögensrecht[646], so handelt es sich um einen Schuldvertrag, und zwar den des § 705 BGB. An dem Verpflichtungscharakter, wie er auch sonstigen obligatorischen Verträgen eignet[647], ändert die Gemeinsamkeit der Verpflichtung und Berechtigung grundsätzlich nichts, was namentlich dann deutlich wird, wenn es nur um die gemeinsame Erbringung eines einmaligen Erfolges geht[648].

Auch die Verlobung ist ein Verpflichtungsvertrag des Gemeinschaftsrechts. Es werden nicht Verbindlichkeiten im wechselseitigen, sondern im gemeinsamen Interesse übernommen. Die Verpflichtungen gehen nicht auf auszutauschende verschiedene Leistungen, sondern auf denselben gemeinschaftlichen Zweck. Da aber keine Beziehung zum Vermögensrecht besteht — nicht nur der Zweck, sondern auch das geschuldete fördernde Verhalten gehören dem personalen Bereich an —, handelt es sich nicht um einen Schuldvertrag. So wie aber die Gesellschaft des § 705 BGB ein Schuldvertrag ist, der unmittelbar zur Förderung des gemeinschaftlichen Zwecks verpflichtet[649], so ist auch die Verlobung ein Verpflichtungsvertrag, der unmittelbar zur Herbeiführung der Eheschließung (durch Mitwirkung) verpflichtet. Und so wie die schuldrechtliche Gesellschaft Vorgründungsgesellschaft zur Schaffung irgendeiner anderen Gesellschaftsform sein kann, so ist das Verlöbnis Vorgründungsgemeinschaft für die Ehe.

Das Verlöbnis hat aber nur mit der obligatorischen Seite der bürgerlich-rechtlichen Gesellschaft Ähnlichkeit. Soweit diese auch dinglich wirkt (durch Entstehen der Gesamthandsbindung des Vermögens), fehlt es an einer Parallele, weil das Gesetz dem Verlöbnis keine gegenwärtigen Rechtsbeziehungen (etwa nach Art der Ehe mit ihrem Güterrecht) beilegt. Was also bei der Gesellschaft des § 705 BGB noch an gegenwärtigen,

---

[646] Zumindest durch vermögenswerte Leistungen, die zur Förderung des gemeinsamen Zwecks erbracht werden sollen.

[647] Im Gegensatz zum Verfügungs- oder Gestaltungscharakter anderer Rechtsgeschäfte.

[648] Z. B.: Zwei Nachbarn verpflichten sich, gemeinsam einen Weg anzulegen (Vertrag im Sinne des § 705 BGB).

[649] Darüber, daß es (namentlich bei der zweigliedrigen Gesellschaft) zu weit geht, aus dem Gegensatz zu schuldrechtlichen Austauschverträgen zu folgern, daß der Gesellschaftsvertrag gar kein gegenseitiger Schuldvertrag sei, vgl. Enneccerus-Lehmann § 176 III 1. Diese Kontroverse betrifft auch nur die §§ 320 ff. BGB, also den Begriff des gegenseitigen Schuldvertrages. Der obligatorische Charakter der Gesellschaft kann nicht gut geleugnet werden.

statusmäßigen Rechtsfolgen[650] festzustellen ist, fehlt beim Verlöbnis mangels einer gesetzlichen Regelung des Brautstandes. Daher hat das Gesetz auch folgerichtig im Gegensatz zu anderen Gesellschaften und Gemeinschaften keine Liquidationsvorschriften gegeben, sondern Schadensersatz- und Rückgewährvorschriften, wie sie bei schuldrechtlichen Austauschverträgen vorkommen. Diese Regelung trägt dem Umstand Rechnung, daß das Verlöbnis zwar im Hinblick auf die Zukunft zu gemeinsamen Anstrengungen (im gemeinsamen Interesse) verpflichtet, aber nicht zu einer gegenwärtigen Rechtsgemeinschaft verbindet, so daß dem einzelnen Partner die von ihm zweckgewidmeten Anschaffungen als Eigentum verbleiben, aber durch die Zweckverfehlung nunmehr unter Umständen jeglichen Wert verlieren. Das muß durch Ersatzleistungen ausgeglichen werden.

Auf der obligatorischen Seite der Gesellschaft ist aber die Ähnlichkeit mit dem Verlöbnis eine sehr weitgehende. Sie zeigt sich nämlich neben der oben verglichenen Verpflichtung zur Zweckförderung noch in einer weiteren gemeinsamen Erscheinung, nämlich der besonderen Treupflicht[651], die sich aus dem Gesellschaftsvertrag ergibt und weiter geht als die allgemeine Vertragstreue. Dieses gemeinschaftsrechtliche Treuband[652] erklärt vollends die Pflicht, alles zu unterlassen, was den zu erreichenden Zweck gefährden könnte (§ 1299 BGB), ohne daß man einen Vergleich zu den reinen Statuspflichten der Ehe ziehen müßte, wie Glaser[653] es für nötig hält, um die besondere Verlöbnistreue gegenüber der allgemeinen Vertragstreue zu erklären. Die gesellschaftliche Treupflicht bietet im Gegensatz zur ehelichen Treupflicht gerade das viel passendere Beispiel für eine dynamische, auf einen künftigen gemeinsamen Zweck bezogene Treupflicht.

cc) Abschließendes zum Verhältnis von Verlobung, Brautstand und Rechtspflicht

Während also das Reichsgericht[654] davon ausging, daß das Verlöbnis nur eine sittliche Pflicht zur Eheschließung und daneben das Rechtsverhältnis des Brautstandes erzeuge, dessen grundlose Auflösung ersatzpflichtig mache, kommen wir zu dem entgegengesetzten Ergebnis. Die Verlobung erzeugt eine modifizierte Rechtspflicht zur Eheschließung. Die Nichterfüllung dieser auf ein künftiges Ziel gerichteten Verpflichtung macht nach den §§ 1298—1300 BGB ersatzpflichtig. Es handelt sich also um eine besondere Haftung wegen Nichterfüllung[655]. Nicht die Beseitigung von

---

[650] Diese dingliche Wirkung der Vermögensgemeinschaft ist aber kein Wesensmerkmal für den Gesellschaftsvertrag nach § 705 BGB. Es können auch rein obligatorische Gesellschaftsverträge geschlossen werden, die keine Vermögensbindung herbeiführen.

[651] Pflicht, alles zu unterlassen, was der Erreichung des Gesellschaftszwecks abträglich sein kann, RG JW 1935, 1773 Nr. 6.

[652] Das auch zur rein obligatorischen Gesellschaft gehört.

[653] S. 72, 73 u., 74, 75 Fußn. 7 (vgl. oben S. 162).

[654] RGZ 80, 88 (90 f.).

etwas Bestehendem — das ja auch bestimmungsgemäß nicht auf dauernden Bestand gerichtet ist —, sondern die Vereitelung von etwas Entstehendem ist die rechtswidrige Handlung, die haftbar macht[656]. Neben der Rechtspflicht begründet die Verlobung das rein sittliche Verhältnis des Brautstandes[657]. Um dieses gegenwärtigen Zustandes willen, soweit er Selbstzweck ist[658], hat das Gesetz die Haftung nicht geregelt, sondern nur um der künftigen Ehe willen, deren besondere Bedeutung die Brautleute zu besonderen Opfern veranlaßt hat (finanzielle Anstrengungen sowie das Opfer der Geschlechtsehre, das die Braut ohne Erwartung der Ehe nicht erbracht hätte).

Soweit man aber unter Brautstand nichts anderes versteht als das Vertragsverhältnis bis zu seiner Erfüllung oder Nichterfüllung (Rücktritt, Tod, Unmöglichwerden der Eheschließung etc.), handelt es sich natürlich auch um ein Rechtsverhältnis. Hier bezieht aber der Brautstand gerade umgekehrt, als es die oben[659] genannten Vertreter der Statustheorie annehmen, aus den durch die Verlobung erzeugten beiderseitigen Rechtspflichten seinen Rechtscharakter. Er ist Rechtsverhältnis als Inbegriff der zwischen den Partnern bestehenden Rechtsbeziehungen, und das sind gerade nur

---

[655] Ebenso auch von denen, die das Verlöbnis nicht (auch nicht teilweise) als schuldrechtlichen Vertrag auffassen: Mitteis, Familienrecht, S. 22 und RG-Praxis S. 185/186; Palandt-Lauterbach § 1298 Anm. 2, § 1300 Anm. 1; Staudinger-Engelmann § 1298 Anm. 4, § 1300 Anm. 5; KG OLG 11, 276 (278); KG OLG 18, 249 (250); OLG Kassel JW 1921, 1253 Nr. 10. Auch Lehmann § 6 III 2aγ spricht bei der Haftungsfrage von der „Nichterfüllung des Eheversprechens".

[656] Daß der Schadensersatz wegen Nichterfüllung hier nicht den Umfang des Erfüllungsinteresses hat, ist eine Besonderheit des Verlöbnisses ähnlich der des Ersatzes für die Schäden Dritter (vgl. unten S. 173 ff.), die mit dem Haftungsgrund nichts zu tun hat. Es wird zwar „wegen Nichterfüllung" (Frage des Grundes), nicht jedoch „auf Erfüllung" (Frage des Umfanges) gehaftet. (Grund: Unberechenbarkeit des Geldwertes der Eheschließung, vgl. Mitteis, Familienrecht, S. 22 und RG-Praxis S. 185/186.) Mitteis a. a. O. spricht von „sekundärem Erfüllungsinteresse". Das trifft für den Fall des Verlöbnisbruchs das Richtige. Man darf aber den Gesichtspunkt der Haftung wegen Nichterfüllung nicht verabsolutieren. Die §§ 1298 ff. BGB sind ebenso auch Haftungsnormen für ein Verschulden beim Verlöbnisabschluß (culpa in contrahendo). Die positive Umfangsregelung der §§ 1298 ff. BGB entspricht ebensowenig dem üblichen Modell des negativen wie des positiven Interesses. Das ist verständlich, weil sie nicht nur für die Vereitelung des wirksamen Zustandekommens (Vertrauenshaftung in bezug auf den Vertragsschluß), sondern auch für die Vereitelung der Erfüllung (Vertrauenshaftung in bezug auf die Erfüllung) gilt. Sie ist eine Vertrauenshaftung und keine Erfolgshaftung (wie sie sonst bei Nichterfüllung eingreift).

[657] Insofern liegt in der Verlobung auch ein nur der Sittenwelt angehörender Vertragsschluß, was den Dualismus der zivilrechtlichen sowie der straf- und prozeßrechtlichen Verlöbnisvoraussetzungen erklärt.

[658] Vgl. über seine Bedeutung das unten S. 169 zum Außenverhältnis des Verlöbnisses Gesagte.

[659] S. 157 Fußn. 618.

die dynamischen, auf ein Zukunftsziel gerichteten Verpflichtungen. Dieser Aspekt des Brautstandes beeinhaltet nichts anderes als das rechtliche Treuband wie es etwa auch zwischen den Vertragspartnern eines Dauerschuldverhältnisses oder einer rein obligatorischen Gesellschaft (ohne Vermögensgemeinschaft) besteht. Von einem „Stand" im Sinne des Familienrechts mit Statusrechten oder -pflichten kann bei diesem Rechtsverhältnis keine Rede sein.

Als wirklicher Status im Sinne einer von der Gesellschaft anerkannten gegenwärtigen familiären Beziehung mit Standesrechten und -pflichten ist der Brautstand vielmehr ein in seinen Voraussetzungen davon unabhängiges Sittenverhältnis, wie die Untersuchungen über den zivilrechtlichen sowie den straf- und prozeßrechtlichen Verlöbnisbegriff ergeben haben.

3. Die Rechtspflicht als Ausfluß des Verlobungswillens

Nachdem festgestellt ist, daß die Verlobung als unmittelbare Rechtsfolge die oben charakterisierte Rechtspflicht erzeugt und nur dadurch zur Rechtshandlung[660] wird, bleibt zum Erweise der Rechtsgeschäftsnatur des Verlobungsvertrages noch zu erörtern, ob diese Rechtsfolge dergestalt auf den Willen der Verlobten zurückgeführt werden kann, daß der Grund, aus dem das Gesetz diese Rechtspflicht aufstellt, in einem entsprechenden Bindungswillen der Partner erblickt werden kann[661]. Wäre nämlich auch diese Voraussetzung erfüllt, so würde das Verlöbnis dem klassischen Rechtsgeschäftsbegriff entsprechen, wie ihn die Motive zum Entwurf des Bürgerlichen Gesetzbuches zugrundelegen[662]. Damit wären alle Zweifel an der juristischen Vertragsnatur der Verlobung entkräftet.

a) Die Verlobung als typisiertes Geschäft

Bei der Prüfung, ob die festgestellten Rechtsfolgen der Verlobung als von den Partnern gewollt angesehen werden können, ist eines von vornherein zu beachten. Auch als dynamisches (quasiobligatorisches) Rechtsgeschäft wäre die Verlobung kein schuldrechtlicher Vertrag (auch nicht teilweise), sondern ausschließlich ein Geschäft des Familienrechts, und das nicht nur wegen des Fehlens jeder Beziehung zum Vermögensrecht, son-

---

[660] Im weiteren Sinne, also im Sinne von juristischer Tatsache.

[661] Daß die Verlöbnisfolgen dem Parteiwillen entsprechen, ist bestritten, so namentlich von Bunsen S. 9; Eltzbacher S. 182.

Einen Verpflichtungswillen der Verlobungspartner in bezug auf die künftige Eheschließung leugnet auch Stutz (vgl. unten Fußn. 674). Bindung und Bindungswille werden auch von Jacobi und Kohler als den eigentlichen Vertretern des Probezeit-Dogmas in Frage gestellt (vgl. unten Fußn. 663 und Fußn. 672 a. E.).

[662] Mot. I S. 126: „R e c h t s g e s c h ä f t im Sinne des Entwurfes ist eine Privatwillenserklärung, gerichtet auf die Hervorbringung eines rechtlichen Erfolges, welcher nach der Rechtsordnung deswegen eintritt, weil er gewollt ist."

dern vor allem aus folgendem Grunde: Im Familienrecht herrscht im Gegensatz zum Schuldrecht keine Typenfreiheit. Der abweichende Einzelwille schafft keine abweichenden Rechtsfolgen. Er hat nur die Wahl zwischen Übernahme oder Ablehnung eines durch die Rechtsordnung gestalteten Vertragstyps.

Es kommt somit nur auf die Feststellung an, ob die durch die Verlobung erzeugte Rechtspflicht einem typischen Willen der Vertragspartner entspricht. Das aber kann dann angenommen werden, wenn die vom Gesetz gewählte Typform dem angepaßt ist, was die Beteiligten in dieser Situation normalerweise wollen, wenn also das Gesetz mit der Typisierung lediglich aus dem Bereich der privaten Willensbildung einen Normalfall auswählt und zum verbindlichen Musterfall macht. Wäre es dagegen so, daß das Gesetz an einen Vertrag im soziologischen Sinne notwendige Rechtsfolgen knüpfte, die auch im Normalfalle niemals gewollt sind, so kann nicht von einem Rechtsgeschäft im klassischen Sinne gesprochen werden; die auferlegten Rechtspflichten wären dann reine Verpflichtungen ex lege. Dann würde es sich nicht mehr um eine Typisierung, sondern um eine Ausschaltung des Willens als des Erzeugers von Rechtsfolgen handeln.

b) Der Sinn des Verlöbnisses

Was wollen die Partner normalerweise und typisch, wenn sie sich verloben? Diese Frage lenkt unsere Aufmerksamkeit auf den Sinn des Verlöbnisses. Soweit sich das Schrifttum mit ihm beschäftigt, finden sich verschiedene Erklärungen. Es ist bald von Probe- und Prüfungszeit[663], bald von Vorbereitungszeit[664] die Rede. Auch als Übergangszeit wird das Verlöbnis bezeichnet, nämlich in dem Sinne, daß es den Übergang vom Fremdsein zum Vertrautsein erleichtern soll[665]. Schließlich habe es die Aufgabe, die engeren persönlichen Beziehungen gegenüber der Gesellschaft zu rechtfertigen[666]. In diese Richtung weist auch der von Stutz[667] behauptete Zweck einer (beschränkten) Lebensgemeinschaft.

Diese Beispiele zeigen, daß der Versuch einer Sinndeutung dem Verlöbnis mehrere Aspekte abzugewinnen vermag, wenn er sich nicht auf die juristische Seite des Verlöbnisses beschränkt, sondern auch seine rein gesellschaftlichen Funktionen zu ergründen sucht. Dabei lassen sich zwei Bereiche einer Bedeutsamkeit des Verlöbnisses unterscheiden:

---

[663] So Jacobi S. 19; Junghanns S. 179 (I a. E.); Kohler § 5 II; Zihlmann S. 154 o.

[664] So Donig S. 12; Junghanns a. a. O.; Luther RvglHWB S. 193; Nathan S. 2; Sasse S. 7; Stutz S. 41, 55; Titze S. 11; Zihlmann S. 155 u.

[665] So Donig a. a. O.; Lehmann, 3. Aufl., § 6 I; Mohr S. 13; Sasse a. a. O.; Titze a. a. O.; Zihlmann S. 155 u.

[666] So Lehmann a. a. O.; Titze a. a. O.

[667] S. 40/41, 47, 59.

aa) Das Außenverhältnis

Im Außenverhältnis, d. h. in der Stellung der Verlobten gegenüber der Gesellschaft, hat die Verlobung den Sinn einer Legitimation und Dokumentation.

Die Legitimationsfunktion besteht in dem bereits erwähnten Zweck, die engeren Beziehungen der Verlobten gegenüber der Gesellschaft zu rechtfertigen[668]. Diese heißen nunmehr Brautleute und werden dadurch auch gesellschaftlich als zusammengehörig anerkannt. Gleichzeitig bahnt sich die Eingliederung in den beiderseitigen Familienverband an[669]. Auch in dieser Beziehung — also bezüglich dritter Personen — dient die Verlobung einem Übergang vom Fremdsein zum Vertrautsein.

Die Dokumentationsfunktion dient dem Schutz und der Verfestigung des Brautverhältnisses dadurch, daß sich die Verlobten der Gesellschaft gegenüber als gebunden bekennen und damit der besonderen bräutlichen Treue eine vorsorgende Geltung verschaffen[670].

Alle diese Zwecke bilden jedoch nicht den essentiellen Gehalt der Verlobung. Sie betreffen nur die Kundgabe nach außen, die für das Verlöbnis im Rechtssinne nicht wesentlich ist, ja die oft in Form der offiziellen Verlobung (mit Ringtausch, Anzeigen, Feier und dergleichen) der eigentlichen Verlobung erst nachfolgt[671].

bb) Das Innenverhältnis

Die eigentliche Verlobung, die auch Verlobung im Rechtssinne ist, betrifft nur das Innenverhältnis der Brautleute und kann daher auch heimlich erfolgen. Welchen Sinn soll das Verlöbnis in diesem Bereich haben?

Den einer Prüfung? Aber können sich zwei Menschen, die wissen wollen, ob sie im Hinblick auf die Ehe zueinander passen, nicht auch so prüfen, ohne sich zu verloben? Und muß nicht gerade auch der Verlobung schon eine Prüfung vorausgehen; denn wer wird sich, wenn er es ernst meint, ungeprüft verloben[672]?

---

[668] Vgl. S. 168 mit Fußn. 666.

[669] Als gesellschaftliche Vorstufe zur Schwägerschaft.

[670] Vgl. Endemann § 151 a Fußn. 34: „Nach guter Sitte wird der Bund der Braut mit dem Bräutigam respektiert; sie tritt aus dem Kreise, wo freie Bewerbung gestattet ist, heraus."

[671] Über den Unterschied zwischen der „offiziellen" Verlobung und der häufig schon vorhergehenden juristischen Verlobung s. RG JW 1928, 3047 Nr. 18. Vgl. auch oben Fußn. 413 (S. 89).

[672] Aus diesem Grunde hat das sog. Probezeit-Dogma weitgehende Ablehnung gefunden, vgl. Dittenberger S. 28 ff.; Donig § 2; Frohnhausen S. 10; Groeper S. 35/36; Luther RvglHWB S. 193; Mohr S. 22 f.; Mumm S. 161; Nathan S. 3; Opet Vorb. 2 vor § 1297; Planck-Unzner Vorb. 1 vor § 1297; Sasse S. 6 f.; Titze S. 10. Diese Reaktion erklärt sich daraus, daß das Probezeit-Dogma aufgestellt worden ist, um einen Bindungswillen der Verlobten wie auch eine Verbindlichkeit des Verlöbnisses zu leugnen.

Soll der Übergang zum Vertrautsein erleichtert und eine engere Lebensgemeinschaft begründet werden? Aber dazu bedürfte es der Verlobung doch höchstens im Außenverhältnis zur Rechtfertigung. Im Innenverhältnis dagegen könnte die nähere Gemeinschaft ohne besonderen Austausch von Erklärungen einfach faktisch vollzogen werden. Zudem würden Liebschaften, Konkubinate oder auch nur die gemeinsame Haushaltung bekannter oder verwandter Personen diesen Aspekt mit dem Verlöbnis teilen[673].

Bleibt noch die Vorbereitung auf die Ehe. Aber bedarf es denn dazu einer Verlobung?

Man spürt, daß zwar alle diese Aspekte zum Verlöbnis gehören, aber in der dargestellten Form keiner von ihnen eine Erklärung dafür abzugeben vermag, warum sich heiratswillige Menschen verloben. Der Grund liegt in folgendem: Von einem gewissen Grade der Intensität an werden alle diese Aspekte zu Verlöbnismotiven, während sie es vorher noch nicht sind. Es muß zu ihnen ein sittlich-psychologischer Tatbestand hinzukommen, um diese Umwandlung eines bloßen Willens zur Prüfung, Vorbereitung und vertrauteren Gemeinsamkeit in einen Verlobungswillen zu erklären. Dieses sittlich-psychologische Moment liegt begründet in der besonderen soziologischen Struktur des Menschen als eines Individual- und Sozialwesens sowie der besonderen soziologischen Funktion der durch das Verlöbnis angebahnten monogamischen Ehe als einer Zwei-Einheit[674]. Dem Menschen eignet nicht nur eine Individualsphäre und eine auf die Allgemeinheit ausgerichtete Sozialsphäre. Dazwischen gibt es noch die erweiterte Individualsphäre, wie sie zwischen Eheleuten besteht. Hier ist der psychologisch-soziologische Ort der Einehe. Sie bedeutet völlige Öffnung zueinander und abgrenzende gemeinsame Individuation nach außen hin.

Die totale innere und äußere Gemeinschaft, zu der die Ehe im Gegensatz zu allen anderen Sozialverhältnissen idealiter führt, erfordert eine personale Begegnung, die die normale Kontaktfähigkeit im Verhältnis zu anderen Personen übersteigt. In dem Augenblick, wo zwei Menschen über eine Prüfung der Sympathie und des nach allgemeinen Maßstäben zu messenden Werts eines Menschen hinaus in die ernsthafte Prüfung eintreten wollen, ob sie für die totale Lebensgemeinschaft der Ehe zueinander passen, gerät das gegenseitige Kennenlernen in eine andere Dimension. Es wird eine absolute Offenheit voreinander und ein absolutes Zutrauen

---

[673] Vgl. Endemann § 151 a Fußn. 36.

[674] Daß der Verlobungswille irgendeine Beziehung zur Ehe hat, ist klar. Es ist im folgenden nur zu untersuchen, welche. Die Behauptung von Stutz S. 40, „an die Eheschließung dürften im Augenblick der Verlobung die wenigsten denken", ist falsch. Wer nicht an die Ehe denkt, denkt auch nicht an die Verlobung, er sei denn ein Heiratsschwindler. Stutz ist denn auch mit dieser Meinung auf völlige Ablehnung gestoßen, vgl. Dittenberger S. 52 ff.; Donig § 14; Endemann § 151 a Nr. 3 b 1 mit Fußn. 38 (S. 55); Frohnhausen S. 35/36; Mohr S. 24/25; Nathan S. 66 ff.; Opet Vorb. 2 vor § 1297 (S. 7); Sasse S. 45 ff.; Staudinger-Engelmann Vorb. II (vor a) vor § 1297 (S. 8); Zihlmann S. 153 ff.

zueinander erforderlich, welches der normale Mensch nicht ohne weiteres zu leisten bereit ist, weil auf dem nun zu beschreitenden Wege das Zurück mit Schwierigkeiten verbunden ist. Es endet hier für den psychisch und sittlich normal empfindenden Menschen automatisch der Bereich des Unverbindlichen[675]. Mit dem Einschwenken auf einen gemeinsamen Lebenskurs als ernsthafte Ehevorbereitung steht für die Verlobten viel auf dem Spiel. Die tiefere Prüfung und das nähere Sich-Kennenlernen als Eindringen in die beiderseitige Individualsphäre sind psychisch gefährlich, weil sie zu großen Enttäuschungen und möglicherweise auch zu Störungen des Verhältnisses von Individual- und Sozialsphäre führen können. Auch die äußeren Vorbereitungsmaßnahmen können zu großen Fehldispositionen führen, und zwar nicht nur in vermögensmäßiger Hinsicht[676], sondern auch, was persönliche Entwicklungsmöglichkeiten betrifft[677].

Dies alles wird beim Übergang von einem oberflächlichen Sich-Kennen-Lernen, einer noch unverbindlichen, weil nicht den eigenen Lebensweg berührenden Prüfung und einem lockeren gesellschaftlichen Kontakt zum bräutlichen Gemeinschaftsverhältnis auch von den Partnern empfunden. Daher beginnen die Bereitschaft zu einer tiefergehenden wechselseitigen Prüfung, die Begründung einer engeren Lebensgemeinschaft, das Herstellen absoluter Vertrautheit und alle sonstigen engeren Ehevorbereitungen damit, daß sich die Partner wechselseitig ihrer ernsten Absichten versichern. Zwar bleibt auch jetzt noch alles ein Wagnis, sonst wäre ja die Prüfung schon beendet[678]; aber es ist nicht mehr das unwägbare Risiko eines Lotteriespiels, sondern das vor der praktischen Vernunft gerechtfertigte und psychisch erträgliche Wagnis, nur am Ernsthaften zu scheitern. Nicht die Unverbindlichkeit des Glücksloses[679] und auch nicht die Sicherheit einer Garantie[680] entsprechen dem eigentlichen psychischen Inhalt jenes internen Erklärungstatbestandes an der Schwelle des Brautstandes, der die Prüfung, das Vertrautsein, die Lebensgemeinschaft und alle sonstigen Vorbereitungen zur Ehe in eine neue und intensivere Dimension überleitet. Es ist vielmehr die beiderseitige Absage an die rechenschaftslose freie Laune, an das zu nichts verpflichtende Abenteuer. Das ist es, was sich die Verlobten versprechen und versprechen lassen, ehe sie ihr ganzes Leben auf die ge-

---

[675] Am Ende dieses Weges steht die mit totaler Bindung (d. h. grundsätzlicher Unlöslichkeit) gekoppelte totale Gemeinsamkeit der Ehe.

[676] Anschaffungen im Hinblick auf die Ehe. Ausschlagung beruflicher und sonstiger erwerbswirtschaftlicher Möglichkeiten.

[677] Verzicht auf Bildungsmöglichkeiten und sonstige Entfaltungen der Persönlichkeit.

[678] Daß auch das Verlöbnis noch der Prüfung dient, wird von den in Fußn. 672 zitierten Schriftstellern zu Unrecht geleugnet. Sonst dürfte man als wichtige Gründe zum Rücktritt keine Umstände mehr berücksichtigen, die in den Personen der Partner begründet liegen.

[679] Wie die Vertreter des reinen Probezeit-Dogmas annehmen.

[680] Was diejenigen übersehen, die jedenfalls den Verlobungstatbestand als ein unbedingtes Eheversprechen auffassen.

plante Ehe einstellen und einrichten. Jeder von ihnen soll sich darauf verlassen können, daß für den Partner nicht mehr ein individualistisch-ungebundenes freies Ermessen das Prinzip seines Handelns sein wird, sondern ein gemeinschaftsverantwortliches Denken, das nur noch aus einer gewissenhaften Abwägung ernsthafter Gründe zu einer Entscheidung gegen den Partner führen kann. Das ist der essentielle Sinn der Verlobung, soweit sie reines Internum ist[681]. Ins Juristische übersetzt, ist es die Verpflichtung, zur Eheschließung im Rahmen des Zumutbaren mitzuwirken und das Ziel der Eheschließung aus keinem anderen als einem wichtigen Grunde scheitern zu lassen. Es ist dies nichts anderes als die vom Gesetz an die Verlobung geknüpfte unmittelbare Rechtswirkung[682].

c) Übereinstimmung zwischen der von den Partnern gewollten und der vom Gesetz geregelten Bindung

Es zeigt sich, daß das Gesetz mit seiner Modifikation der Verbindlichkeit durch den Begriff des wichtigen Grundes den Sinn der internen Verlobung, die es allein regeln will, genau trifft. Die aus den §§ 1298 f. BGB abgeleitete Rechtspflicht entspricht demnach dem normalen Verlobungswillen. Damit ist der Beweis für die Rechtsgeschäftsnatur des Verlöbnisses erbracht.

Für die Bewertung von Einzelfällen, die nicht diesem gesetzlichen Vertragsmuster entsprechen, gilt folgendes:

Soweit der Wille einzelner Verlobungspartner weiter geht und auf eine uneingeschränkte Bindung gerichtet ist, ist in ihm die vom Gesetz zugrunde gelegte Verpflichtung als minus mitumfaßt[683].

---

[681] Er ist allen Einzelaspekten gemeinsam. Es ist daher belanglos, wenn in concreto einzelne der genannten Verlobungsaspekte nicht aktuell werden. So wird es z. B. häufig an der Begründung einer (beschränkten) Lebensgemeinschaft fehlen (etwa wenn die Brautleute in verschiedenen Gegenden wohnen).

[682] Vgl. oben S. 154 (vorletzter Abs.) und 155 (vorletzter Abs.).

[683] Hier wird die Typisierung bedeutsam. Das Verlöbnis kommt gleichwohl mit der nur beschränkten Verpflichtung zur Eheschließung, dafür aber mit der erhöhten Treupflicht zustande, auch wenn die Partner vielleicht eine Ehelichungspflicht bis zur Grenze der Unmöglichkeit, dafür aber nur eine beschränkte Treupflicht, die Eheschließung nicht unmöglich zu machen, wollen. Praktisch wird dies da, wo sich die Verlobungspartner zwar zur Eheschließung verpflichten, jedoch eine Handlungsweise gestatten wollen, die einen wichtigen Grund zum Rücktritt bilden würde (z. B. Dirnenverlöbnisse, soweit nicht simuliert). Die Verlobten wollen hier nicht nur das gestattete Verhalten als Gegenstand der Treupflicht, sondern auch als Grenze für die Ehelichungspflicht ausschalten, sonst hätte das Verlöbnis keinen Sinn, weil es dann gerade unverbindlich wäre. Ihr abweichender Wille vermag aber an der Gestaltung des Pflichtenverhältnisses nichts zu ändern. Dieses tritt vielmehr, soweit nicht Nichtigkeit nach § 138 BGB eingreift, in der gesetzlich geregelten Typform ein, weil grundsätzlich eine Bindung gewollt ist. Ergibt dagegen die Wertung, daß der gewollten Einschränkung der Treupflicht nicht eine dementsprechende Erweiterung der Ehe-

Wo dagegen selbst dieser Bindungswille fehlt, kann gar kein Verlöbnis mehr angenommen werden. Denn die obigen Überlegungen haben gezeigt, daß es in diesem Falle an jedem feststellbaren typischen Erklärungsinhalt fehlt[684].

Die aus den §§ 1298 f. BGB abgeleitete Rechtspflicht ist also das essentiale negotii, das in jedem Falle erklärt und gewollt[685] sein muß, damit ein wirksames Verlöbnis vorliegt[686].

4. Anhangsfrage: Der Ersatzanspruch Dritter — ein Vertragsanspruch?

Zum Abschluß mag noch auf den gelegentlichen Einwand geantwortet werden, die Vertragstheorie könne die Ersatzansprüche Dritter (§ 1298 Abs. 1 Satz 1 BGB) nicht erklären[687]. Sogar aus ihren eigenen Reihen ist eingeräumt worden, daß es sich hier nicht um einen Vertragsanspruch, sondern um einen Anspruch ex lege handle[688]. Schließlich ist der Vorwurf innerhalb der Vertragstheorie gegen die Theorie des obligatorischen Vertrages gerichtet worden[689].

Die Motive zum Entwurf I[690] und die Denkschrift zum Entwurf III[691] sprechen von einer positiven Billigkeitsvorschrift. Den Vertragstheoretikern, die sich diese Begründung zu eigen machen[692], wird — jedenfalls so-

lichungspflicht entspricht, so fehlt es an einem wirklichen Bindungswillen. Nur so sind die Streitfälle zu lösen, in denen ein Verlöbnis mit verminderter oder ausgeschalteter Verlöbnistreue gewollt ist. Falsch ist es dagegen, ein gültiges Verlöbnis im Sinne der §§ 1298 ff. BGB trotz Gestattung der Untreue mit der Begründung anzunehmen, die Treupflicht sei nur eine sittliche Pflicht (so z. B. Staudinger-Engelmann Vorb. IV f vor § 1297. Vgl. auch unten Fußn. 686).

684 Insbesondere S. 170.

685 Bzw. als gewollt bezeichnet (§ 116 BGB!).

686 Und zwar müssen sich Erklärung und Wille auf die positive Seite der Rechtspflicht, also auf die Mitwirkungspflicht zur Eheschließung, erstrecken. Daß zugleich auch die Kehrseite der Treupflicht vom Willen umfaßt werde, ist auch sonst nicht erfordert. So kommt es z. B. beim Kaufvertrag und beim Gesellschaftsvertrag darauf an, daß die Lieferungs- bzw. die Zweckförderungspflicht in den erklärten Willen aufgenommen werden, nicht dagegen auch, daß die Pflicht, die Lieferung nicht unmöglich zu machen bzw. den Gesellschaftszweck nicht zu gefährden (Treupflicht), mitgewollt und -erklärt sind. Sie sind nur die Kehrseite der positiven Leistungsschuld. Wird ausnahmsweise hinsichtlich dieser negativen Seite der Vertragsverpflichtung ein abweichender Wille geäußert, so kommt es unter gleichzeitiger Berücksichtigung der positiven Seite darauf an, inwieweit dadurch ein Bindungswille insgesamt entfällt oder nicht. Vgl. Fußn. 683.

687 Vgl. Eltzbacher S. 181 und 182; Frohnhausen S. 41; Matthiaß § 223 III; Nathan S. 74; Braunschweig OLG 20, 290.

688 So Krückmann § 84 IV (S. 644).

689 Vgl. Mohr S. 42.

690 Mot. IV S. 4.

691 D. S. 246.

692 So Planck-Unzner § 1298 Anm. 2.

weit sie einen unmittelbar verpflichtenden Vertrag annehmen — als Schwäche ihrer Konstruktion vorgeworfen, daß sie gleichartige Wirkungen auf verschiedene Ursachen zurückführen müßten[693]. In der Tat wäre es zumindest ein arger Schönheitsfehler der Vertragstheorie, wenn sie, wie es zum Beispiel Krückmann[694] tut, die Rechtsfolgen der §§ 1298—1300 BGB in Vertrags- und Legalansprüche aufspalten müßte.

Die Theorien des familienrechtlichen Vertrages[695] ziehen sich damit aus der Affäre, daß sie nicht die §§ 1298 ff. BGB bzw. die ihnen zugrunde liegenden Pflichten auf den Vertragswillen zurückführen, sondern das Familienverhältnis des Brautstandes, an das dann das Gesetz ohne Rücksicht auf den Willen die Ansprüche knüpfen soll. Danach wären die gesamten Ansprüche der §§ 1298 ff. BGB nur indirekt vertragliche, in ihrem unmittelbaren Entstehungsgrund dagegen gesetzliche Ansprüche.

Soweit aber jene, die dem Verlobungsvertrag einen unmittelbar verpflichtenden Charakter beilegen, zur Erklärung der Drittwirkung auf die Verträge zugunsten Dritter verweisen[696], wird es als konstruktive Verirrung bezeichnet, einen Vertragsschluß zugunsten einer incerta persona als gewollt anzusehen[697].

In der Tat läßt sich eine Rechtspflicht, wie wir sie aus den §§ 1298, 1299 BGB abgeleitet haben, gegenüber den Eltern beider Partner und irgendwelchen unbekannten Dritten, die einmal an ihrer Stelle handeln könnten, nicht konstruieren und vor allem auch nicht als gewollt unterstellen. Zudem ist ja auch die Situation des Vertrages zugunsten Dritter eine andere. Ihr würde es entsprechen, wenn einer der Brautleute mit den Eltern des anderen Teils einen Verlobungsvertrag zugunsten dieses Teils abschließen würde[698]. Wie aber sollen umgekehrt die Eltern als Begünstigte der modifizierten Ehelichungspflicht gedacht werden? Sie sollen ja nicht geheiratet werden.

Aber wenn auch den Kritikern[699] darin recht zu geben ist, daß das Verlöbnis eine auf die Eheschließung gerichtete Pflicht bestimmungs- und willensgemäß nur gegenüber dem Verlobungspartner erzeugt, so irren sie doch in einem entscheidenden anderen Punkte. Sie glauben nämlich, der Anspruch der Eltern bzw. sonstiger Dritter setze gegenüber dem Ersatzanspruch des Verlöbnispartners einen selbständigen Haftungsgrund voraus. Zu einer solchen Annahme zwingt hingegen nichts. Die Situation, daß

[693] So Mohr S. 42; Nathan S. 57.

[694] § 84 IV (S. 644).

[695] Sogar die des familienrechtlichen Vorvertrages, vgl. Mohr a. a. O. und S. 53 f.; ähnlich Groeper S. 65.

[696] Vgl. Enneccerus-Wolff § 6 III 2 mit Fußn. 12.

[697] Vgl. Nathan S. 57, 30; ihm folgend, Mohr S. 42, 30.

[698] Also nach Art der alten germanischen Verlobung, die zwischen dem Bräutigam und dem Muntwalt der Braut geschlossen wurde.

[699] Vgl. oben Fußn. 687, 688 und 689.

der Partner eines Rechtsbandes oder der Inhaber eines geschützten Rechtsgutes sowie der durch die Verletzung des Rechtsbandes oder des Rechtsgutes Geschädigte nicht identisch sind, ist für die bürgerliche Rechtsordnung kein unbekannter Fall. Er bildet den Gegenstand der Lehre von der Liquidation des Drittschadens sowie der Ersatzberechtigung mittelbar Geschädigter. Es handelt sich hierbei nicht um ein Problem des Haftungsgrundes. Dieser besteht beispielweise bei der Liquidation des Drittschadens in der Vertragsverletzung gegenüber dem Vertragspartner sowie bei der Ersatzberechtigung mittelbar Geschädigter (vgl. §§ 844, 845 BGB)[700] in der Verletzungshandlung (z. B. ein Delikt nach § 823 Abs. 1 BGB) gegenüber dem Rechtsgutsinhaber. Es handelt sich vielmehr nur um eine Frage der Schadenszurechnung. Es ist daher Beitzke[701] voll zuzustimmen, der, soweit ersichtlich, bisher als einziger den § 1298 Abs. 1 Satz 1 BGB zutreffend dahin interpretiert, daß es sich hier um eine Schadensersatzregelung mit der Berücksichtigung von Drittinteressen nach Art des § 845 BGB handle. Verlöbnisbruch und Verschulden bei der Verlobung sind daher Rechtsverletzungen gegenüber dem Partner und mittelbare Schädigungen Dritter. Faßt man die Bestimmung so auf, dann haben sich ihretwegen sämtliche Theorien nichts vorzuwerfen, weil sie für den Haftungsgrund nichts besagt. Eine positive Billigkeitsnorm ist sie dann nur insofern, als sie den Haftungsrahmen erweitert.

Für die Vertragstheorie bedeutet das: Die Ersatzpflicht gegenüber den Eltern oder sonstigen Dritten hat ihren Grund genau wie die Haftung gegenüber dem Verlöbnispartner in der Verletzung der diesem gegenüber bestehenden vertraglichen Rechtspflichten. Die dem § 1298 Abs. 1 Satz 1 BGB zugrunde liegende Billigkeitserwägung besagt nur folgendes: Warum soll der vertragsungetreue Teil daraus einen Vorteil ziehen, daß die schädigenden, weil nunmehr zwecklosen Aufwendungen nicht sein Partner selbst, sondern für diesen ein anderer gemacht hat? Daß der durch die Vertragsverletzung verursachte Schaden einen weiteren Kreis zieht, ist eine typische Besonderheit des Verlöbnisses, weil hier so umfangreiche finanzielle Investitionen erforderlich werden, wie sie der Vertragspartner allein in dem typischen Verlobungsalter meist noch nicht aufbringen kann.

Diese Auffassung vermag auch zwangloser zu erklären, warum im Falle der sogenannten Wiederverlobung[702] auch die entstandenen Ersatzansprüche Dritter wieder erlöschen, ohne daß sich diese Anspruchsberechtigten mit der Wiederverlobung einverstanden erklären müßten. Sieht man in den Ersatzansprüchen Dritter selbständige, von denen des anderen Partners unabhängige Ansprüche auf Grund einer Rechtsverletzung gegen-

[700] Dieses Beispiel ist insofern besser als das der Drittschadensliquidation, weil hier der Dritte in jedem Falle einen eigenen unmittelbaren Anspruch hat.

[701] Familienrecht, § 5 III 2 b.

[702] = Wiederherstellung des alten Verlöbnisses durch Vertrag der Brautleute nach vorausgegangener Verlöbnisauflösung.

über den Dritten, so läßt sich die Beseitigung dieser Ansprüche durch bloßen Vertrag der Brautleute schwer erklären, weil dies auf einen Vertrag zu Lasten Dritter hinausliefe[703].

IV. Ergebnis

Die Untersuchungen dieses Kapitels lassen sich zu folgenden Aussagen über die Rechtsnatur des Verlöbnisses zusammenfassen:

1. Die Verlobung ist ein rechtsgeschäftlicher Vertrag; denn sie ist ein Austausch übereinstimmender Willenserklärungen, die unmittelbar eine modifizierte Rechtspflicht zur Eheschließung erzeugen, wie sie dem typischen Willen der Parteien entspricht.

Die Verlobung ist aber auch ein Vorgang der Sitte, ein nur soziologischer Vertrag. Als solcher erzeugt sie außer einer der Rechtspflicht entsprechenden sittlichen Verpflichtung auch einen gegenwärtigen Status, den eigentlichen Brautstand.

Im Normalfall überlagern sich beide Bereiche. Das Verlöbnis hat dann eine Doppelnatur. Es ist (dynamisches) Rechtsverhältnis und statisches und dynamisches) Sittenverhältnis. Da jedoch die Voraussetzungen für ein beachtliches Verlöbnis nach Sitten- und Rechtsordnung verschieden sind, kann es vorkommen, daß die Verlobung bald nur ein Vertrag der Sitte (z. B. beim verlöbnismündigen Minderjährigen ohne Zustimmung des gesetzlichen Vertreters), bald nur ein Rechtsgeschäft (z. B. beim Heiratsschwindler) ist.

2. Als Rechtsgeschäft ist die Verlobung ein familienrechtlicher Vertrag und kein Schuldvertrag; denn sie ist ein typisierter Vertrag, dessen Inhalt (sowohl der Vertragszweck als auch das geschuldete Verhalten) keine Beziehung zum Vermögensrecht hat, sondern dem Personenrecht angehört.

Sie ist ein sozialrechtlicher Vertrag; denn das Verlöbnis gehört mit den anderen Institutionen des Familienrechts zum Gemeinschaftsrecht.

Im Gegensatz zu den anderen Verträgen des Familienrechts ist sie aber kein Statusvertrag, sondern ein Verpflichtungsvertrag. Auch als Gemeinschaft ist sie erst werdende Gemeinschaft, sozusagen eine Vorgründungsgemeinschaft zur Ehe. Sie nimmt daher auch noch nicht an der Publizität und dem Formzwang des sonstigen statusmäßigen Familienrechts teil.

---

703 Vgl. z. B. den Erklärungsversuch aus § 328 Abs. 2 a. E. BGB bei Enneccerus-Wolff § 6 Fußn. 12, der nicht sehr überzeugend ist, weil die Verlobung nicht als ein Vertrag zugunsten Dritter aufgefaßt werden kann.

Man kann demnach, wie folgt, formulieren:

Die Verlobung als Rechtsgeschäft ist ein sozialrechtlicher Verpflichtungsvertrag des Familienrechts.
Das Verlöbnis als Rechtsverhältnis ist ein sozialrechtliches Verpflichtungsverhältnis des Familienrechts.

3. Nach diesen juristischen Qualifizierungen mag schließlich auch eine Definition der Verlobung im Rechtssinne gegeben werden, wie sie sich aus den Untersuchungen über die Willenssituation der Verlobten und das essentiale negotii der Verlobung ergibt:

Verlobung ist die verbindliche wechselseitige Erklärung zweier Personen verschiedenen Geschlechts, in Zukunft miteinander die Ehe zu schließen, sofern nicht wichtige Gründe davon abhalten.

NACHWORT

Die vorliegende Arbeit ist im März 1962 abgeschlossen worden und gibt das Schrifttum nach diesem Stand wieder. Neuerscheinungen oder Gerichtsentscheidungen, die eine Umarbeitung erforderlich gemacht hätten, sind in der Folgezeit nicht herausgekommen. Es sind lediglich einige Neuauflagen (z. B. von Beitzke, Familienrecht; Erman, Handkommentar zum BGB; Palandt, BGB; Soergel, BGB) erschienen. Von diesen erfordert nur die 3. Auflage des Ermanschen Handkommentars zum BGB einen besonderen Hinweis. In ihr hat nämlich das Verlöbnis einen neuen Bearbeiter und eine neue Darstellung gefunden. Bartholomeyczik (in Erman, 3. Aufl.) weicht von der in der Arbeit zitierten Ansicht des früheren Bearbeiters Seibert (in Erman, 2. Aufl.) in zwei Punkten ab:

Zur ersten Grundfrage vertritt er im Ergebnis die Mittelmeinung (vgl. oben S. 21) (Erman-Bartholomeyczik, Handkommentar zum Bürgerlichen Gesetzbuch, 3. Aufl., Vorb. 3 d vor § 1297, insbesondere S. 492).

Zur zweiten Grundfrage hält er an der Anwendung der Anfechtungsvorschriften fest (Erman-Bartholomeyczis a. a. O. Vorb. 4 e vor § 1297).

Was in der Arbeit zur Ablehnung dieser beiden Standpunkte ausgeführt ist, gilt auch gegenüber den Darlegungen von Batholomeyczik (vgl. zur ersten Grundfrage S. 32 u.—39 o. und zur zweiten Grundfrage S. 107—117).

Im Mai 1964

Der Verfasser

Kolibri 360 GmbH
Ferdinand-Jühlke-Straße 7
99095 Erfurt, Deutschland
produktsicherheit@kolibri360.de